Sophie Dumoutet
Dr Corinne Dodelin-Bricout

Mon bébé
en toute sérénité

prat éditions

Direction éditoriale : Anne-Laure Marie
Édition : Dominique Poussielgue
Coordination éditoriale : Maud Taïeb
Relecture, correction et recherche iconographique : Annabelle Biau-Weber
Conception graphique : Julien Josset
Mise en page : Éric Marouzé
Couverture : Lise Brillaud
Illustrations : Lise Herzog

SAS au capital de 4.099.168 euros
52, rue Camille Desmoulins
92448 Issy-les-Moulineaux Cedex

ISBN : 978-2-8095-0657-0

À mes enfants, Tanguy, Roxane et Héloïse qui m'ont tant appris et ont bercé l'écriture de ce livre de leurs voix, de leurs chants et de leur musique.

À ma mère, qui n'a jamais écouté les experts ni les modes et m'a offert tendresse et lait maternel,

À mon père qui a toujours défendu les plus petits et les plus faibles,

À mon grand-père paternel, médecin avant-gardiste, qui défendit une éducation basée sur la liberté de mouvement et la joie d'apprendre par le corps,

À Thierry, mon mari, qui m'a écoutée et suivie dans l'éducation de nos enfants,

À toutes les mamans (et les papas) que j'ai accompagnés et qui m'ont fait confiance sans jamais me laisser tomber dans le piège de la perfection et du conseil universel qui n'existe pas,

Merci à Janusz Korczac, grand défenseur des enfants, et à ses textes qui ont guidé l'esprit de ce livre.

Merci à Corinne, qui a accepté d'embarquer pour le large et d'affronter l'aventure de l'écriture avec moi !

Sophie Dumoutet

À mes chers parents, qui m'ont toujours laissée libre de mes choix, et soutenue dans mes orientations de vie,

À Frédéric, mon époux, qui m'a encouragée dans la découverte de nouveaux horizons professionnels,

À Agathe, David et Nicolas, mes enfants chéris, grâce auxquels j'ai découvert et découvre jour après jour le trésor que représente un enfant,

À tous les enfants et tous mes petits patients en particulier qui, depuis mes débuts hospitaliers, m'ont appris la vie.

Corinne Dodelin-Bricout

Le mot des auteurs

Ce que j'aimerais vous transmettre ? Une certaine idée de la maternité et de l'éducation où l'on apprend à préserver notre corps et celui de nos enfants, comme une planète sacrée, où l'on apprend à développer notre conscience et notre confiance, une confiance qui pourra se transmettre à l'enfant, pour le meilleur et pour la vie.

Votre bébé ne vous demande pas la perfection mais de la bienveillance, de la patience, et une certaine authenticité, loin des clichés, des modes et des experts ! Vivre au quotidien avec des petits, être à l'écoute de leurs besoins fondamentaux, n'est plus une charge mais devient une chance d'apprendre sur soi, sur son corps, grâce à l'enfant qui grandit et évolue avec tant de grâce et d'intelligence devant nos yeux !

Ma recette

Une bonne livre de liberté, un litre de corps à corps, un sachet de yoga, un souffle d'air pur, une touche de musique, trois pas de danse, cinq gouttes de lâcher-prise et deux de légèreté : mélanger avec délicatesse pour dissoudre les pleurs et faire cuire à feu très doux. Accompagner d'un cocktail de tendresse, de confiance et de bienveillance, d'humour et d'amour.

Et vous, quelle sera votre recette ?

Sophie Dumoutet

Passionnée par le corps humain et le développement de l'enfant, Sophie Dumoutet est professeur de yoga et diplômée d'un master en psychologie cognitive. Maman de trois enfants et auteure de plusieurs ouvrages autour de la maternité, du yoga et du toucher (voir son site internet : www.yogalame.com), elle anime également de nombreux ateliers, afin de transmettre sa passion et son expérience, donner des ailes aux futures mamans, de l'assurance aux parents et une confiance corporelle durable à leurs enfants.

Ce qui m'a plu lorsque Sophie m'a proposé de collaborer à ce projet ? Avoir un espace de liberté pour expliquer, rassurer, afin de remettre entre les mains des parents les choix et décisions concernant leur enfant ; donner l'information claire sur laquelle ils peuvent s'appuyer pour l'épanouissement de leur bébé.

Car devenir parent n'est pas simple, et les jeunes mamans en particulier, fragilisées par ce bouleversement de la naissance, sont très vulnérables. Choisir le mieux, quand les conseils sont parfois contradictoires, peut être bien compliqué ! L'accompagnement bien compris n'est pas prendre la place des parents, mais donner le maximum de clefs pour leurs propres choix de soins et d'éducation.

Puisse le plaisir que j'ai eu à travailler pour ce livre être partagé par vous, jeunes mères et pères !

Docteur Corinne Dodelin-Bricout

Diplômée en pédiatrie en 1994, le Docteur Corinne Dodelin-Bricout a exercé la cardiologie pédiatrique en milieu hospitalier pendant 7 ans, avant de découvrir et de se passionner pour l'homéopathie. C'est en tant que pédiatre homéopathe uniciste qu'elle exerce maintenant en libéral à Paris et Palaiseau (Essonne).
De son long passage hospitalo-universitaire, elle garde une rigueur scientifique et un esprit critique, et par sa formation d'homéopathe, elle a acquis un sens aigu de l'observation des enfants. Elle considère sa profession de pédiatre comme un moyen merveilleux d'aider et soutenir les parents à conduire leur enfant sur le chemin de la santé afin qu'il puisse développer tout son être.

Sommaire

Le repère signale les pages « Du côté des maman »

Introduction

Vous voici partie en terre inconnue, à la découverte d'un nouvel être… Un peu chaton lorsqu'il se blottit et cherche le sein ou lorsqu'il pleure un peu, beaucoup ou passionnément ; un peu poussin par la douceur infinie de ses cheveux ; un peu mammifère aquatique par sa peau (presque) imberbe et si soyeuse ; un peu koala lorsqu'il s'accroche et s'agrippe à vos pouces ; un peu tortue renversée lorsque, allongé sur le dos, il brasse l'air délicatement, cherchant ses repères ; un peu ourson bien léché lorsqu'il vous fixe de son regard pénétrant.

Bref ! Votre bébé est ce mélange improbable qui ne va cesser de vous étonner et de vous rendre complètement folle d'amour et aussi d'épuisement, encore faut-il le savoir pour mieux le vivre.

Qu'il s'agisse d'un premier ou d'un troisième, **chaque bébé est un être unique qui inaugure une nouvelle aventure**. N'ayez aucun a priori, aucune idée préconçue : aucune théorie, dusse-t-elle provenir d'un éminent spécialiste ou même d'un best-seller, ne doit recouvrir vos yeux d'un filtre et vous empêcher de vivre l'instant présent avec CE bébé-là, cette communion très particulière qui se noue entre deux êtres lorsque les regards se croisent !

La vraie vie avec bébé

Au cœur d'un mystère

Aujourd'hui, la plupart des bébés sont désirés, attendus (pour ne pas dire planifiés), parfois depuis très longtemps, après de multiples tentatives. Seules 15 à 20 % des naissances demeurent non planifiées ! Qu'il soit le fruit du hasard ou le résultat de multiples tentatives, qu'il soit venu à point nommé, désiré ou non, chaque bébé a la même valeur et il ne faudra préjuger de rien. L'amour parental se construit au fil du temps et le désir d'enfant n'en est souvent que le prélude, non la condition de base. La grossesse a permis de créer des liens très forts qui vont servir de tremplin par la suite, avec des repères bien précis.

Ainsi, ce n'est pas parce qu'un enfant n'a pas été désiré qu'il sera dépressif une fois adulte et ce n'est pas parce qu'il est attendu depuis longtemps qu'il sera forcément calme et joyeux. Les meilleurs parents sont ceux qui savent être présents à leur

enfant une fois qu'il est là. Le désir de vivre des bébés est d'une force insoupçonnée qui lui est propre et n'appartient pas aux parents !
Certains parents ultra-attentifs ont fait parfois des préparations multiples, ont vécu un accouchement en douceur, et pourtant, à leur grand désespoir, leur bébé pleure tout le temps… D'autres n'ont rien anticipé ni programmé de particulier et leur bébé fait déjà ses nuits à 1 mois… ! Qui peut savoir comment tout cela va se combiner au cœur du mystère de la vie ? **Le seul impératif est de faire du mieux que l'on peut, sans rien attendre en retour** !

Grosse fatigue…

Il est fort possible qu'à certains moments, votre bébé vous apparaisse comme un esclavagiste, un envahisseur, une rencontre du troisième type, celui qui investit votre lit, vos nuits, vos rêves, bouscule votre couple, vos habitudes, installe le chaos le plus complet dans votre maisonnée ! Et à certains moments, vous aurez l'impression étrange d'être le cobaye d'une expérience à répétition. C'est normal, vous êtes le sujet d'étude favori de votre bébé et il ne va cesser de tester, mettre à défaut, vérifier, contre-vérifier, pousser jusqu'aux limites les plus reculées vos capacités d'écoute, de patience et de bienveillance. Bébé est un chercheur né, un inventeur, c'est aussi le meilleur formateur en développement personnel : voyez dans chacune de ses tentatives d'interaction une façon de découvrir les limites du monde, les vôtres en particulier, celles de vos bras et de votre cœur. Il va vous permettre de révéler quelle merveilleuse personne vous êtes, imparfaite certes, mais ouverte et prête à apprendre !

Quand bébé devient ministre de vos jours et de vos nuits !

L'arrivée d'un bébé va vous permettre de vous découvrir sous un autre jour ou plutôt sous une autre nuit ! Car il va peut-être (là encore, pas de prédiction hâtive !) mettre au jour chez vous une autre personnalité peu reluisante : la fatigue des nuits sans sommeil ou simplement **le changement de rythme peuvent vous faire ressembler à une loque humaine ou un zombie de minuit**.
Prenez garde ! Votre bébé, par une belle nuit de pleine lune, peut se transformer en mini-vampire et vous pousser, à force de fatigue, à l'amnésie ! Ne soyez pas étonnée si, un matin, vous vous réveillez sans vous souvenir de ce qui s'est passé durant la nuit. Seuls un torticolis et votre décolleté laissant apparaître votre poitrine à nu vous signalent que quelque chose s'est passé. Mais quoi ? Votre bébé dort paisiblement, l'air repu, le corps en travers du matelas du lit conjugal, formant la barre centrale

d'un H entre le corps de ses parents, repoussés sur les bords du lit alors que, la veille au soir, vous l'aviez pourtant placé dans son berceau à côté de vous ! Mystère !
Mais ne craignez rien ! Vous pourrez vous rattraper en temps voulu et devenir un ogre dévoreur d'enfant ! C'est normal, laissez-vous aller ! Au moment du change, vous vous surprendrez à faire à votre bébé des prouts et autres bisous aux sons bizarres, sans parler des « arheu », « agheu », des sourires, en veux-tu en voilà. Si un jour vous trouviez cela quelque peu déplacé, regardez le film de Coline Serreau, *Trois hommes et un couffin* : vous verrez, ça ira mieux ! Si, à 2 heures du matin, après trois heures de pleurs continus, l'idée de vous jeter par la fenêtre (vous noterez que je n'ai pas dit « jeter bébé » !) vous venait à l'esprit, sachez que c'est une pensée fort commune. La seule chose à faire alors est de poser délicatement votre bébé dans son berceau, d'aller dans la pièce à côté ouvrir grand la fenêtre et pousser un cri salvateur !

L'heure du chaos total a sonné !

Vous qui mangiez à heures fixes, avec une alimentation saine et biologique, vous vous apercevez que vous parvenez à sauter un ou plusieurs repas et vous mangez tout ce qui vous tombe sous la main dès que bébé vous laisse 5 minutes de répit : chips, surgelés, céréales et, horreur ! une barre énergétique ultra-calorique !
Vous qui rêviez des couches lavables en coton biologique pour épargner la planète, vous voici abonnée aux couches ultra-absorbantes afin d'épargner quelques précieuses minutes de vos jours et encore plus de vos nuits !
Vous qui adoriez chanter et prendre tout votre temps sous la douche, vous voici, suppliant au travers du rideau de douche, un petit bébé d'un mois seulement qui vous fait « chanter », pourtant confortablement installé dans son couffin au pied de la baignoire : peut-il vous laisser le temps de vous rincer les cheveux que vous n'avez pas eu le temps de laver depuis… ? Certes, bébé adore votre odeur de fauve, mais quand même, doit-il vous imposer son mode de vie animal ?
Vous qui étiez toujours de mise impeccable, vous avez renoncé à votre belle allure. Après avoir résisté quelque temps (au rythme de cinq tenues par jour !), vous gardez maintenant le même vêtement criblé des renvois de votre petit dragon, désespérant un jour de pouvoir rester quatre heures d'affilée sans aucune tache !
Vous vous rêviez Esmeralda, légère et souriante, vous voilà transformée en Quasimodo du soir, le dos courbé et en compote, les bras tétanisés, épuisée par des heures d'allaitement et de portage.

Vous qui aimiez l'ordre et le rangement, vous voici confrontée à une pile de linge sale ou à étendre. Si vous aviez réussi à tenir bon les deux premières semaines, le manque de sommeil aura tôt fait d'anéantir toute velléité d'ordre et votre appartement risque fort de ressembler à un magasin de vêtements et de couches qui viendrait tout juste d'être livré. Ce chaos est bien sûr proportionnel au nombre d'enfants !
Vous qui étiez une grosse dormeuse, vous vous apercevez que le moindre « couinement » de votre petit bébé d'Inde vous réveille brusquement, vous laissant dans une attente étrange, tiraillée entre le « Je reste tapie dans mon lit et ne fais aucun bruit » et le « Je vais voir quand même, on ne sait jamais ».

Le chamboule-tout du couple !

Vous qui étiez un couple modèle avec un homme très participatif, vous découvrez une autre facette de votre cher et tendre, qui dort à poings fermés la nuit malgré les pleurs aigus de votre progéniture. Son seuil d'alerte auditif est très supérieur au vôtre : il ronfle allègrement alors que vous sursautez au moindre bruit ! Et ça dure depuis 6 mois… Sans parler des remarques déplacées qu'il vous fait en rentrant du travail : « Mais qu'est-ce que tu as fait de ta journée ? » Quant à la libido, vous vous demandez bien où vous l'avez égarée, entre les couches, les pyjamas, les tétines, le soutien-gorge d'allaitement ultra-sexy façon grand-mère, sans parler du tire-lait tue-l'amour !
Vous, enfin, qui vous rêviez en pulpeuse Marilyn Monroe grâce à l'allaitement, vous voici vache à lait, c'est votre aîné qui l'a dit ! Vos seins ressemblent à une excroissance incontrôlable, dont les épanchements inopinés à la vue (ou même à la simple pensée) de votre bébé (avec, à la clé, une magnifique auréole sur le tee-shirt), vous plongent dans un embarras quotidien. Parfois dure comme du béton ou bien désespérément vide, comme dégonflée, votre poitrine vous encombre même la nuit ! Vous aurait-on raconté des salades : l'allaitement, naturel ? Rassurez-vous, l'allaitement, une fois bien installé, vous procure des joies indicibles, comme nous le verrons ! Si, c'est vrai !

Il est fort possible que la meilleure préparation pour accueillir un bébé soit l'art de la navigation en pleine mer, de la randonnée en haute montagne, de la poésie, de l'humour, du cirque et, plus particulièrement, celui de l'équilibriste.

Car, il faut le savoir, devenir parent, c'est devenir un peu schizophrène : parfois, lorsque votre bébé dormira profondément, vous trouverez ça louche et vous attendrez impatiemment qu'il se réveille afin de vérifier que tout va bien. Et deux heures plus tard, lorsqu'il n'arrivera plus à s'endormir, vous ne rêverez plus que de trouver le bouton magique qui le fera s'endormir immédiatement !

D'autres fois, vous voudrez retrouver votre vie d'avant bébé, lorsque vous pouviez sortir avec votre amoureux sans rien avoir à planifier ni organiser. L'instant d'après, devant votre bébé s'abandonnant dans vos bras, vous fondrez d'amour et vous vous demanderez comment vous faisiez avant, pour vivre sans lui. Dès que bébé est là, il s'impose et la place qu'il prend les premiers temps va vous sembler inversement proportionnelle à sa taille !

Grandir avec bébé

Et oui ! **La profession de parent est un sacerdoce, elle exige modestie, patience et simplicité**. Lorsque vous embarquez pour le large, vous pouvez vous préparer minutieusement, faire des réserves, étudier les cartes de navigation (et ce sont de très bonnes idées), mais vous ne pourrez jamais décider des conditions météo ! Bébé est maître à bord les premiers mois, il faut le savoir. Vous récupérerez de la liberté au fur et à mesure. Faites-lui confiance pour développer son autonomie, et laissez-lui du temps !

Vous avez dit immaturité ?

On considère souvent bébé immature, comme s'il n'était pas complètement fini. On entend d'ailleurs parfois dire que les bébés ne commencent à être intéressants qu'à partir de leurs premiers sourires, de leurs premiers mots, de leurs premiers pas… C'est pourtant une période d'une grande richesse, fondatrice et primordiale.

Bien sûr, c'est un être en devenir, mais il est surtout un être à part entière dès sa première seconde de vie (et même avant, in utero) et mérite d'être respecté et pris au sérieux. C'est la très grande plasticité du cerveau qui confère au bébé sa capacité à s'adapter et se développer de manière impressionnante. **L'immaturité des petits humains est une chance immense**. Bébé est donc un artiste plasticien, un inventeur de chaque instant, un concepteur de circuits neuronaux qui se comptent par milliards. Il est sans cesse en train de mettre à jour ses programmes… Voyez à chaque instant votre enfant au sommet de son évolution, de la même manière que vous êtes vous-même en pleine évolution. Nous sommes tous des êtres en devenir et même si notre corps a fini sa croissance, nous n'avons jamais fini d'apprendre, encore et encore !

Vous vous apercevrez peut-être, quelques mois après avoir eu votre premier enfant, que rien au monde ne vous aura autant transformée, bouleversée, éduquée, que votre petit d'homme, dont la valeur n'a pas attendu le nombre des années ni le nombre des centimètres !

Cultivez la bienveillance

Sans culpabilité, sans pression, acceptez cette chance qui vous est offerte de vous faire du bien, de vous nourrir et de grandir simplement en cultivant un regard bienveillant, des gestes attentionnés avec votre petit d'homme. **Soyez indulgente avec lui autant qu'il l'est avec vous**. Sachez que vous ne ferez jamais d'erreur en essayant de faire de votre mieux. Suivez votre bébé tout doucement, à pas de loup, pour ne pas l'effrayer ! Une brise légère dans ses cheveux vaudra mieux qu'un grand vent pour l'éveiller. **Ne le poussez pas mais regardez-le pousser**, une feuille après l'autre : votre enfant est tel un arbre aux fleurs merveilleuses qui doivent s'épanouir, les unes après les autres, pour peu que vous soyez patiente.

Soyez indulgente également avec vous-même : la société semble exiger maintenant des parents parfaits, presque professionnels. Cet enfant, parce que désiré, se doit d'être heureux et éveillé, et ses parents se doivent d'être compréhensifs à l'extrême, comblant parfaitement chaque demande de leur petit. Non, non et non ! **La frustration, l'incompréhension font partie de l'aventure humaine**. On n'est pas censés se comprendre à la lettre ni bien s'entendre immédiatement. Seule compte l'intention, et cela ne demande pas de formation de docteur en psychologie, encore moins d'avoir lu tous les livres de Dolto ! Cela demande de l'ouverture d'esprit, de la patience, de la douceur, de la bienveillance.

Écoutez vos tripes !

Pourquoi refuser l'appel de son petit quand toutes vos cellules vous disent de prendre votre bébé dans vos bras ? Simplement parce qu'un spécialiste vous a convaincue qu'il ne fallait pas ? Pourquoi se culpabiliser alors qu'il suffit de s'écouter ? Oui, mais écouter quoi ? Dans ce supermarché d'injonctions, de conseils, de recommandations multiples et diverses auxquelles les parents sont soumis

souvent dès la grossesse, comment s'y retrouver ? Il faut écouter ses tripes, c'est là le plus rude dans le métier de parents !
Comme le dit le docteur Philippe Grandsenne, « Lorsque le cadre ne convient pas à l'enfant, soit on casse le cadre, soit on casse l'enfant, il faut choisir » ! Nul doute que vous choisirez la bonne voie… Sachez que tout le monde peut élever son petit, et vous deviendrez, c'est certain, une grande spécialiste, non pas « des bébés », c'est totalement superflu, mais de CE bébé-là.

Nous vous proposons ici quelques victuailles, quelques nourritures affectives et matérielles afin d'éclairer votre route, vous permettre de faire des choix et, surtout, vous donner confiance en vos capacités et vous apprendre à porter un regard bienveillant sur votre bébé. Une belle aventure vous attend pour peu que vous restiez ouverte à votre ressenti !
Belle route aux quatre coins de ce livre, bon voyage à vous et à votre petit d'homme !

·1·

Partir du bon pied

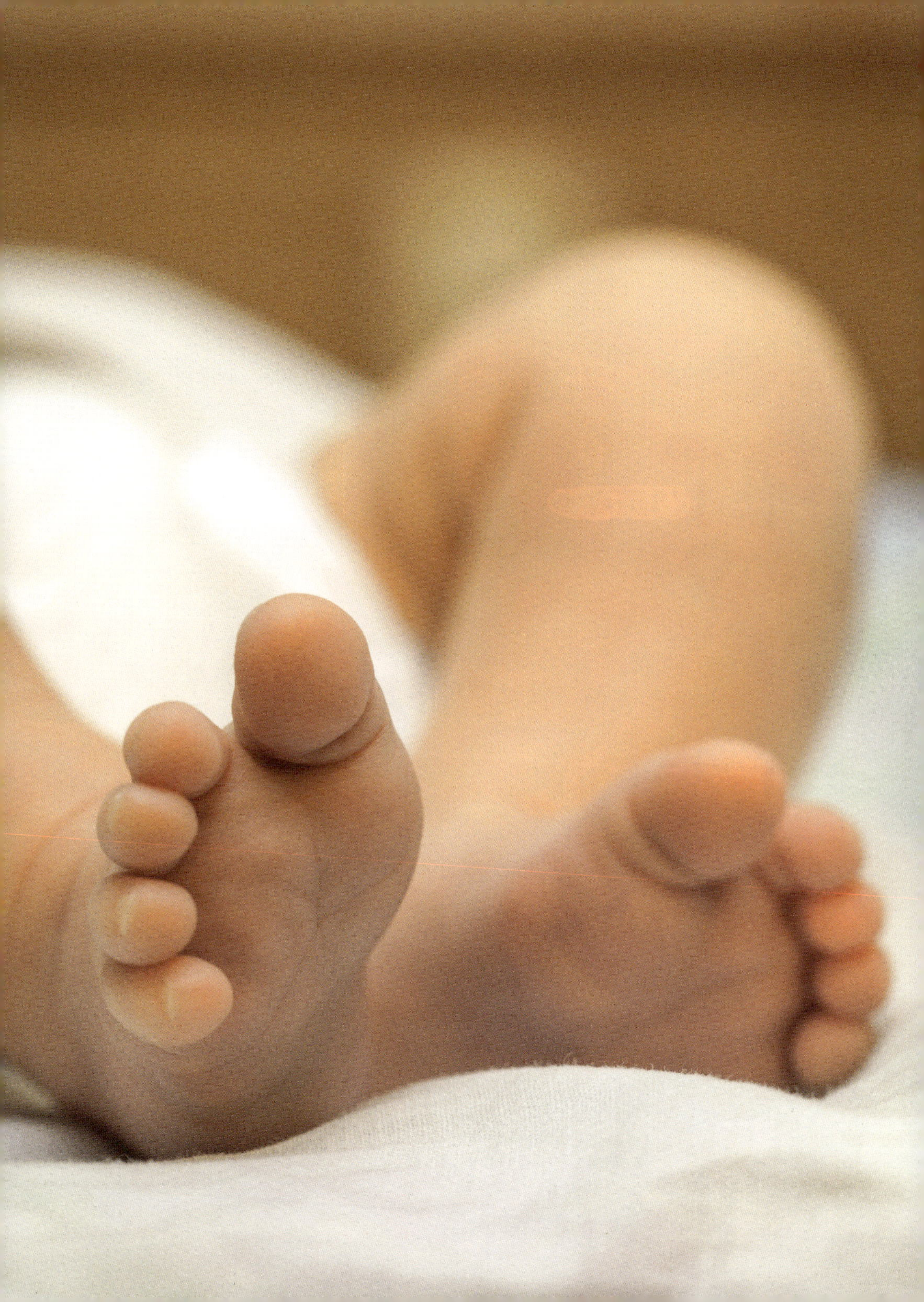

S'engager dans une incroyable aventure

Dans la peau de bébé

Mettons-nous quelques instants à la place de bébé en fin de grossesse et juste après la naissance afin de mieux saisir l'être unique qu'il est. Imaginez que vous vivez dans l'eau, dans un environnement chaud, à température constante, en apesanteur ou presque ; des sons, étouffés en permanence, vous parviennent, des vibrations surtout, des lumières très faibles. Votre vie est bercée de rythmes, de battements, de gargouillis, de mouvements amortis par le liquide qui vous porte. Vous êtes dans une bulle, enveloppée de toute part. Quels que soient les mouvements que vous fassiez, votre corps rencontre un autre corps, ou plus exactement une enveloppe : vous glissez, roulez, et ce sont essentiellement les parties dorsales (dos, fesses, tête), les membres (en particulier les coudes, les genoux, les talons, les mains) et la tête qui sont en contact avec cette enveloppe. Vous êtes recroquevillée sur vous-même en position fœtale et le centre du corps, sternum, ventre, cuisses, cou, toutes les parties les plus fragiles, restent fermées sur elles-mêmes, sans contact avec la paroi utérine. La tête est en général en bas (même si certains bébés préfèrent être tout proches du cœur de leur maman !).

Vous êtes connectée en permanence, pas de téléphone portable mais le bon vieux modèle avec fil… Il n'y a pas d'heure pour manger et boire, tout est disponible constamment, grâce au liquide amniotique et au cordon ombilical. Aucune variation de température, le corps est maintenu à 37 °C sans effort. Bref, même si vous manquez de plus en plus de place, tout est fait pour votre confort… ou presque ! Car ce corps qui vous a porté pendant 9 mois va bientôt vous signifier que cette idylle (pas pour toutes cependant !) ne peut plus durer. Vous êtes un étranger, en contrat à durée déterminée, certes toléré grâce au jeu des hormones, mais nourri de façon clandestine par la magie du placenta, encore un clandestin. Votre séjour arrive à son terme et les murs de l'appartement se sont étrangement rétrécis, se contractant brusquement et régulièrement, à tel point que vous ne pouvez presque plus bouger. Vous avez atteint les côtes de la mère et en avez exploré tous les recoins. Il va bientôt falloir larguer les amarres… Votre voyage vers la planète terre va bientôt commencer, attention, mer très agitée, force 9,10… C'est la tempête !

Le grand saut de la naissance

La naissance, aussi douce soit elle, est une épreuve pour votre bébé. Le terme de « naissance sans violence » peut indiquer plutôt le souhait de ne pas nuire au processus naturel afin de limiter les risques et les traumatismes, mais il n'en demeure pas moins que naître est un passage incroyable, une aventure qui peut marquer un être profondément. Température, mode d'oxygénation, alimentation, les échanges avec l'extérieur sont tout nouveaux et vont demander une adaptation quasi immédiate.

Pour maman, l'accouchement n'est pas simple non plus, et parmi les mammifères, nous sommes probablement les moins bien loties. La station debout et notre bipédie ont réduit la largeur de notre bassin, rendant le passage pour bébé plus étroit, et le diamètre de sa tête n'est pas des moindres ! Bref, une vraie prouesse, un miracle !

Enfin, pour papa, ce bébé si bien caché et gardé est maintenant à portée de main… Il n'en croit pas ses yeux… Ce qui n'était encore qu'une forme qui bougeait sous un ventre rond est maintenant bien là, au creux de ses bras, tout contre sa peau…

Hormones et attachement

Lorsque l'accouchement n'a pas été trop perturbé et que, d'une manière ou d'une autre, la maman a su rester en contact avec son bébé tout au long du processus, ils baignent tous deux dans un bain d'hormones : ocytocine (hormone de l'amour ou de l'altruisme), prolactine (hormone du maternage), endorphines (hormones antidouleur et du plaisir, proches des opiacées !). Elles sont toutes favorables à l'attachement, pour ne pas dire à la dépendance ! Tout est prévu pour que la maman et le bébé s'attachent l'un à l'autre. Pour les éthologistes, cet attachement est « le prototype de toutes les formes d'amour » (Michel Odent, *L'Amour scientifié*) entre deux êtres. En effet, faire l'amour, mettre au monde ou allaiter, relèvent de la sexualité. On y retrouve le même cocktail d'hormones. Cependant, ces hormones chez la mère seront exclusivement dirigées vers le bébé grâce à la prolactine, réduisant le désir sexuel et la fertilité… Bien faite, la nature !

À l'air libre, l'adaptation cardio-respiratoire

Le moment de la naissance est crucial pour le tout-petit. Il doit instantanément s'autonomiser sur les plans cardiaque, respiratoire, métabolique, en changeant en quelques secondes radicalement d'écosystème. Jusqu'à la naissance, c'est le placenta qui assurait la nutrition, l'oxygénation et la prise en charge de l'hématose (l'oxygénation du sang). À la naissance, le placenta ayant disparu, les poumons, jusque-là court-circuités, entrent en scène pour assurer l'hématose. Deux phénomènes parallèles surviennent, indissociables : le développement (on pourrait plutôt dire la relaxation) des vaisseaux entourant les alvéoles et responsables du transport de l'oxygène, et l'entrée d'air dans les poumons, autrement dit la respiration. Pendant une quinzaine de jours, période d'ajustement vasculaire, l'enfant a une circulation dite « transitionnelle ». Parallèlement, les alvéoles pulmonaires doivent s'ouvrir.

Chaque enfant qui naît réussit (le plus souvent sans aide) cette prouesse d'adaptation, et ce en quelques secondes ! On peut comprendre qu'il existe une irrégularité de la respiration du bébé au cours des premières heures de vie ! Sa fréquence respiratoire est nettement supérieure à celle d'un adulte : entre 30 et 50 par minute, avec de courtes pauses respiratoires (inférieures à 10 secondes et sans cyanose), pour 16 par minute chez un adulte au repos ! Autre spécificité du nouveau-né : il ne peut respirer par la bouche. Il faut veiller à ce que son rhinopharynx soit perméable (ce qui se vérifie facilement en plaçant un petit miroir devant chaque narine et en vérifiant que se forme bien de la buée).

LE MOT DU PÉDIATRE

Les pédiatres et les sages-femmes qui surveillent le nouveau-né utilisent le fameux « **score d'Apgar** ». Il évalue l'adaptation du cœur, de la respiration, la couleur de l'enfant, son tonus et sa réactivité. Chaque item est coté de 0 (pas de réaction) à 2 (normal). Le test est effectué à 1, 5 et 10 minutes de vie. En fonction du résultat, une prise en charge spécifique, pouvant aller jusqu'au transfert en service de réanimation, peut être décidée. Ce score est utilisé par tous les médecins dans le monde entier, avec les mêmes critères. Il est fiable et prédictif.

La respiration est donc la première adaptation de bébé, et sans nul doute la plus impressionnante. Ses poumons, entraînés et préparés en fin de grossesse, maturés par la prolactine juste avant la naissance, doivent recevoir leur premier bol d'air. Certains bébés vont pleurer, crier ou gémir, d'autres seront calmes dès le départ, d'autres encore inconsolables. C'est selon, et il est difficile de présager de sa réaction, quelle que soit l'attention qu'on aura apportée à sa naissance et à ses premières minutes !

Pour maman, c'est seulement après la délivrance, qui porte bien son nom, qu'elle va enfin pouvoir « respirer ». Le placenta doit sortir sans encombre afin que l'utérus puisse enfin se refermer et cicatriser !

Quant à papa, lui aussi respire enfin ! Il a peut-être failli tomber dans les pommes, personne n'a vu son émotion et son souffle qui s'arrêtait au moment de la naissance, mais lui s'en souviendra pour longtemps.

Retrouver des repères

Les bienfaits du corps à corps

Le premier besoin fondamental sera, pour bébé (et pour sa maman), de retrouver les repères d'avant la naissance : tout ce dont bébé a besoin est de sentir l'odeur de votre peau, l'enveloppe de votre corps, le son de votre voix, le mouvement de votre respiration, le battement de votre cœur. Au-delà des gestes classiques, qui consistent à garder la chaleur, vérifier que bébé respire bien, nous pouvons apaiser bébé par des gestes simples et que font instinctivement la plupart des parents : lui parler, lui dire des mots doux qui viennent du cœur, mais aussi faire les « Om » du yoga, si vous les aviez appris auparavant. Parfois, certains vont même chanter : les mélodies transmises par la voix magique de la mère font plus que toute autre tentative d'apaisement. Bien sûr, l'enveloppe des bras, le contact avec le ventre ou la poitrine de la maman seront les éléments essentiels pour consoler un nouveau-né qui pleure ou qui gémit. D'ailleurs, Michel Odent raconte toujours avec beaucoup d'humour qu'au XXe siècle, grâce à la science, nous avons découvert que le bébé a besoin de sa mère et en particulier juste après la naissance ! Qu'il s'agisse d'une césarienne ou d'un accouchement par voie basse, le corps à corps est primordial.

En second lieu, comme dans un jeu de passe-passe, le corps du père sera également primordial comme repère : prévoyez une chemise qui s'ouvre, ce sera plus simple ! Devenez une référence pour votre enfant, et ce dès le début ! Dans la merveilleuse aventure des bébés kangourous, mis au point par le docteur Charpak, le père devient le père porteur en alternance avec la maman ! C'est une chance à saisir pour le papa de prendre une place de choix, alors que, jusque-là, seule sa main pouvait imaginer la forme de son petit. D'autant plus que dans les premiers temps, même si tout le monde va bien, la maman aura des difficultés à porter bébé de façon prolongée du fait d'un périnée fragile ou d'un ventre cicatriciel, même avec une écharpe de qualité ! Porter bébé en écharpe, pour un papa, permet d'imaginer ce que vivait la maman enceinte. En effet, les nouveau-nés reproduisent assez fidèlement les mouvements intra-utérins une fois lovés en écharpe !

Mettre bébé sur le corps de sa maman est essentiel à sa vie. Le docteur Jacques Rey, obstétricien, pédiatre et néonatalogiste homéopathe, a une longue expérience sur le sujet. Même si la naissance a été houleuse et que le bébé paraît en détresse vitale, le fait de le mettre sur sa mère tout de suite après sa naissance lui permet, dans la quasi-totalité des cas, de reprendre couleur et respiration normales dans les 10 minutes qui suivent, sans couveuse ni aspiration ou réanimation. Certes, il faut avoir le courage d'attendre, et il n'est pas sûr que le néonatalogiste ait envie de tenter l'expérience. Mais dans les cas moins graves, il faut savoir insister pour garder le bébé sur sa maman, surtout si, par exemple, on parle de refroidissement de l'enfant. « Les enfants et les mères ont des ressources insoupçonnées », explique Jacques Rey. « Si on les mobilise, on peut leur permettre de retrouver une énergie phénoménale. En particulier, si la maman a dû avoir une césarienne, il y a eu beaucoup d'agitation autour d'elle,

Vive le portage !

Le portage en corps à corps est une réponse tout aussi efficace que la couveuse sur un plan médical, tout en favorisant l'attachement parent-enfant ! Alors, quelles que soient les conditions d'atterrissage de votre petit, pensez à le prendre tout contre vous. Vous serez alors son radiateur, son doudou, sa veilleuse, son horloge, sa berceuse et bien plus encore : sa terre d'attache ! (voir Porter bébé en écharpe, p. 92) la salle est froide, ceci génère beaucoup d'anxiété. Si elle retrouve son bébé tout de suite, tout s'arrange. C'est ce qui apaise la mère. C'est aussi ce qui apaise l'enfant, car il est né sans contact avec les voies naturelles, de manière aseptique. D'une certaine façon, on le coupe de la vie. C'est le contact le plus immédiat possible avec sa mère qui l'aidera à vivre. »

T'as de beaux yeux, tu sais

Ce qui frappe d'emblée les témoins d'une naissance, c'est le regard du bébé qui vient de naître : droit, direct, sans concession, le petit d'homme vous fusille littéralement du regard. Le « *bonding* », qui consiste à avoir un contact étroit visuel et corporel dès les premières minutes après la naissance entre la mère et l'enfant, est reconnu comme un élément capital dans la mise en place de l'instinct maternel et du cocktail hormonal qui l'accompagne. Longtemps, on a cru que le bébé ne voyait rien, tels les petits chats, mais il n'en est rien. !

Bébé voit très flou, car il n'arrive pas à accommoder et ne possède pas la vision binoculaire qui lui permettrait de voir bien dans l'espace et qu'il maîtrisera vers 4 mois. Il voit en noir et blanc et son champ de vision n'excède pas 30 à 50 cm. Bébé va tout de même chercher très rapidement vos yeux, et c'est normal, car ils rassemblent tout ce qui l'attire : ce qui est contrasté, ce qui brille et ce qui bouge. L'idéal est donc de se tenir à une distance de 20-30 cm de son visage pour lui parler et échanger avec lui. Lové dans vos bras, ou posé sur vos jambes repliées devant vous, voilà un bon départ.

Le début de la faim

Bébé va découvrir la faim et son estomac va se mettre à fonctionner. Si vous allaitez, l'adaptation se concentre sur la succion qui peut mettre plus ou moins de temps à s'installer, même si le réflexe est bien là. Non, tout n'est pas toujours rose et naturel, ni simple.

Imaginez votre bébé comme un étranger débarquant dans un nouveau monde : il avait l'habitude de manger avec ses mains, voilà qu'il faut manger différemment ; il avait tout à disposition à tout moment de la journée, voici qu'il lui faut attendre un temps interminable (10 secondes, parfois plus, ce qui est très long pour un nouveau-né !) alors que son estomac se tord, crie famine et demande à être comblé dans l'urgence ! Imaginez qu'il doive tout d'un coup s'adapter à une nourriture plus riche, épicée et cuisinée différemment. Bref, un vrai changement de régime et d'habitudes ! Et ce n'est que le début !

Des réflexes puissants

Fort heureusement, bébé possède un réflexe archaïque et vital qui le dépasse lui-même, d'une telle puissance que, dès la naissance, il peut vous faire un suçon dans le cou ou sur les bras. Avis aux papas qui tiendraient leur bébé un peu trop longtemps juste après l'accouchement !

Il existe une fenêtre de 2 heures juste après l'accouchement durant laquelle bébé est très éveillé. Il est alors équipé de tout un programme très sophistiqué mis au point depuis des millions d'années : les réflexes de reptation, de fouissement, de succion et de déglutition vont lui permettre un exploit impressionnant, trouver le sein par lui-même ! Prenez votre temps et surtout laissez-le faire seul, autant que possible. Faites-lui confiance !

Le colostrum, un nectar santé

Même si vous n'allaitez plus par la suite, ne privez pas votre enfant d'une première tétée d'accueil qui est véritablement un cocktail parfait pour un tube digestif tout juste mis en service et colonisé, dans le meilleur des cas, par la flore digestive de la maman (voir à ce sujet l'excellent livre de Candice Levy, *Quels laits pour mon bébé ?*).

Ce lait des premiers jours, le colostrum, a une composition particulière par sa teneur élevée en immunoglobulines A, protectrices de la muqueuse digestive, dont votre bébé est totalement dépourvu à la naissance. Il se caractérise également par sa teneur basse en lactose et lipides, permettant une adaptation progressive du tube digestif, dont l'activité intra-utérine était très réduite. Il est donc particulièrement bien adapté au nouveau-né et lui prépare une bonne immunocompétence.

Après l'accouchement, maman dans tous ses états

Les suites de couches

Les suites de couches sont une période critique pour les mamans. On a fortement raccourci le temps passé à la maternité depuis 50 ans : d'une dizaine de jours dans les années 1950, il est souvent réduit à 4, 3, voire même 2 jours aujourd'hui. Si certaines mamans préfèrent rentrer vite chez elles dans leur environnement, d'autres peuvent se retrouver bien seules face à ce petit être de 50 cm de long mais dont le volume sonore peut atteindre 97 décibels, bien souvent dans les aigus ! Tout le monde vous a prévenue pour le marathon de la naissance, peu vous auront dévoilé le triathlon qui s'annonce : 3 mois d'intenses chamboulements.

Votre corps est passé de cocotte-minute à vaporetto toute puissance, pensez-y ! Vous devez éliminer tout ce qui a construit le nid dans votre corps : vous allez transpirer, desquamer, perdre sang et eau. Votre corps s'était habitué à « l'étranger », imprégné d'hormones en tout genre, concentré sur l'intérieur. Après la naissance, votre corps va devoir se tourner vers l'extérieur, par l'allaitement, le portage. C'est un peu comme négocier un virage à 180 ° en l'espace de 3 jours environ (le temps de la montée de lait). L'utérus, en particulier, va se resserrer et ce qu'on appelle « involuer » pour retrouver sa place initiale. La peau va devoir se réadapter à ce nouveau volume ainsi que les muscles et, par le jeu des hormones, elle paraîtra parfois d'une grande sécheresse. Il faudra la nourrir intérieurement et extérieurement ! Quant aux cheveux, c'est souvent à retardement – 3 ou 4 mois après l'accouchement – qu'ils tomberont (mais ce n'est pas systématique, en particulier si vous allaitez et que vous n'avez pas de carences) !

C'est une rude adaptation vécue plus ou moins brutalement ! Considérez-vous comme en pleine convalescence, vous comprendrez ainsi l'importance de vous protéger pendant ces premiers jours.

Le baby blues

La période suivant immédiatement l'accouchement est une zone critique pour le baby blues. Même si l'accouchement s'est bien passé, vous pourrez connaître des moments difficiles (ou d'euphorie) : envie de pleurer, sensation de vide, sentiment d'être totalement chamboulée et submergée par cette nouvelle tâche. Après une période de plein, voici donc le vide. Et ce, aussi bien au niveau physique qu'au niveau psychique : la maman est extrêmement sensible, tous les regards, tous les soins se tournent vers bébé qui, lui, n'hésite pas à réclamer et pleurer. Difficile de passer du centre du monde au rôle de mère responsable et vaillante. La société occidentale ne facilite pas ce passage qui demande aux mamans de s'occuper immédiatement de leur bébé, parfois sans grand ménagement, alors que d'autres sociétés, soi-disant moins civilisées, vont préserver la maman de toute intrusion et du moindre effort pendant parfois 7 semaines, les entourant de soins et de massages spécifiques.

Pleurez comme une madeleine !

Autorisez-vous à pleurer et ne soyez pas surprise lorsque cela vous arrivera. Surtout, n'acceptez pas la condescendance du type : « Ce sont les hormones, ça va passer. » Les pleurs ont une fonction d'appel afin que votre entourage prenne soin de vous aussi et vous protège de tout stress. Pleurez allègrement sans vous demander si c'est normal ou pas et ne vous sentez pas bête mais prête pour un nouveau départ. Vous en avez besoin sans qu'aucun jugement ne soit porté.

Appliquez à vous-même tout ce que vous pratiquez pour votre bébé car vous êtes dans le même état de fragilité. Intimité, lumière tamisée, chaleur, douceur, calme et volupté : tout ce qui est bon pour bébé est bon pour vous et vice versa (voir Les bienfaits du corps à corps, p. 28) !

Un chaos ambiant

Dans une société avide de performance, on voit parfois de jeunes mères se relever immédiatement, maquillées, des dossiers sur leur lit de maternité, sortant de l'hôpital habillées comme des *working girls*, prêtes à retourner dans le monde impitoyable du travail. Le baby blues risque de ressurgir bien plus tard et bien plus fort... Méfiez-vous des apparences. Ces mamans donnent malheureusement une idée assez faussée des suites de couches et mettent à mal toutes celles qui n'ont pas de baby-sitter, ni d'aide à domicile, ou encore de chauffeur.

Que les hommes le sachent !

Votre femme n'est pas douillette ni tire-au-flanc ! Si elle reste couchée la plupart du temps avec bébé, c'est parce qu'elle récupère !

La plupart des mamans traînent en chemise de nuit les trois premières semaines, le cheveu hirsute, la mine blafarde, le ventre triste, le sein assez souvent à l'air lorsqu'elles allaitent. Quel bonheur de ne pas avoir à être présentable, rien à prouver, simplement à être là pour son bébé ! L'idéal est de pouvoir dormir quand on en a envie, sans se soucier de l'horloge, du repas à préparer, des invités à recevoir, du dossier à terminer. Plus vous voudrez retrouver un rythme « normal » dans votre vie, plus vous serez en décalage avec votre bébé qui, lui, n'en fera qu'à sa tête et à son rythme qu'il ne calque sur personne ! Pour une fois, acceptez le chaos dans votre vie : être en dehors du temps, loin des conventions, loin de ce qui est poli, réglementé et politiquement correct !

Certaines mamans, contraintes de reprendre rapidement leur travail pour des raisons pécuniaires, devraient se donner au minimum un mois afin de récupérer a minima et essayer de reprendre leur travail crescendo...

Un corps chamboulé

L'accouchement, qu'il ait été le plus naturel possible (physiologique), plus médicalisé (péridurale, déclenchement) ou plus compliqué (césarienne, forceps), est une épreuve sportive de haut niveau et nombreux seront les conjoints admiratifs d'une telle prouesse.

Suivant ces différents cas de figure, il faudra veiller à garder le corps au repos, même si vous vous sentez en pleine forme (ce qui peut arriver après un accouchement sans péridurale bien mené). Les hormones de la naissance vous ont complètement « boostée », vous donnent envie de vous relever tout de suite, dès les premières heures, et de renifler votre bébé toute la nuit sans dormir. Si cette dernière option est tout à fait bénéfique pour certaines mamans (voire pour certains papas !) hypnotisées, comme tombées sous le charme de cet envoûteur, il faudra cependant éviter la station debout trop fréquente. De nombreuses traditions insistent sur ce point, que vous devriez adopter afin de préserver les fondations mises à mal par la naissance ! Veillez à surélever les jambes sur des coussins ou contre le mur, afin de limiter le risque de phlébite. Demandez au médecin ou à la sage-femme ce qu'il est bon de faire en fonction de votre état de santé et des risques.

LE MOT DU PÉDIATRE

Il est prudent de **limiter les visites des proches**, les premiers temps, car elles fatiguent beaucoup, même si l'on est heureux de partager la joie de cette naissance et fiers de montrer son bébé.
Si certaines visites sont incontournables, osez donner un horaire à vos invités (par exemple le goûter plutôt qu'un repas, c'est moins long, et demandez-leur de participer à la préparation). Cela peut être votre rôle, jeune papa : ce sera souvent mieux perçu et cela vous conforte dans votre fonction de protecteur de la mère et de l'enfant ! Et n'ayez pas peur de vexer tante Gertrude ou sœur Germaine ! Elles l'auront de toute façon bien vite oublié en admirant la frimousse de votre petit trésor !

Les pertes de sang

Les pertes sanguines ou les lochies vont durer environ deux semaines, avec quelques épisodes plus denses au début (caillots, débris) et à la fin (pertes plus fortes avant accalmie). Cette période nécessite un repos strict et une attention à tout signe – pertes anormalement fortes, gonflements, odeurs nauséabondes et surtout fièvre ou douleurs intenses – qui pourrait conduire à une prise en charge immédiate. N'attendez pas pour indiquer tout signe anormal !

Un périnée en compote, un sacrum sacrifié

Pour celles qui ont accouché par voie basse et qui avaient un doute sur sa localisation et son importance durant la grossesse, l'impossibilité de solliciter le périnée après l'accouchement va démontrer par défaut son utilité ! Sans compter sur une éventuelle déchirure voire une épisiotomie, que ne laisse alors aucun doute sur l'emplacement et la fonction ô combien importante du périnée !

Dès que vous vous lèverez, vous adopterez spontanément une démarche étrange, comme si vous marchiez sur des œufs. On peut dire que c'est le cas, tant il est vrai que solliciter le périnée en gravité (position verticale) pourrait compromettre très sérieusement sa remise en place naturelle : plus vous aurez de grossesses, plus cela sera vrai. Car, malgré tout ce qu'on aura pu vous dire sur les poussées douces et physiologiques, le périnée connaît son étirement maximal pendant l'accouchement et sera un peu comme un muscle claqué, voire déchiré : qui dit claqué, dit repos absolu ! Il faudra donc vous y faire : vous promener dans un parc une semaine après l'accouchement ? N'y pensez même pas ! Rentrer chez vous après la

Remettre le bassin en place

Certaines sages-femmes (demandez à la maternité ou lors des visites post-natales) proposent un resserrage du bassin grâce à une écharpe enveloppée autour de celui-ci : deux personnes tirent sur chacun des deux pans et balancent doucement le bassin de chaque côté jusqu'à resserrage complet. Cela pourra remettre le bassin en place.

naissance sera déjà une épreuve bien suffisante... Chanceuses seront les mamans ayant donné naissance à la maison, sans aucun déplacement !

Quant au bassin, il a parfois tellement travaillé qu'il a pris une drôle de position, le coccyx est très douloureux dans certains cas.

Si vous sentez que vous avez de grandes difficultés à marcher ou vous asseoir une semaine encore après l'accouchement, si vous avez l'impression que votre bassin pointe trop vers l'arrière (sensation qui ne doit pas se confondre avec une cambrure naturelle) par rapport à votre position habituelle sans parvenir à contrôler vraiment votre périnée, allez rapidement consulter un ostéopathe spécialisé. Votre bassin sera alors refermé et se positionnera correctement. Le périnée reprendra enfin son rôle de « plancher ». N'attendez pas trop et prenez rendez-vous dans le premier mois (pourquoi pas pour bébé aussi, si besoin, et suivant la prescription de votre pédiatre : cela vous évitera un second déplacement).

LE MOT DU PÉDIATRE

L'épisiotomie peut être si douloureuse qu'elle en fait parfois oublier les douleurs de l'accouchement ! Dans presque tous les cas, un remède homéopathique fait merveille s'il est pris juste après l'accouchement, une fois arrivée dans votre chambre, avant que la douleur ne se fasse sentir. Il s'agit de Staphysagria 15 CH (quelques granules d'un tube ou d'une mini-dose en une prise unique). Son efficacité est telle qu'une fois le remède pris, il y a de grandes chances pour que l'infirmière reparte bredouille avec les antalgiques qu'elle était venue vous faire prendre.
En cas de césarienne, le même médicament peut être pris après le réveil.

Un ventre vide

Si votre utérus s'est vite remis en place, votre ventre, lui, mettra malheureusement plus de temps, sauf pour quelques chanceuses dont la sangle abdominale est d'une telle élasticité et tonicité qu'elle va revenir à sa position (presque) initiale en 1 à 2 semaines.

Pour la plupart des femmes, le ventre mettra un certain temps pour revenir à sa position première (et encore !) et l'allaitement n'y fera rien, contrairement à ce que vous auriez pu parfois lire sur ses bienfaits. Ces derniers, bien que réels et nombreux, n'ont rien à voir avec la restitution de votre taille de guêpe ! Plus vous aurez d'enfants, plus ce temps sera long… Bref, au tout début, votre ventre aura l'allure d'un gâteau anglais… c'est normal. Qu'on se le dise : la peau, les muscles, les ligaments, le bassin parfois, devront attendre plusieurs semaines, voire plusieurs mois pour se remettre en place. Quant à celles qui auront eu une césarienne, les suites de couches sont forcément plus délicates, avec parfois des douleurs ventrales persistantes, même si le périnée aura pu être protégé et épargné (bien que sollicité pendant la grossesse et l'accouchement).

Taille de guêpe

Ne cédez pas aux sirènes de la *mummyrexie* (contraction de « *mum* » et « anorexie ») montrant des jeunes mamans exhibant leur taille de guêpe 2 mois, voire 4 jours après l'accouchement : cela conduit des femmes à se priver non seulement pendant la grossesse mais aussi juste après l'accouchement, au moment même où le corps se reconstruit : ces privations peuvent mener à de très graves dépressions, sachez-le !

Pour celles qui seraient tentées par un régime express afin de retrouver leur poids et leur forme initiaux, sachez que si la graisse peut fondre rapidement sous l'effet d'un régime strict, la peau, elle, risque de ne pas arriver à suivre le mouvement et va se friper. Bref, si vous voulez retrouver ligne et belle apparence, prenez votre temps, en particulier si vous allaitez, afin que le timing de la peau corresponde à celui des muscles. Un régime peut vous mettre dans une carence telle que vous plongerez dans les affres du baby blues (voire du baby black), tant il est vrai que notre moral dépend en grande partie de ce que nous mangeons. Neuf mois de grossesse, autant pour récupérer votre corps et toute votre tête ! Ne vous comparez pas à votre voisine ou pire à la star jeune maman, nous ne sommes pas égales face aux caprices du corps ou du temps !

Calez votre ventre !

Lorsque vous vous coucherez et que vous éprouverez la nostalgie d'un ventre plein, ou tout simplement si vous avez envie d'être bien calée, placez-vous sur le côté, une jambe par-dessus un coussin moelleux collé tout contre le ventre, comme pour le remplir momentanément et retrouver la plénitude passée.

Des nuits difficiles

Rares sont les bébés qui feront leur nuit dès la maternité et si le vôtre vous a laissé un espoir la première nuit (qu'il peut faire sans soulever une paupière), c'est parce qu'il récupérait de la naissance. Nombreux sont les bébés qui sont bien éveillés la deuxième nuit et vont être en demande, très naturellement (mammifère oblige), de bras, de lait, de chaleur humaine. Se nourrir régulièrement est une nécessité absolue afin d'alimenter un cerveau de façon régulière et immédiate dès que le besoin se fait sentir : il faut se faire une raison, c'est physiologique, inutile de faire attendre votre petit. Plus il sera près de vous, plus facile sera cette adaptation (voir Allaiter et nourrir bébé, p. 158).

Vous réveiller au milieu de la nuit, même si les hormones peuvent vous aider à être en phase, vous rappellera les pires nuits « charrette » de vos études ou encore les réveils nocturnes à cause d'un voisin indélicat qui fait la fête. Parfois, il vous faudra du temps pour récupérer et vous rendormir si bébé a décidé de faire la java certaines nuits. Il pourra vous arriver d'hésiter ou de douter lorsque vous croiserez votre tête dans un miroir ou lorsque votre dos se courbera à force de portage et de fatigue. Non seulement vous devez récupérer de l'accouchement mais vous devez être très disponible pour bébé !

Utilisez toutes les astuces possibles (voir Astuces imparables pour (r)endormir bébé (et vous aussi !), p. 146). Tout ce qui est bon pour bébé est bon pour vous, lumière tamisée ou lampe à lumière décroissante, lampe de poche, musique douce et astuces de relaxation afin de vous apaiser pour apaiser bébé.

Écouter et parler à bébé avec bienveillance

Nommer bébé

Un accueil bienveillant

Pourquoi dire que votre bébé est « sage » ? C'est trop lui demander. Un bébé n'a pas à être sage, juste à être là, à être aimé tel qu'il est et à être accueilli comme un ami venu de loin, épuisé par le voyage et le décalage horaire. N'enfermez pas votre bébé, il a tant à vivre ! Laissez-lui le temps de s'adapter au Nouveau Monde et de comprendre les us et coutumes des autochtones !

À la naissance, la première chose que bébé va entendre, c'est souvent son prénom. À moins que vous n'attendiez quelques jours (attention, pas plus de 3 jours !) pour faire plus ample connaissance avec lui et vous décider sur le prénom qui lui correspond le mieux. Ne vous laissez influencer ni par la famille ni par la sage-femme, et méfiez-vous des phénomènes de mode. Certains prénoms qui paraissent dans l'air du temps risquent d'être très datés voire démodés 15 ans plus tard. C'est votre petit qui portera ce prénom, pensez-y !

Dès la naissance, certains bébés sont affublés de noms d'oiseaux : goinfre, paresseux, hyperactif, pleurnicheur, grognon, voire capricieux. N'acceptez aucun qualificatif péjoratif, en particulier lorsque cela vient de l'entourage. Soyez le meilleur avocat de votre bébé, croyez en lui dès le départ, et transformez toute critique, même pour rire, en termes positifs : gourmet pour les goulus, calme, zen pour un gros dormeur, communicatif, décidé au lieu de capricieux, tonique et sportif s'il bouge beaucoup.

Parler vrai

Certains pensent qu'il n'est pas nécessaire d'expliquer à bébé ce qui se passe. Pourtant, lorsqu'une famille d'accueil à l'étranger vous emmène visiter la ville, vous aimez savoir où vous allez. Imaginez-vous dans un train à l'arrêt en pleine voie, sans savoir ce qui se passe, sans aucune idée du temps que va durer cette attente : être informé, même partiellement, va vous permettre de comprendre et d'attendre, même si c'est désagréable.

Bébé est une personne dépendante, elle ne connaît rien du monde, ou si peu. Lorsque vous devez l'habiller, le changer et « manipuler son corps », lorsque vous devez le préparer pour sortir, l'emmener chez le médecin, le faire voyager, dites-lui avec des mots clairs et simples : il comprend l'intention et se sent considéré comme une personne à part entière, pas comme un objet qu'on trimballe d'un endroit à un autre.

Le prévenir de ce qui va se passer autour de son corps, c'est préparer le terrain et cela lui permet de se repérer rapidement dans le dédale des déplacements, des gestes dans lesquels son corps est impliqué. Restez neutre dans vos explications, sans préjuger si cela sera agréable ou pas pour bébé. Inutile de projeter vos propres appréhensions : ne soyez ni enthousiaste (« Tu verras, c'est super ! »), ni alarmiste (« Ça va faire super mal ! »), c'est lui et lui seul qui ressentira les choses, pensez-y ! Et enfin, essayez de décrire de la façon la plus neutre possible le ressenti de votre bébé lorsqu'il s'exprime.

Bien expliquer

Quoique vous fassiez autour de lui, dites-lui ce qui va se passer : peut-être qu'il n'aimera pas, peut-être que si, mais, chose primordiale, il se préparera et pourra se reposer sur ce que vous dites, voire anticiper sur ce qui se passe. Vous verrez petit à petit votre bébé vous donner sa main lorsque vous lui demandez, tourner sa tête lorsque vous allez le faire rouler sur le côté… ! Bébé apprendra à vous faire confiance et aussi à attendre, ce qui vaut toutes les techniques d'éducation : ça ne coûte rien et ça peut rapporter gros à long terme !

Enfin, ne mentez pas à votre bébé, même par omission. Si, dans la majorité des cas, vous lui dites la vérité, cela n'est pas très grave de s'en écarter de temps en temps, nous sommes humains et imparfaits. Traitez votre bébé comme vous aimeriez qu'on le fasse pour vous, avec authenticité et honnêteté. Cela paraît anodin : partir sans rien dire sur la pointe des pieds alors qu'il dort, lui dire que ça ne va pas durer longtemps alors que vous savez que le trajet va encore durer 1 heure, lui dire que c'est fini alors que vous savez que ça ne l'est pas… En effet, bébé sent bien qu'il y a un décalage entre ce que vous dites et ce que vous faites, et s'il vous fait confiance de prime abord, il apprendra à se méfier, et ce d'autant qu'il maîtrise la communication corporelle mieux que quiconque : inutile donc de vouloir le tromper, il lit dans vos pensées au travers de vos gestes et vos intonations !

Respecter bébé sans rien imposer

Voici quelques principes qu'il semble important de rappeler avant tout autre chose :

- Il ne faut jamais réveiller un bébé qui dort ou du moins il faut le prendre avec la plus grande précaution. Malheureusement, pour les soins à la maternité, le timing est rarement celui de bébé ! À la maison, inversez les choses et calez-vous sur son rythme !
- Il ne faut pas forcer un bébé à finir son biberon ou lui imposer une tétine ou un sein pour le calmer. Parfois, cela marche bien et bébé s'apaise ; parfois, ce n'est pas du tout ce qu'il voulait : pensez que son corps est un sanctuaire et qu'il faut y entrer avec le plus grand respect, sans intrusion, sans forcer. Par exemple, il cherchait le sein mais il détourne la tête dès que le lait jaillit : il avait juste envie de téter pour s'apaiser mais n'avait pas vraiment faim ou la puissance du jet l'a surpris ! Ne forcez pas et tant pis pour le lait qui sort… il y en aura d'autre ! Réessayez quelques minutes plus tard.
- Il recrache sa tétine systématiquement au bout de quelques secondes et continue de pleurer. Inutile de la lui « refourguer », il a besoin de s'exprimer, cherchez les causes de ses pleurs et laissez la tétine de côté.
- Parfois, après avoir tout essayé, vous n'avez plus aucun recours. Sachez que pleurer fait partie de la panoplie d'expression et d'élimination des toxines chez les petits (et les grands…). Apprenez à accueillir les larmes de votre petit et les vôtres, en toute simplicité !

Décrypter les pleurs et les gestes de bébé

S'il faut parler à bébé de ce qui se passe pour lui, il est tout aussi primordial d'écouter ce qu'il essaye de vous dire. Dès qu'il pleure, cesser rapidement ce qui était en cours !

Voici tout de même quelques signes qui peuvent vous alerter avant même que bébé ne crie :

- Bébé cherche avec sa bouche en tournant la tête de côté dès qu'il est contre vous, il rentre sa tête, a des réflexes de fouissement… Il y a de fortes chances pour qu'il ait faim ou qu'il ait besoin de téter ! Vérifiez en faisant porter bébé par le papa…
- Il commence à grimacer et à se contracter, à pédaler beaucoup avec les jambes : peut-être a-t-il des régurgitations ou des coliques ?
- Bébé écarte les bras brusquement, ouvre grand les yeux : il a eu peur ou ce que vous faisiez avec lui allait trop vite (cela peut être un massage, par exemple, ou le change qui le dérange).
- Il tourne la tête lorsqu'il est dans vos bras ou en écharpe face à vous et veut regarder de l'autre côté : il veut être porté face au monde !
- Il se débat dans l'écharpe : peut-être veut-il un peu de liberté ?

Un nouveau-né, un nourrisson ou un petit bébé de 2 mois a diverses techniques, à travers les pleurs, pour vous signifier ce qu'il veut. Des chercheurs de l'université de Murcie, en Espagne, ont travaillé sur l'origine des pleurs de bébé et sur la capacité des adultes à les interpréter. Ils ont découvert que l'activité des yeux et la manière dont les pleurs se produisent permettent d'avoir de bonnes indications pour les comprendre :

- Lorsque l'enfant est en colère ou qu'il a peur, il garde les yeux ouverts, mais lorsqu'il souffre, il les garde fermés presque tout le temps.
- Lorsque l'enfant est en colère, les pleurs augmentent graduellement alors qu'en cas de peur ou de douleur, le maximum d'intensité est atteint dès le début.

Rassurez-vous, vous comprendrez très rapidement que bébé a mal dans la plupart des cas et votre réaction émotionnelle sera d'autant plus importante. Par contre, il sera plus difficile de déterminer la cause de la peur ou de la colère !

Voici quelques pistes, mais sachez qu'on ne répond pas forcément idéalement à bébé et que le plus important n'est pas de répondre de façon exacte mais d'essayer de répondre. Écouter bébé, être là pour lui, le regarder et lui parler, le porter, le caresser simplement, le bercer, le réchauffer, le masser, lui chanter une chanson ou tout simplement arrêter ce que vous étiez en train de faire (sauf si c'est vital !) : voici les premières amarres auxquelles bébé va pouvoir s'accrocher solidement. L'important est de participer et de développer ses antennes !

Comprendre la douleur de bébé

Longtemps ignorée ou sous-estimée, voire sublimée (tu ne pleures pas : tu es gentil !), en grande partie parce qu'on ne savait pas la traiter ni la reconnaître, la douleur de l'enfant est heureusement désormais reconnue.

Les circuits de la douleur, dit nociceptifs, se mettent en place très tôt in utero. Dès 7 semaines de vie intra-utérine, ils apparaissent dans la région buccale et s'étendent rapidement. La maturité des structures anatomiques impliquées dans la perception de la douleur est acquise dès la 24e semaine de vie intra-utérine. À la naissance, les substances morphiniques (endorphines et enképhalines), permettant de lutter contre la douleur, ne sont pas encore opérationnelles. Les neurones médullaires sont excités de façon prolongée à la moindre stimulation douloureuse. De ce fait, le bébé, de la naissance jusqu'à un peu plus de 3 mois, ressent non seulement la douleur mais y est hypersensible.

Comme si cela ne suffisait pas, le petit enfant n'a pas non plus la même mémoire de la douleur : il existe en effet une mémoire explicite, consciente, racontable, présente uniquement après 3 ans, qui permet un certain soulagement par la parole ; et une mémoire implicite, inconsciente, présente chez tous : elle est la seule présente chez le nouveau-né.

LE MOT DU PÉDIATRE

Une telle sensibilité à la douleur laisse des traces, surtout, bien sûr, lorsqu'elle est répétée. Le **retentissement psycho-affectif** est important et peut entraîner, lorsque la douleur dure, une régression, des difficultés motrices et de développement, une agressivité, une anxiété, ou bien un état dépressif, avec indifférence à l'environnement. Mais il existe également un **retentissement organique**, avec des réponses immunitaires et métaboliques à ce stress, pouvant être responsables d'autres troubles (retard de cicatrisation, dégradation de l'état de santé, par exemple).

Le bébé vit donc la douleur de façon plus intense et plus durable que le plus grand ou l'adulte et celle-ci laisse des traces : le bébé attend avec appréhension une prochaine douleur.

Heureusement, en dehors des cas de pathologies lourdes et traitées en milieu hospitalier, la plupart des bébés ne font pas l'expérience de douleurs durables et intenses. Cependant, il existe au moins deux circonstances qui devraient attirer notre attention afin de soulager au mieux le petit : la naissance un peu difficile, avec forceps ou ventouses par exemple, et la vaccination. Nombreux sont ceux qui mésestiment la douleur de l'enfant dans ces deux cas. Pourtant, elle existe bien et la reconnaître permet de la soulager.

- En cas de naissance difficile, une consultation chez un ostéopathe permet de relâcher les tensions musculaires et éventuellement de corriger une attitude antalgique. Le pédiatre peut aussi trouver des solutions afin de soulager l'enfant.
- Pour la vaccination, voir Et pour la vaccination ?, p. 304.

Répondre aux pleurs ou aux cris de bébé

Le docteur Anaïs Atmadjian décrit le mode de réaction de l'enfant en fonction de la réponse donnée à son besoin, et l'enregistrement de ces données dans ce qu'on appelle la mémoire psychosensorielle, mais aussi psychocellulaire, tant il est vrai que l'organisme garde la trace, dans toutes ses cellules, du vécu de la personne. Elle explique ainsi la *boucle cybernétique*, schéma de cette régulation.

Par exemple, un petit enfant qui a faim va pleurer pour obtenir une réponse à son besoin. Si ce besoin est entendu, il va se calmer, et emmagasiner dans son système limbique l'émotion positive de plaisir et de sécurité. Si, au contraire, ses pleurs restent sans réponse, l'émotion enregistrée est celle de l'abandon ou de l'insécurité. Cette émotion se traduit par une sensation désagréable, une souffrance,

LE MOT DU PÉDIATRE

La meilleure **réponse aux pleurs d'un bébé** est bien sûr les bras de ses parents, d'un grand frère, d'une grande sœur ou d'une autre personne de confiance (car il arrive souvent qu'il soit nerveusement difficile de supporter des pleurs qui durent).

entraînant une majoration des cris, des pleurs. S'il n'y a toujours pas de réponse à cet appel, l'information initiale (la faim, par exemple) s'amplifie encore. Le temps de réponse s'allongeant, le vécu d'abandon du nourrisson va se manifester, au bout de quelque temps, non plus par des cris, mais par une maladie visible, voire une maladie psychique, qui pourra conditionner toute sa vie d'adulte.

Cette réponse, si elle doit exister, peut, au fur et à mesure que votre bébé grandit et se sent sécurisé, être différée de quelques minutes. L'enfant doit aussi faire l'apprentissage de l'attente, afin de trouver, progressivement, des ressources en lui-même pour patienter. Plus il grandit, plus le délai entre la demande et la réponse pourra croître, sans angoisse de sa part : il sait que la réponse va venir. Cependant, bébé peut attendre si vous êtes occupée à faire autre chose (prendre une douche, étaler le linge qui attendait…) mais il ne comprendra pas si vous le faites pour lui « apprendre » : la vie est suffisamment sujette à frustrations et occasions d'apprendre sans avoir besoin d'en rajouter !

Entourer bébé de douceur et de délicatesse

Et la lumière fut !

Le nouveau-né vient d'un lieu privé de lumière ou presque : voyez-le tel un reclus sortant de sa cachette après de nombreux mois sans lumière. Bien sûr, on ne mettrait pas un tel homme en pleine lumière ! C'est pourtant ce qu'on inflige à certains bébés dès la naissance alors que leurs pupilles sont dilatées à leur maximum… Et dire que notre époque est soi-disant civilisée !

Dans les premières semaines, veillez à protéger ses yeux d'une lumière trop vive, le soleil direct peut s'avérer dangereux.

Les yeux du nouveau-né

Dans l'ouvrage *L'Aube des sens*, Francis Mazière raconte que sur l'île de Pâques il y a une centaine d'années, les femmes accouchaient dans des grottes et y restaient 2 à 3 semaines dans une pénombre totale afin de préserver les yeux du nouveau-né, ce qui conférait à ces habitants une capacité de vision nocturne étonnante.

À la maternité puis à la maison

Sachez que la luminosité peut être multipliée par 30 lorsqu'on passe de l'intérieur d'une maison à un extérieur ensoleillé : méfiez-vous donc des variations d'une zone à l'autre pour les yeux sensibles de votre bébé !

Il lui faudra donc du temps pour s'habituer et s'adapter, et c'est pour cela qu'il sera bénéfique (sauf prescription médicale) de le maintenir dans une pièce où la lumière est tamisée et les rideaux fermés durant les 2 premières semaines. Durant les 3 premiers jours, à la maternité notamment, certains parents pourront constater que leur bébé garde ses yeux clos durant la

Ouste les paparazzis !

Chassez les photographes qui voudraient utiliser des flashs. Si certaines stars portent des verres fumés lorsqu'elles sont face aux photographes, ce n'est pas pour rien, les yeux de votre bébé méritent bien le même traitement de faveur !

journée et ne se réveille que la nuit, lorsque la lumière est bien moindre ! C'est certainement une façon de se protéger alors que la stimulation lumineuse est trop forte pour ses petits yeux tout neufs.

Les sorties

Évitez les sorties trop précoces durant le premier mois, en particulier si la lumière est trop intense (en plein soleil). Vous comprenez que bébé ne pourra pas s'adapter facilement et rapidement, d'autant plus s'il est dans un couffin, les yeux vers le ciel ! Si vous n'avez pas le choix, préférez le portage en écharpe, le visage tourné vers le porteur. Ou bien recouvrez le couffin ou le maxi cosi de tissu pour éviter la lumière directe. Voilez ce bébé précieux pour le protéger, non pas des regards mais des rayons de soleil !

Éclairage de nuit

La nuit, dès la maternité, pensez à utiliser une liseuse ou une petite lampe de poche afin d'éviter de trop le stimuler ou même de le réveiller pour de bon ! Chez vous, prévoyez des lumières indirectes afin qu'aucune lumière directe n'atteigne la pupille de votre petit. Un peu de douceur ne fera pas de mal !

Une ouïe sensible pour un équilibre précaire

Pendant la grossesse, bébé perçoit tout d'abord très bien les vibrations transmises par le corps de sa maman. Puis, c'est vers 7 mois de grossesse qu'il réagira à certains sons. On sait qu'il se rappelle des berceuses qu'on lui aura chantées pendant sa vie intra-utérine ! Mais après la naissance, le système auditif est très sensible et bébé va sursauter très souvent au moindre bruit : une porte qui se ferme, un cliquetis, un éternuement, un éclat de voix.

Les sons dans le ventre de maman

Dans le ventre de la maman, tous les sons sont amortis, ralentis et étouffés, comme si vous écoutiez une conversation la tête plongée dans l'eau du bain. Une fois hors du ventre, l'environnement semble tout d'un coup plus brutal, tout se passe en accéléré. C'est un peu comme si vous passiez d'une salle insonorisée à l'agitation d'une fête foraine.

Le système vestibulaire, situé dans l'oreille interne, régit l'équilibre et la relation à l'espace ; il est tributaire de la stabilité de la tête, ce qui le rend peu fiable les premiers temps. Bébé est comme quelqu'un qui manquerait d'équilibre (un peu saoul, surtout après une bonne tétée !) : tout va trop vite, tout tangue et il n'y aura que dans les bras, la tête parfaitement calée, que bébé parviendra à fixer son regard et à se concentrer… Le développement de son équilibre dans les premières semaines sera donc en grande partie lié à la façon dont on prendra bébé dans nos bras (bien positionné et calé, surtout pas suspendu dans le vide : voir Prendre bébé dans ses bras, p. 89), le mouvement que l'on fera pour le poser sur un matelas, la manière de tenir sa tête, la vitesse à laquelle on le déplacera dans l'espace, mais aussi la façon dont on se rapprochera de lui.

Si les mammifères que nous sommes ont un appareil vestibulaire parmi les plus sophistiqués, c'est parce qu'il a vocation à nous permettre de tenir sur nos deux pieds, en équilibre ! Il est LA référence centrale interne pour équilibrer le corps dans l'espace et il est également étroitement relié à tous les autres sens, et en particulier au sens du rythme, source principale du langage chez l'être humain. C'est donc non seulement l'équilibre postural de bébé qui est en jeu, mais aussi sa façon d'appréhender le monde, de le comprendre, de l'intégrer dans son corps et de restituer cette intégration par des mouvements de plus en plus élaborés et des déplacements autonomes (marche à quatre pattes, marche bipède, notamment) : vous semez, par vos propres mouvements, les futurs mouvements de votre bébé, tel un jardinier ou un musicien de l'espace ! Vous chantiez enceinte… et bien dansez maintenant !

Un cocon de calme, de lenteur et de volupté

Pour toutes ces raisons, vivez comme dans un film au ralenti, tous vos mouvements doivent être mesurés et rythmés, qu'il s'agisse de prendre bébé, de s'approcher de lui, de lui parler, de le changer, de lui donner le bain, de le masser, de le transporter (attention aux gestes brusques : il ne faut jamais secouer un bébé quoi qu'il arrive et toujours maintenir sa tête). Baissez d'un ton également, chuchotez autant que possible, parlez lentement afin que votre bébé puisse saisir les sons à défaut d'en comprendre le sens !

Pas de hochet attaché au poignet

Bannissez les jouets offerts s'ils sont bruyants, trop clignotants, trop rapides. Bébé n'a pas demandé à être dans une fête foraine. Pas de hochet que bébé ne peut pas lâcher et encore moins détacher de son poignet. Mettez une clochette au cou d'un chat ou d'une poule, vous saurez ce que ressent un bébé qu'on pare d'un jouet bruyant malgré lui.

Si vous allumez la télévision, baissez le son (nocif pour bébé) au maximum. Veillez à fermer les portes doucement sans les claquer. Si vous faites la cuisine ou rangez la vaisselle, évitez les bruits trop prononcés de casseroles : cela amusera votre bébé lorsqu'il sera plus grand et ce sont alors vos oreilles qui en feront les frais !

Évitez les mobiles psychédéliques qui tournent en permanence au-dessus de sa tête avec une berceuse toujours identique. Un joli mobile silencieux, voilà une belle idée, mais attention ! installez-le au-dessus de ses pieds : lorsque le mobile est au-dessus de ses yeux, bébé est obligé de mettre sa tête légèrement en arrière alors que si le mobile est au-dessus de ses pieds, il peut le regarder en étirant sa nuque d'une part (ce qui est bon pour sa colonne vertébrale comme l'indique Roselyne Lalauze, ostéopathe spécialiste du nouveau-né) et, d'autre part, il peut détourner son regard et échapper visuellement au mobile.

Si vous jouez d'un instrument, bébé va adorer, mais pensez à mettre une sourdine ou jouez dans la pièce à côté. Pour la musique, écoutez plutôt du classique, musique de chambre ou berceuses, cela va de soi : Bach, Mozart, Debussy, Erik Saty, ou encore plus moderne, mais toujours aussi douce, ou plus jazzy. Privilégiez des musiques douces sans envolée lyrique ni batterie tonitruante mais avec des rythmes dansants que vous pourrez suivre avec bébé dans les bras. Pensez qu'il ne bouge pas et ne peut s'échapper si ça ne lui plaît pas !

Un besoin d'intimité

Bien souvent, dès l'annonce de la naissance, vous risquez de recevoir de nombreux appels téléphoniques et des visites. Il est important de protéger votre intimité car au fond, avez-vous vraiment envie de voir tout ce monde ? Inviteriez-vous votre famille (et en particulier votre belle-maman) dans votre chambre nuptiale le lendemain de la nuit de noces alors que vous êtes encore en petite tenue, le sein à découvert ? Ou le lendemain d'un marathon, alors que vous faites la grasse matinée (enfin ça, c'était avant !) ? Non, bien sûr ! Alors ne vous infligez pas cela, ni à vous ni à votre petit. Il est très sensible à l'agitation et au bruit !

Nous ne pouvons que vous conseiller de limiter les intrusions pendant les deux premières semaines. Voici quelques astuces pour éloigner ou limiter les intrusions durant ces 15 jours :

- Le papa peut annoncer aux plus proches la bonne nouvelle par mail ou par téléphone, puis éteindre son portable.
- Coupez votre téléphone après avoir enregistré sur votre répondeur un message annonçant la bonne nouvelle.
- Évitez de recevoir trop de visites à la maternité (même la famille proche), et si vraiment cela était important **pour vous** (j'insiste : pour vous et pas pour la famille), pas plus de deux personnes à la fois dans la pièce. Fixez alors une période d'une demi-heure par jour maximum, toutes visites confondues. Prévenez les visiteurs à l'avance afin qu'ils ne repartent pas vexés. Une fois qu'ils sont là, c'est difficile de leur dire de partir !

LE MOT DU PÉDIATRE

Il a été montré que **la musique** active le système limbique de la même manière que le ferait une substance pharmacologique comme une drogue ou le chocolat (deux stimulants du système limbique). Les zones du plaisir qui sont impliquées lors de l'écoute réagissent avec autant de force qu'en mangeant un mets délicieux ou sous l'effet d'une drogue. Déjà, dans le ventre de leur mère, certains enfants réagissent à la musique. On connaît l'attrait des fœtus pour la musique de Mozart, en particulier. On ne peut qu'inciter les parents à proposer un environnement musical (mais pas bruyant !) à leur enfant.

• Bien sûr, pour les frères et sœurs, prenez plus de temps mais, là encore, limitez le timing : à vous de voir suivant l'agitation de l'aîné qui peut exprimer quelques sentiments ambivalents… C'est normal, inutile de forcer les sentiments, cela viendra petit à petit.

Mettez vos visiteurs à contribution !

Si des amis veulent vous visiter au-delà de ces 2 semaines, demandez-leur d'apporter le repas, les assiettes et les verres (et pourquoi pas les bougies !) plutôt qu'un doudou : cela vous fera gagner du temps et de l'énergie !

• Demandez aux visiteurs qu'ils se lavent les mains s'ils n'y pensent pas d'eux-mêmes, et, pourquoi pas, quittent leurs chaussures dans l'entrée à leur arrivée, cela créera un sas psychologique !

• Lorsque vous recevez, diminuez l'intensité des lumières, fermez les rideaux, cela rendra la conversation beaucoup plus calme et tranquille.

• Vous détestiez qu'on touche votre ventre de façon inopinée ? Eh bien, pour bébé, c'est pareil ! Évitez de le faire passer de bras en bras, avant 2 semaines, voire 1 mois de vie, sauf s'il s'agit de votre maman ou belle-maman venue vous aider pour les premiers temps, bien sûr. Un bébé est comme une rose, il se regarde mais ne se touche pas. Réservez ce privilège à la famille très proche, les frères et sœurs auront un passe-droit, avec temps de portage progressif et probatoire.

• Si finalement vous redoutez une visite, annulez-la, tout simplement. Les vrais amis ne se vexeront pas. Si vous vous forciez, c'est bébé qui se chargera d'exprimer vos sentiments ! Lui, il ne triche pas.

À bonne température

Bébé découvre les variations de température, il doit s'y accoutumer et aura grandement besoin de votre chaleur : au début, ses capacités d'adaptation sont limitées. Cela signifie qu'il va mettre du temps pour se réchauffer même à température ambiante, mais aussi pour se refroidir s'il fait trop chaud, d'autant plus qu'il n'aime pas les variations brutales. On pense à l'hypothermie, mais on oublie souvent les risques d'hyperthermie.

Contraste climatique

À la naissance, sa peau, bien que protégée du dessèchement par le vernix, n'est qu'une barrière bien légère face à une température moyenne de 10 °C en dessous de la température de l'utérus. C'est comme si vous passiez tout d'un coup de 28 °C (la température ambiante de la salle d'accouchement) à 18 °C.

Imaginez que, pour un bébé, sortir nu et humide (comme c'est le cas à la naissance ou après un bain), à une température ambiante, c'est comme si nous sortions d'un bain chaud, dehors dans la neige : certes, certains habitants des pays nordiques aiment cet exercice, mais votre bébé, lui, n'a pas encore perdu le nord !

On évite d'ailleurs maintenant le bain systématique à la naissance entre autres parce qu'il représente une perte d'énergie importante pour le bébé, sauf si la salle est surchauffée, ce qui n'est pas toujours le cas !

Attention la tête !

La tête de bébé va être un lieu très important de déperdition de chaleur car elle occupe une surface importante en proportion de son corps (20 % contre 10 % pour un adulte). C'est pour cela qu'on met un bonnet aux nouveau-nés ! Les premières semaines, pensez à le lui mettre en particulier lorsque vous le déshabillez pour le changer, le masser, le préparer pour le bain : il se sentira moins nu et aura moins froid !

Pas trop chaud !

Pensez à ne pas surchauffer les pièces : entre 18 et 20 °C pour la pièce de vie et la pièce de nuit, 23-24 °C lors du massage et du bain dans une pièce sans courants d'air… que bébé déteste.
En plus, les acariens ne supportent pas une température inférieure à 20 °C : une raison supplémentaire pour ne pas surchauffer !

Chaleur et protection à la maison

• **Pour le lit**, aucun coussin, peluche ou couette ne doit se retrouver sur votre bébé : s'il se retrouve coincé dessous, même s'il peut respirer, il risque avant tout l'hyperthermie contre laquelle il ne peut lutter !

• **Pour le bain**, pensez à bien chauffer la salle de bains, vérifiez la température de l'eau et si vous savonnez bébé avant de le mettre dans le bain, contentez-vous des plis et mettez-le dans la baignoire le plus vite possible ! Autre option pour les premiers temps, prenez le bain avec bébé posé sur votre poitrine, en l'entourant de vos bras (pour la maman, attendre un mois ; pour le papa, pas de problème) : attention, il faudra être deux pour la sortie de bébé roi.

• Lorsque vous sortez **par temps froid**, faites attention aux extrémités, mains et pieds, tellement menues et d'autant plus fragiles. Prévoyez une tenue qui englobe les pieds et pas des chaussettes qui vont glisser au moindre mouvement : certaines tenues pour bébé ont des poches intégrées comme les vêtements de sports d'hiver, et dont il suffit de retourner un bandeau pour protéger les pieds ou les mains en un tour de main ! Vous penserez à tester régulièrement la température de votre bébé en vérifiant s'il n'a pas les pieds ou les mains trop froids !

Peau d'agneau

Dans la poussette ou dans le lit, une peau d'agneau adaptée fera office de régulateur de température, hiver comme été (eh oui ! la laine absorbe l'humidité et maintient bébé au frais !).

• **Pour les déplacements hors de la maison**, faites attention au froid mais aussi à la surchauffe : si votre bébé est porté en écharpe, mettez-lui un bonnet (qui couvre aussi la nuque), mais inutile de lui enfiler une doudoune, vous êtes un vrai radiateur, un manteau large suffira à l'envelopper en cas de froid intense. Vérifiez que son nez est dégagé du tissu ou de l'écharpe (contre votre peau, ce n'est pas un problème !) : il doit pouvoir respirer librement et avoir le museau à l'air libre.

• **Dans la poussette**, bébé n'a pas besoin de ressembler à un bibendum pour indiquer à votre entourage que vous êtes de bons parents attentifs. Prévoyez une couverture de poussette en polaire, il en existe avec des bandes Velcro afin de s'adapter aux montants. Vous pourrez ainsi l'enlever rapidement lorsque vous vous retrouvez dans un magasin, contrairement à la super-doudoune. On n'est pas au pôle Nord !

Ça sent bon !

Les parfums et les odeurs touchent au cerveau reptilien et à notre côté animal, donc aux fonctions vitales (en cas de danger, c'est bien utile !). L'accès des odeurs au cerveau est presque direct, puisque lorsqu'on respire, les molécules au sommet de la cavité nasale sont filtrées et transmises, puis codées par le cerveau. L'homme, s'il n'est pas le plus doué du monde animal dans ce domaine, a une capacité de discrimination très élevée et surtout possède une forte tendance hédonique reliée à l'ambiance olfactive.

Sachez ainsi que certains parfums remportent une forte adhésion chez bébé alors que d'autres le font grimacer. Parmi les plébiscités, la vanille est la reine.

Misez sur la vanille !

Des recherches menées sur des prématurés par le CNRS au sein des hôpitaux universitaires de Strasbourg ont démontré que l'introduction de parfum de vanille dans la couveuse améliore la respiration à tel point qu'elle diminue les apnées de 36 % : le rythme respiratoire est accéléré, les muscles faciaux se détendent, produisant des mouvements de succion et de léchage.

L'odeur de beurre rance a l'effet inverse, diminuant le rythme cardiaque, entraînant grimaces et moues de dégoût. Bébé a donc « bon goût ». Chaque parfum a ainsi une incidence très forte, non seulement sur la détente de bébé, mais sur ses indices vitaux. D'où l'importance des produits utilisés dans sa chambre. Évitez les parfums de synthèse, les désinfectants trop forts ou désagréables, là encore la douceur et la volupté sont de mise ! Pensez aux fleurs naturelles odorantes : rose, lys, lila, violette, muguet, jasmin et, pourquoi pas, des bâtons de vanille disposés à côté de son berceau : observez le visage de bébé suivant la fleur que vous lui proposez et vous saurez s'il aime !

Attention aux huiles essentielles !

Attention, lorsque vous utilisez des huiles essentielles, soyez vigilante. Elles peuvent avoir un impact trop important sur bébé.

L'instinct maternel, le plein de tendresse

Perception et dépendance

Historiquement, dans le monde occidental, le bébé, désiré ou non, devait sa vie à ses parents et leur était redevable. On le considérait comme un être semi-végétatif au tout début, sans conscience ni perception, et l'on pensait (du moins les spécialistes de l'époque) qu'il n'avait besoin que de lait (souvent d'une nourrice), d'être propre et, pour le reste, le berceau était bien suffisant (même si de nombreuses mamans, fort heureusement, savaient démontrer amour maternel et attachement, et ce sans aucune connaissance scientifique ni aucune formation). S'il criait, c'était bien pour ses poumons ! Cette perception du nouveau-né reniait les millions d'années d'adaptation qui ont vu émerger les mammifères, vaste famille dont nous faisons partie, et qui nous démontre, dans sa diversité, que le petit mammifère, quel qu'il soit, reste longtemps auprès de sa mère car il dépend totalement d'elle les premiers temps.

En avance sur son temps

Charles von Linné, grand découvreur des mammifères en 1748 (qu'il prénomme à l'époque Mammalia), scientifique, médecin, pédiatre avant l'heure, père de sept enfants mais aussi féministe convaincu, incitait les mères à allaiter leur bébé, allant contre la mode de l'époque qui incitait 80 % des mères citadines à placer leur petit en nourrice à la campagne !

Qu'est-ce donc que ce fameux instinct maternel qui attise les passions et dont il est si difficile de dessiner les contours ? Il s'avère que l'instinct maternel se développe bel et bien lorsque les conditions idéales sont établies, comme nous l'explique la chercheuse américaine et anthropologue de renom, Sarah Blaffer Hrdy. Ce subtil mélange de nature et de culture, d'inné et d'acquis, n'est pas déterminé par la seule génétique ou par le seul environnement.

Si l'on additionne un accouchement le moins perturbé possible, une proximité corporelle mère-enfant et un soutien affectif et matériel de la maman dans les premières semaines, alors l'instinct maternel se mettra en place dans une atmosphère favorable. Compagnon, grand-mère et grand-père, frère et sœur, famille ou amis sont d'une importance primordiale afin d'aider la jeune maman, car parmi les mammifères, nous sommes les moins autonomes lorsqu'il s'agit de s'occuper de nos petits.

Et même s'il y a eu des perturbations, on peut faire renaître un instinct malmené pour peu qu'on y croie ! C'est bien simple, il faut activer les sens, tactile, visuel, auditif, gustatif et olfactif.

Les yeux dans les yeux

Certains esprits moqueurs vous diront que bébé a le charme et le mystère de celui des grands myopes. Mais oui, il a un charme fou, il est doté d'une capacité à vous séduire inégalée ! Alors « branchez-vous » à son regard, comme si un fluide bienfaisant passait entre vous ! Michel Odent insiste beaucoup sur ces échanges visuels dès la naissance qu'on appelle « Bonding », car c'est le premier lien, le premier pont direct qui va se construire. On sait l'importance de l'ocytocine, l'hormone de l'attachement ; imaginez que le regard sera comme le fil tendu entre vous pour renforcer sa présence naturelle. Et il suffit d'ailleurs qu'une mère regarde son bébé pour déclencher la montée de lait !

Des chercheurs américains, dont le professeur Aron, ont démontré que le fait de fixer un partenaire dans les yeux pendant 4 minutes, sans qu'aucun mot ne soit échangé, déclenche chez la personne ainsi fixée un sentiment d'attraction intense. Les pupilles dilatées chez la femme attirent les hommes car c'est un signe d'appel. Or, juste après la naissance, un bébé, grâce au cocktail d'hormones produites pendant un accouchement physiologique et non perturbé, a les pupilles dilatées, ce qui lui donne un regard noir et intense… Alors laissez-vous séduire et captivez aussi votre petit, laissez-vous hypnotiser, tout simplement en vous plongeant dans son regard.

Si vous n'aviez pas pu échanger ces regards à la naissance, faites-le par la suite : ne le privez pas de vos yeux brillants d'émotion, ne vous privez pas de sa pupille qui cherche, sans cesse en mouvement. Sachez enfin que bébé reconnaît sa mère (hors odeurs et sons) très rapidement après la naissance.

Pour favoriser cet échange, rien ne vaut le moment de l'allaitement ou du biberon ; le change ou le bain y sont aussi propices. Faites en sorte que votre bébé puisse vous voir, même d'un seul œil, et tournez votre regard vers lui sans faire autre chose, concentrez-vous doucement sur ses yeux : même s'il ne vous fixe pas encore très bien, il finira sans aucun doute par se relier à vous.

Du rire aux larmes

Bébé vous a à l'œil dès la naissance, alors gare à vous, il se pourrait bien qu'il enregistre très vite tous vos faits et gestes : si vous vous placez devant lui en lui tenant bien la tête et que vous ouvrez la bouche en grand, vous serez surprise de constater qu'il fait de même ! La faute aux neurones miroirs, sans doute, qui nous connectent aux autres de façon quasi instantanée. Le bâillement et le sourire n'échappent pas à la règle !

Certains bébés sourient dès la première semaine de vie (en réponse à un sourire, si, si, c'est possible !), d'autres attendront tranquillement 5 à 6 semaines pour le faire, mais n'attendez pas qu'il vous réponde, s'il ne sourit pas tout de suite, il essaye certainement, et si on plaçait une caméra dans sa tête, on verrait certainement les neurones du sourire s'allumer ! Il vous sourit donc intérieurement, et il le fait également dans ses rêves (les fameux « sourires aux anges »). Il n'a simplement pas encore trouvé les bons câbles de connexion pour vous répondre, mais cela ne saurait tarder ! Patience et joie, voilà les bons ingrédients pour qu'il trouve sa route !

Entrez en scène !

Profitez d'avoir un bon public et faites de vos interactions une vraie pièce de théâtre, une véritable chorégraphie. Exagérez vos expressions et vos gestes lorsque vous nettoyez son visage, faites des grands « aaahh », « ooohhh », froncez les sourcils, souriez franchement, tirez la langue, étirez vos gestes dans l'espace lorsque vous massez ses bras et ses jambes : votre petit va se régaler et vous suivre de près !

Enfin, ne vous privez pas non plus de pleurer devant lui, il ne sera pas traumatisé car il connaît ça aussi. Il ne vous imitera pas forcément. Expliquez-lui doucement qu'il n'y est pour rien ! La seule chose qu'il trouverait insupportable, c'est votre visage sans aucune expression, aucun mouvement. Pleurez, riez, souriez, bâillez allègrement, bref ! soyez vraie, bébé aime l'authenticité et saura détecter chez vous tout décalage entre ce que vous ressentez vraiment et ce que vous exprimez, sachez-le ! On ne peut tromper un bébé ! Françoise Dolto disait : « Dans la maison, il y en a deux qui savent tout : le bébé et le chien ! »

Laissez-vous aller et, lorsque votre bébé est dans vos bras, balancez-vous doucement pour le bercer comme si vous dansiez le slow ou la valse (douce !) de votre vie, et pourquoi pas en musique !

Un parfum d'amour

Bébé n'est pas sale, bien au contraire. Son odeur a une qualité exceptionnelle, celle de rendre folle d'amour la maman qui la sent ! Ne vous retenez pas et « sniffez » votre petit, c'est la meilleure drogue qui soit ! Et d'ailleurs, il est possible que, pendant la première nuit, vous ayez passé votre temps à renifler votre bébé, à caresser tendrement ses cheveux d'une douceur extrême, sans parvenir à vous endormir !

Comme bébé, ne vous « récurez » pas de la tête aux pieds lorsque vous vous lavez, il adore votre odeur naturelle. C'est pour lui un repère, même si pour vous, un parfum naturel, c'est plutôt Chanel n° 2 ! Oubliez les déodorants trop efficaces, les douches systématiques, savonnez essentiellement les plis du corps. Un tee-shirt porté un ou deux jours suffira à envelopper bébé de votre présence lorsque vous le laisserez dans son berceau. Nous verrons, pour l'allaitement, l'importance des odeurs pour bébé.

Un phénomène de récompense

Une équipe internationale rassemblée à l'université technique de Dresde, en Allemagne, a trouvé que de jeunes mères à qui on a fait sentir un pyjama porté par un nouveau-né développent une réponse au niveau du cerveau équivalente à celle que l'on ressent après avoir bien mangé, après avoir fait l'amour ou s'être drogué. Un phénomène de récompense se met donc en place pour captiver la maman. Cette réaction est observée également chez des femmes n'ayant jamais eu d'enfants !

La séparation mère-enfant

Parfois, les choses ne sont pas aussi simples qu'on l'aurait souhaité, et des événements difficiles autour de la naissance peuvent venir bousculer vos plans. Maman hospitalisée, bébé sous surveillance médicale intensive : comment créer, dans cet espace, ce qui semble si évident lorsque mère et enfant sont côte à côte ? Le plus important est de ne rien projeter de négatif dans l'avenir, comme « Il ne s'en remettra jamais et en gardera une trace toute sa vie ». Les capacités d'attente et de récupération des bébés ne sont certes pas inépuisables, mais elles sont là ! Rien n'est joué, ni dans un sens ni dans l'autre, ainsi va l'attachement entre les humains, doués d'intelligence, qui sauront trouver des ressources insoupçonnées dans la certitude que chaque expérience peut porter des fruits positifs à terme.

Voici quelques idées à mettre en place pour garder le lien entre la maman et le bébé séparés :

- Le papa peut suivre pas à pas la vie de bébé loin de la maman et lui rapporter tout ce qui se passe pour son petit, servant de caméra-mémoire vivante. Pourquoi pas, d'ailleurs, quelques photos ou films de bébé en train de dormir, s'éveiller, téter, bâiller, ouvrir grand les yeux ?
- Dans la méthode kangourou, lorsque la maman est hospitalisée, c'est le papa qui porte bébé en écharpe en peau à peau, pourquoi pas dans nos maternités ? Cette méthode a l'avantage d'éviter la couveuse systématique et vient renforcer les liens père-enfant, c'est prouvé ! Un homme est tout à fait capable de s'occuper de son petit, ne dit-on pas papa poule ? C'est en tout cas la meilleure couveuse possible !
- Tirer son lait pour le donner à son bébé est une solution d'attente idéale car, lors des retrouvailles, le lien pourra se renforcer par l'allaitement !
- Vous pouvez enregistrer la voix de la maman en train de lire une histoire : bébé saura alors qu'elle n'est pas si loin, puisqu'il l'entend !

- N'hésitez pas à poser à côté de bébé un vêtement imprégné de l'odeur de sa maman et à le changer jour après jour. Plus la transpiration est récente, mieux c'est ! Cela peut être aussi du lait maternel. Faites de même pour la maman en lui amenant chaque jour le pyjama de son bébé : elle pourra le renifler autant que nécessaire !
- Mettre une musique douce si c'était une musique habituelle de la fin de la grossesse.

LE MOT DU PÉDIATRE

Il est essentiel de **dire les choses clairement** à votre enfant, au besoin par l'intermédiaire d'une tierce personne (si on ne peut le faire soi-même, à cause de la charge émotionnelle, le pédiatre ou le psychologue pourra le faire). Il faut lui expliquer ce que l'on ressent, et pourquoi. Ce ne sont probablement pas les phrases et les concepts que votre enfant comprend tels quels mais, mystérieusement, expliquer simplement mais clairement la situation ôte toute anxiété au bébé : il retrouve alors souvent sa sérénité et son sommeil.

La fusion maman-bébé : un mythe ?

De nombreux ouvrages de psychologie décrivent un bébé en fusion totale avec sa mère, incapable de faire la différence entre son corps et celui de sa génitrice, sans aucune conscience propre. Grâce à la psychologie cognitive, nous savons maintenant que bébé réagit différemment suivant qu'il est au contact d'une partie de son corps ou au contact d'un objet ou d'un autre corps !

Voici donc une bonne nouvelle, déculpabilisante pour les mamans. Bien sûr, votre bébé est une éponge émotionnelle et affective, mais il possède la capacité d'appréhender le monde suivant ses propres perceptions corporelles ! À la naissance, il perd ses repères et son enveloppe, mais il ne perd pas le nord ! D'un univers qui lui donnait des informations permanentes sur son corps, il tombe dans un monde qui ne le contient plus ; il n'est pas dans la fusion mais dans la confusion. D'un bateau qui le portait et le contenait, il tombe littéralement à l'eau : vous comprenez à quel point il aura besoin de vos bras comme d'une bouée de sauvetage !

Même si bébé a sa propre individualité, sa propre façon de réagir à ce qui se passe dans son entourage, il est également imprégné de ce que sa maman a vécu pendant la grossesse et l'accouchement, mais aussi des émotions qu'elle peut ressentir ensuite.

C'est si vrai qu'un homéopathe, en fonction des symptômes du bébé, pourra parfois deviner tel ou tel événement de la grossesse, de l'accouchement ou des premières semaines, dont il n'a pourtant pas été question pendant l'entretien, mais dont les symptômes du bébé sont la résultante. Si ce problème est explicité au bébé, d'une façon neutre, il y a de très grandes chances pour que tout s'arrange, comme si ce petit enfant était enfin libéré d'un problème qui ne lui appartenait pas. Si tout n'est pas absolument rentré dans l'ordre, l'homéopathie pourra aider la guérison. Parfois, le problème est très lourd, et une aide psychologique sera la bienvenue.

Les premières semaines, maman en convalescence

Vivez à l'horizontale les premiers jours

Vous proscrirez autant que possible la station verticale, vous limiterez ainsi le risque de prolapsus ou, plus prosaïquement, descente d'organe. En dehors des prescriptions des médecins, vous garderez le cap sur la position horizontale, avec un conjoint aux manettes pour vous seconder. Cela signifie, durant les premiers jours (du moins, durant le séjour à la maternité) :

- ne promenez pas bébé en long, en large et en travers pendant une heure. Le papa le fera très bien ;
- évitez de rester debout plus de dix minutes d'affilée, même pour changer bébé, et encore moins pour donner le bain. Vous pourrez éventuellement changer votre bébé à même le lit, c'est parfois plus simple, en le calant entre vos deux jambes ;
- essayez de garder votre corps à l'horizontale pendant que vous marchez : penchez-vous en avant, les mains sur les genoux, cela évite de mettre toute la pression sur le périnée ;
- Lorsqu'on vous prescrit de vous mettre debout afin d'éviter les risques de phlébite, vous pourrez le faire en vous appuyant sur le lit, bras croisés, la poitrine éventuellement soutenue par un coussin.

Levez les jambes !

L'idéal sera d'être couchée et d'avoir les jambes surélevées sur des coussins ou contre le mur, c'est bon pour la circulation mais aussi pour le périnée ! Vous en profiterez pour masser vos jambes, l'une après l'autre, avec une huile douce ou un gel d'aloe vera froid, de la cheville en remontant jusqu'aux cuisses ! Pourquoi ne pas vous faire masser d'ailleurs ?

Les positions miracles pour un périnée à bout de souffle

Pour soulager un peu plus le périnée, vous pourrez tout simplement surélever un peu le bassin afin de soulager votre plancher pelvien. Voici quelques astuces fort agréables :

- Couchée sur le dos, surélevez vos jambes avec des coussins ou les pieds contre un mur. Rajoutez un coussin bien rembourré sous vos fesses et le tour est joué : voilà le bassin qui bascule, effaçant la cambrure. Le ventre est souple et soulagé, aspiré vers les côtes. Ouvrez les bras, étirez-les bien loin derrière la tête, voilà que votre ventre s'efface comme par magie. Cette position est excellente pour refermer un bassin qui aurait beaucoup travaillé mais aussi resserrer le périnée, ou du moins le recentrer les premiers jours. Vous pourrez rajouter l'exercice de yoga *Uddhyana bandha*, autrement appelé aspiration diaphragmatique, qui enlève toute pression sur le périnée.

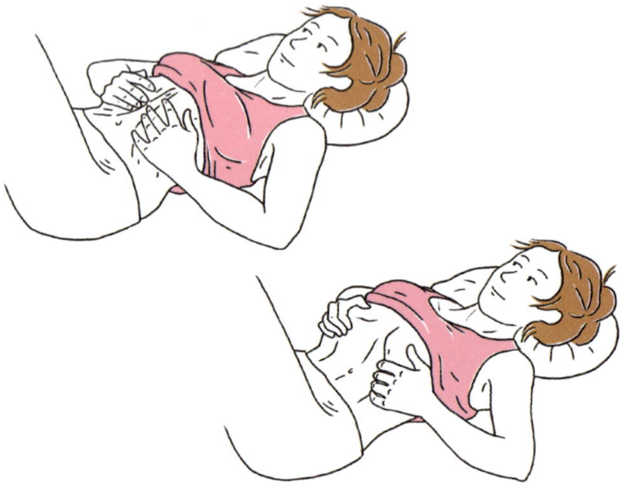

Cet exercice a été notamment vulgarisé par Bernadette de Gasquet qui le préconise dès la table d'accouchement. Allongée sur le dos, jambes repliées, placez vos mains sur vos côtes. Sur l'inspire, ouvrez les côtes fortement ; sur l'expire, refermez vos côtes en effectuant une pression avec les deux mains. Puis écartez vos côtes en repoussant les mains mais sans inspirer d'air cette fois-ci, comme si vous vouliez fermer un pantalon trop serré. Vos poumons, se retrouvant ainsi sous vide d'air, vont attirer le diaphragme vers le haut qui va à son tour attirer les viscères vers le haut, creusant le ventre doucement au début puis plus fortement au fur et à mesure de vos entraînements. Le périnée est alors, d'une certaine façon, « mis à l'envers », sans plus aucune pression, d'où ce nom. Cet exercice, une fois bien compris, peut être effectué debout en posture du rugbyman qui attend une touche, jambes pliées, bras tendus, mains sur les genoux, fesses en arrière ! Une façon rapide et efficace de soulager le périnée, d'effacer (temporairement) le ventre et de replacer les organes !

- La posture de l'enfant sera merveilleuse, en particulier pour les périnées éraillés, avec épisiotomie ou encore hématome. À genoux sur le lit, installez des coussins devant vous, écartez les genoux puis abaissez le haut du corps sur les coussins. Positionnez votre bassin plus ou moins haut mais ne le relevez pas trop, il faut enlever la pression mais ne pas créer de « vide » non plus (c'est une erreur sur un périnée fragile). Cette astuce est bien plus efficace qu'une bouée siège qui ne fait que renforcer la pression périnéale et les hématomes.

Pour la toilette, mettez-vous en quatre !

Il faudra prendre de grandes précautions pour ne pas irriter ni étirer votre périnée par mégarde. Hématomes, épisiotomie, hémorroïdes ou déchirures ne doivent pas être réactivés. Pour le périnée comme pour la peau, vous ferez attention aux produits que vous utiliserez !

Pour vos premières douches (surtout pas de bain pendant le premier mois, qui dilaterait les vaisseaux et pourrait entraîner une hémorragie alors que l'utérus doit cicatriser et se refermer), vous pourrez vous installer à genoux (prévoyez un tapis un peu épais antidérapant qu'on utilise dans les fonds de baignoire) afin de ne pas perdre l'équilibre et de vous pencher en avant pour éviter toute pression sur le périnée.

Pour la toilette intime et la peau, utilisez un savon surgras (sans savon) ou encore un savon à l'argile pure associée à la silice (Argicrea™, par exemple) qui lave la peau tout en l'exfoliant doucement et aide à la cicatrisation sans irriter.

Sentir l'eau qui coule sur la peau et qui évacue stress, transpiration, desquamation et fatigue inhérents aux suites de couches est un vrai bonheur. Ne vous en privez pas ! Après l'eau chaude, un petit jet d'eau fraîche sur le périnée et sur les jambes sera bénéfique pour la circulation !

Allez au trône en toute délicatesse

Sur la lunette des toilettes, vous vous pencherez vers l'avant afin d'éviter de faire couler l'urine sur les cicatrices d'épisiotomie ou d'éraillures (une déchirure un peu moins marquée). Lorsque vous sentirez l'envie d'aller à la selle, proscrivez toute sorte de poussée brutale. Une fois l'urine passée, restez penchée sur les cuisses en même temps que vous respirez amplement, de façon à créer un léger massage du ventre. Sinon, redressez-vous et roulez le bassin d'avant en arrière dos rond-dos creux mais à la verticale, tout en vous soutenant éventuellement, mains de part et d'autre sur la lunette des toilettes ou mains sur les genoux (voir illustrations, ci-contre). Si rien ne vient, n'insistez pas et attendez la prochaine envie. En tout cas, ne forcez jamais, surtout si vous avez des hémorroïdes liées à l'accouchement !

Soyez aux petits soins pour votre périnée

En dehors des prescriptions médicales que vous appliquerez le temps nécessaire, vous pourrez ajouter quelques remèdes simples et de bon sens, dès que vous changerez de garniture hygiénique ou aurez pris une douche.

- Enduisez une gaze stérile d'un mélange composé pour moitié de beurre de karité, pour moitié d'huile d'argousier pure (il existe sinon du beurre d'argousier pur que vous pouvez appliquer facilement à même le périnée). Le baume à la violette formulé par Hildegarde de Bingen pourra aussi remplacer avantageusement le beurre de karité. Placez cette gaze contre le périnée puis mettez une serviette hygiénique. Pour un effet glacé apaisant, vous pourrez préalablement placer cette gaze au réfrigérateur dans une boîte bien propre (afin d'éviter tout contact avec des bactéries malvenues). À la chaleur de votre corps, le « beurre » va fondre et hydratera les zones fragilisées !
- Vous pouvez réaliser la même opération avec un mélange de beurre de karité et de jus de curcuma frais (le curcuma frais garde toutes ses propriétés, contrairement à la poudre) : c'est un anti-inflammatoire très puissant !

- Autre option, une gaze stérile imbibée d'eau (ou d'hydrolat) d'hamamélis, tout juste sortie du réfrigérateur afin d'obtenir l'effet glacé. L'hamamélis a des propriétés reconnues pour activer la microcirculation et favoriser la cicatrisation. En particulier, elle agit merveilleusement sur les hémorroïdes, les tissus endommagés et les muqueuses, et convient donc parfaitement à la zone périnéale ! Le calendula apaisera également cette zone fragilisée. Les teintures mères d'hamamélis ou de calendula pourront être utilisées diluées et mélangés avec du gel d'aloe vera par exemple (extrait pur des feuilles) qui fera merveille, là encore sorti du réfrigérateur !

Du froid, jamais de chaud

Interdiction totale du sèche-cheveux. La zone périnéale doit rester impérativement humide ! Au contraire, dès que vous n'aurez plus de pertes (et même avant, car certaines sages-femmes pourront vous le prescrire, en cas d'hématomes, notamment), vous appliquerez régulièrement dans la journée, tout contre le périnée, des poches de glace recouvertes de tissu (pour éviter de brûler les muqueuses) achetées en pharmacie. Elles servent habituellement contre les bleus (vous pourrez utiliser des poches issues de la méthode D'Coolinway) (voir Bains dérivatifs ou cryothérapie, p. 124). Vous les enlèverez dès qu'il n'y a plus de sensation de froid ! Le froid a pour effets de calmer les douleurs, diminuer l'œdème ou le gonflement et faire régresser les hématomes plus rapidement.

Privilégiez chaleur et confort

Vous devrez faire attention, durant le premier mois, à ne pas prendre froid. Fuyez les courants d'air, les boissons froides, les repas systématiquement froids. Toute déperdition d'énergie doit être évitée à tout prix car votre corps se reconstruit doucement. Veillez à rassembler autour de vous de quoi vous protéger mais aussi à bien vous installer. Pourquoi ne pas prévoir une liste de naissance pour la maman qui accoucherait en hiver ou en été (à noter que tout ce matériel servira aussi pour bébé d'une manière ou d'une autre) :

- des chaussons ou des chaussettes moelleux et antidérapants ;
- des couvertures douces ou une couette en duvet d'oie ;
- un châle doux en cachemire (eh bien oui, un peu de luxe ça fait du bien) ;
- un pull ou une polaire que l'on peut ouvrir devant ;
- un coussin d'allaitement ;
- des coussins d'appoint (de taille moyenne) à disposer un peu partout, type coussins à mémoire de forme (MUJI®) ou en balles d'épeautre ou de millet pour se caler en toutes circonstances (allaitement, repos avec bébé) (voir p. 82) ;

Optez pour la chaise Tripp Trapp®

Vous pourrez acheter ou vous faire offrir une chaise haute ingénieuse type Tripp Trapp® dont vous aurez réglé la hauteur des deux plateaux afin de vous retrouver en position semi-accroupie : ainsi vous pourrez manger à table avec tout le monde, avec un bébé au sein ou un bébé endormi calé entre votre ventre, vos cuisses et un bras : vous aurez un bras libre. À noter que cette chaise servira à votre enfant de nombreuses années, comme chaise haute d'abord dès qu'il se tiendra assis, puis comme chaise ergonomique puisqu'elle est évolutive avec des hauteurs de plateaux qui s'adaptent à la taille de votre enfant. Un très beau cadeau de naissance, sans conteste, puisqu'il vous servira dès la naissance et au-delà !

- un radiateur d'appoint pour vous réchauffer instantanément ;
- une bouillotte pour le bas du dos ou les épaules (cela peut être une couverture chauffante ou une bouillotte faite de noyaux de cerises, pour les lombaires ou le dos) ;
- un thermos : il existe des théières thermos dans lesquelles on peut faire infuser des graines ou du thé (vert) ;
- une bouilloire thermostatée permettant de boire une tisane rapidement sans vous brûler le palais (plus rapide et plus précise que le micro-ondes) ou de vous faire une boisson tiède pour l'été : elle pourra vous servir aussi pour préparer un biberon ;
- un appareil à bain-marie afin de réchauffer des plats en vous passant du micro-ondes, sans rien faire brûler ;

- un appareil à soupe pour bébé type Babycook®, ou un appareil à laits végétaux vous permettant de préparer des soupes ou boissons chaudes très facilement sans vous préoccuper du temps.

Ne restez jamais seule !

Certaines jeunes mamans se retrouvent seules chez elle la plupart du temps à huis clos avec leur bébé, le papa étant souvent retourné au travail entre-temps ! Les cinq premières semaines, faites venir sage-femme, masseur, copines tranquilles à domicile. Après deux ou trois semaines (ou dès que vous en ressentez le besoin), vous pouvez par exemple organiser des *tea party* à la maison en conviant des mamans avec lesquelles vous avez créé des liens pendant la grossesse. Téléphonez (sur un téléphone filaire, pour réduire les ondes) à vos meilleures amies. Vous verrez que votre bébé parviendra à s'endormir dans vos bras sans crier gare, bercé par votre voix, alors qu'il ne vous aurait pas lâchée d'une semelle si vous étiez restée focalisée sur lui. Le portage en écharpe est ici très utile, car il vous permet de continuer à vivre, lire, cuisiner, vaquer à vos occupations.

Et le papa dans tout ça ?

Le papa, lui aussi, participe à ces moments intenses et denses des premières semaines, car il va nouer une relation unique avec son petit et pourra dire : « J'y étais… » Comme un voyage, certes éreintant mais passionnant.

Que peut donc faire un papa avec son bébé me direz-vous ? Il n'est pas nécessaire que cela soit une activité permanente : cela peut se pratiquer de façon discontinue, lorsqu'il rentre du travail ou prend des journées de récupération. À la jeune maman de lui faire confiance sans essayer de modifier ni d'intervenir dans sa façon de faire. Tâchez de ne pas être sur son dos (ce n'est pas si simple, avouons-le !).

Ce que le papa peut faire (non exhaustif)

- S'occuper de bébé pendant que la maman prend une douche, travaille sa rééducation du périnée ou suit un cours de yoga post-natal.
- Donner le bain à bébé et le masser, à l'occasion.
- Porter bébé en écharpe et lui faire voir le monde.
- Détecter et indiquer à la maman allaitante quand il lui semble que bébé a réellement faim, limitant ainsi les mises au sein systématiques ou anarchiques.
- Donner le biberon la nuit le cas échéant, ou la journée quand il est à la maison.
- Jouer de la musique douce à côté de bébé.
- Aller chercher bébé dans son berceau la nuit, lorsque la maman allaite, et aller le reposer après.

Ce qu'il peut faire sur d'autres plans

- Aller déclarer bébé à la mairie (c'est tellement plus valorisant qu'à la maternité).
- Faire les courses, les lessives et autres tâches ménagères.
- Apporter le petit déjeuner au lit à sa dulcinée, lui préparer les repas.
- S'occuper des plus grands, les amener à l'école ou aller les chercher, passer du temps avec eux le week-end, etc.

Prendre soin du papa

Le papa doit aussi et surtout s'occuper de lui au moins une fois par semaine, faire des joggings, du sport, du jardinage, pour ne citer que les activités les plus « clichés ». À vous d'inventer…. Il est vital que le papa ait des moments de récupération, lui aussi…

·2·

Prendre soin de bébé

Mieux comprendre le développement de bébé

Nos bébés ont la grosse tête !

Chez le jeune enfant, la tête est très volumineuse et lourde en comparaison du reste du corps : elle représente un quart de sa taille alors que, pour un adulte, elle n'en représente qu'un huitième. Le développement crânien et cérébral atteint son quasi-maximum dès les premières années. À 6 ans, la tête a presque atteint sa taille adulte ! Inutile de vous dire que cela représente un certain poids : le cerveau représente 11 % du poids du corps du nouveau-né contre seulement 2 à 3 % chez l'adulte ! Quant à la surface de la tête, elle représente 20 % du corps chez le nouveau-né et 9 % seulement chez l'adulte.

LE MOT DU PÉDIATRE

Les modifications morphologiques sont majeures pendant la croissance et **le corps de bébé change** beaucoup. De la naissance à l'âge adulte, la taille est multipliée par 3, la surface corporelle par 9 et le poids en moyenne par 21. La taille relative des différents organes se modifie pendant la croissance.

Pour ce qui est du volume du cerveau, il double en seulement un an (+ 100 %, dont + 240 % pour le seul cervelet).

De drôles de réflexes !

À la naissance, le nouveau-né n'a pas la même motricité qu'en grandissant. En particulier, il a des réactions primaires, dites « archaïques », qui disparaîtront avec la maturation du cortex cérébral. Leur présence est physiologique chez le nouveau-né et l'enfant prématuré pendant les premiers mois de vie.

De même, il présente à la naissance un tonus particulier, responsable de sa relative hypertonie en flexion des membres, associée à un moindre tonus axial. L'étude de ces réflexes et de ce tonus fait partie intégrante de l'examen de tout nouveau-né chez le pédiatre.

En observant votre tout-petit au repos, vous remarquerez qu'il a spontanément une attitude en flexion des membres, ainsi qu'une activité motrice spontanée, assez souvent asymétrique, sans possibilité de contrôle durable de la tête par rapport au tronc. Il peut cependant la maintenir en alignement de la colonne vertébrale pendant quelques secondes, lors de la manœuvre dite du « tiré-assis », effectuée par le pédiatre.

- La réaction tonique des fléchisseurs des doigts est appelée « **grasping** » **ou réflexe d'agrippement**. C'est ainsi que votre nouveau-né agrippe votre doigt si vous le lui présentez au contact direct de sa paume. Cette réaction d'agrippement est si forte que l'on peut soulever l'enfant d'un bloc ! Mais laissez ce test au pédiatre (ainsi que tous les autres !), c'est plus prudent ! Et ne profitez pas de ce réflexe pour soulever votre bébé de la table à langer !
- La main ne s'ouvre pas spontanément, mais seulement par **le réflexe de Moro**. Cette manœuvre consiste à soulever légèrement l'enfant du plan du lit et à lui relâcher les mains assez soudainement. Il retombe sur le plan du lit, écarte et étend alors les membres supérieurs et ouvre les mains, doigts écartés, avant de les replier et en général de manifester son mécontentement !
- Si l'on effleure la joue ou l'angle externe de la bouche, l'enfant tourne aussitôt la tête pour essayer de téter ce qui l'a touché. C'est **le réflexe de succion**.
- **Le réflexe d'allongement croisé** consiste à stimuler la plante d'un pied, le membre inférieur étant maintenu en extension. L'autre jambe fera d'abord un léger repli en flexion avant de s'étendre pour ramener le pied libre sur le pied stimulé.
- **Le réflexe de l'escrimeur,** ou réflexe tonique asymétrique du cou, s'observe lorsque l'enfant a la tête tournée sur le côté : son bras opposé est fléchi alors que le bras du même côté de la tête est étendu (exactement comme le ferait un escrimeur).
- Le test le plus apprécié des parents (mais peut-être pas du bébé !) est celui de la **marche automatique**, qui n'apparaît que vers 34 semaines d'aménorrhée

et persiste jusqu'à l'âge d'un mois environ. L'enfant est tenu d'une main sous la cage thoracique en position verticale. On observe alors le redressement des membres inférieurs et du tronc. On penche ensuite légèrement l'enfant vers l'avant et on observe une succession de pas, déclenchés par le contact cutané de la plante du pied avec le plan du lit.

Progressivement, votre petit nourrisson va perdre cette motricité réflexe et l'hypertonie des membres pour acquérir une motricité fine et volontaire, qui correspond au développement du système supérieur, dit cortico-spinal (notre fameux cortex frontal, symbole de l'intelligence humaine). Son développement se poursuivra jusqu'aux 2 ans du bébé !

On voit alors apparaître des réactions « circulaires » : le nourrisson va reproduire un geste pour obtenir un résultat plaisant, qu'il a obtenu une première fois par hasard, par exemple la découverte du pouce et le plaisir de la succion et de la tétée.

Des mains magiques et des yeux agiles

Nos mains sont, d'après le chirurgien Jean Delprat, « des chefs-d'œuvre de non-spécialisation », des mains préhistoriques en quelque sorte, ayant gardé la disposition pentadactyle des mammifères primitifs. Des mains ayant échappé par miracle aux contraintes physiques fortes telles que la suspension (les mains des singes sont marquées par la suspension) et qui seront alors capables de tout faire dans la précision et la minutie : dessiner, sculpter, créer, manipuler de petits objets…

Quant à la vue chez l'être humain, elle occupe une place centrale : organisation dans l'espace, équilibre du corps, perception des formes, discrimination des couleurs (ce qui nous différencie de beaucoup d'autres mammifères). Cela se traduit par une liaison très étroite entre la main et l'œil.

Prenez ses mains en main !

Considérez les mains de votre bébé comme de véritables joyaux, futurs outils pourvus d'une immense liberté de mouvement, véritable source du développement cérébral de bébé, prolongement de sa pensée et de son regard.

Dès la naissance, bébé commence à saisir le monde qui l'entoure et cela déclenche chez lui des connexions multimodales (toucher-vision, mouvement pour toucher) qui l'aident à devenir acteur dans sa manière d'appréhender son environnement !

La psychologie cognitive nous apprend que bébé ne subit pas totalement le réflexe d'agrippement et qu'il sait déjà jouer avec ses mains ! Et lorsque bébé balaie l'espace avec ses bras, c'est un peu comme s'il cherchait à diriger un pantin avec des fils : au début, la maîtrise est hasardeuse puis il affine ses gestes au fil des semaines grâce au développement fulgurant de son cerveau. Ces mouvements de balancier des bras de part et d'autre sont une première tentative de bébé pour maintenir bras et mains dans son champ de vision, comme si ceux-ci étaient aimantés à ses yeux ! Cet axe vision-main sera donc l'objet d'une recherche constante chez le bébé, à laquelle il faudra ajouter, dès la naissance, un autre axe primordial : la liaison entre l'œil et le pied ou, plus exactement, l'œil et la marche…

Un futur marcheur !

Nos pieds sont hyperspécialisés pour la marche bipède, comme nous l'apprend Yvette Deloison, anthropologue de renom, contrairement aux singes qui ont des mains en guise de pieds. Bébé n'échappe pas à la règle, même s'il s'avère incapable de soutenir son corps les premiers temps.

Si tout le monde connaît le réflexe de marche du nouveau-né, peu connaissent celui de la marche avec couplage vision/locomotion, démontré récemment par l'équipe française de Marianne Barbu-Roth, chercheur au CNRS. Lorsqu'on porte un nouveau-né à la verticale, au-dessus d'un tapis roulant bien visible (à damier, si possible), sans qu'il le touche des pieds mais de telle sorte qu'il croit qu'il avance, alors il se met à marcher dans le vide, preuve que la marche bipède est une donnée essentielle chez l'humain…

Il est donc fort possible que si votre bébé ne se met pas à se déplacer franchement et que ses réflexes s'amenuisent au fur et à mesure des semaines qui passent, c'est essentiellement dû à la gravité et au poids qu'il prend dans les premières semaines. Le milieu aérien est bien cruel pour le petit d'homme, contrairement à l'eau où il a baigné pendant 9 mois !

Comme un poisson dans l'eau

Bébé n'est ni un hippopotame ni un lamantin (bien que le nombre de plis puisse s'en approcher !), mais il a tout de même quelques caractéristiques d'un mammifère marin ou semi-aquatique, contrairement aux singes. En effet, le bébé naît avec une couche de graisse sous la peau comme les dauphins (elle va d'ailleurs augmenter durant les six premiers mois pour alimenter le développement du cerveau). L'être humain est presque imberbe (sauf quelques spécimens masculins ; d'ailleurs, votre bébé n'appréciera pas les papas qui piquent... à bon entendeur !). Bébé sait aussi bloquer sa respiration sous l'eau grâce au réflexe d'apnée, les mamans qui ont accouché dans l'eau le savent bien : plongé dans l'eau, il récupère toutes ses capacités motrices incroyables avec des réflexes natatoires. Il sait nager sous l'eau et, jusqu'à 6 mois, sait se retourner sur le dos afin de reprendre de l'air.

Bébé va donc adorer l'eau, pour peu qu'on ne le force pas et que l'on suive son rythme !

Prudence

Attention à ne jamais jouer aux apprentis sorciers, votre bébé n'est pas un cobaye ! Ce n'est pas parce qu'il a de forts potentiels qu'il faut tous les tester ! Seul un professionnel averti pourra le guider !

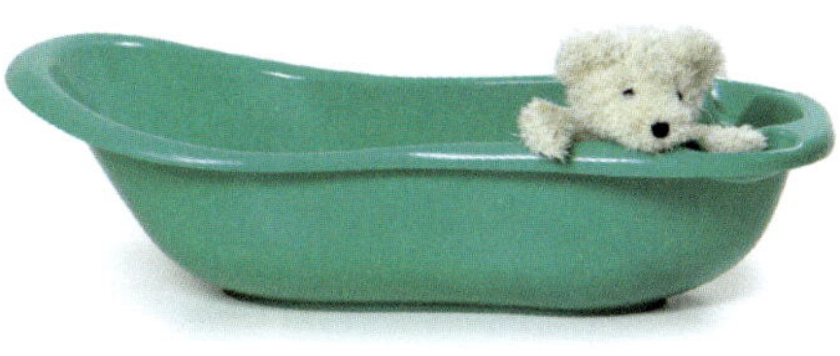

Envelopper bébé les trois premiers mois

Bébé est un astronaute ! Avez-vous déjà vu un astronaute qui revient sur Terre après plusieurs mois dans l'espace ? Il a certes pris des centimètres mais il ne peut plus tenir debout, on le met dans une chaise roulante car sa musculature a littéralement fondu et sa colonne vertébrale ne peut plus le porter ! Votre bébé vit la même chose : d'un lieu où il flottait, il doit subir maintenant une pression considérable, comme écrasé par un poids qui aurait triplé. Tout est à réapprendre ! Certes, le système nerveux de bébé manque de maturité, mais la gravité ne l'aide pas et ses gestes ressemblent dans les premiers temps à ceux d'un pantin suspendu par des fils qu'un artiste apprendrait à manipuler ! C'est normal, il cherche à se rassembler, retrouver le cocon. Certains bébés peuvent avoir des myoclonies, les bras sont comme pris par un soubresaut, même lorsqu'ils dorment, car leur bras, autrefois soutenus, sont maintenant dans le vide !

Un nid douillet comme dans le ventre de maman

Faire du berceau un cocon de jour comme de nuit

Bébé déteste le vide, alors, dans son berceau, prévoyez de l'envelopper. Pour cela, roulez simplement une serviette sous ses jambes et ses bras, comme un haricot tout autour de lui, afin de limiter les mouvements parasites, surtout lorsqu'il dort ! Vous pouvez aussi prévoir un boudin au-dessus de sa tête afin qu'il se sente en sécurité, comme lorsqu'il était calé dans votre bassin ! Vous aurez beau les avoir allongés au centre du berceau, certains bébés se déplacent d'eux-mêmes pour se blottir ainsi !

Des bras ou une écharpe rassurants

Bébé, plus que tout autre chose, a besoin d'être contenu, d'être porté. La tête et le bassin sont les deux poids lourds de son corps. La première enveloppe sera celle de vos bras : vous veillerez à soutenir de façon permanente l'ensemble tête-bassin, en incluant la colonne vertébrale. Vous pouvez également le poser sur vos cuisses repliées devant vous, ou encore contre votre ventre ou votre poitrine, sa tête abandonnée sur vous près de votre cœur, ses fesses dans vos mains ou sur votre avant-bras (voir Prendre bébé dans ses bras, p. 89).
L'écharpe reproduit quasiment à l'identique les abdominaux de la mère : le transverse est le pan transverse, les obliques sont les deux pans en diagonales. Ainsi porté, bébé retrouve des sensations qu'il connaissait dans le ventre de sa maman.

- Dans le premier mois, **un couffin ou un landau avec un contour en tissu rigide**, afin que bébé ne s'étouffe pas, fera très bien l'affaire. C'est très pratique pour avoir bébé à côté de son lit !
- Il existe **des coussins « boudins »** (Ardelaine®, par exemple), longs de plus de 1,5 mètre, qui peuvent faire le tour de bébé, en passant sous ses jambes et ses bras et autour de sa tête. Ils servent aussi de coussin d'allaitement.
- Autre option plus onéreuse mais très efficace pour la nuit, le massage ou encore pour le repos : **le Cocoonababy**®. Il s'agit d'un matelas de forme ovale qui épouse le dos rond de votre bébé. Le grand avantage est de pouvoir mettre bébé légèrement en hauteur la nuit s'il dort dans votre lit. C'est une grande sécurité pour assurer à tous des nuits tranquilles sans avoir peur de l'écraser ! De plus, il se transporte partout ! Si vous ne souhaitez pas investir, vous pouvez également le louer auprès de certains ostéopathes !
- Pour les tout-petits, il existe également des coussins qui permettent de caler bébé en toute sécurité de jour comme de nuit : **le Doulical**® (et le Cocouni®) ont été créés en collaboration avec une équipe de l'hôpital Necker. Le Doulical permet de faire dormir bébé sur le côté, bien calé entre deux coussins, l'un en forme de haricot dans le dos qui épouse sa forme arrondie ; l'autre plus petit venant se lover contre son ventre, laissant les jambes et le visage libre. Ainsi, ce dispositif écarte le risque qu'il ne se retourne sur le ventre tout en maintenant une posture reproduisant la courbe physiologique rassurante du ventre maternel. Il peut être une solution intéressante en cas de régurgitation et lorsque votre bébé n'apprécie pas la position dorsale.

En journée, installer bébé en toute sécurité sur le dos

• Le **coussin d'allaitement** peut être une option mais soyez prudente : il y a un risque que bébé s'enfonce entre les deux bras recourbés du coussin, ce qui peut entraîner une hyperthermie. Il existe des housses qui assemblent le coussin (plié en deux pour l'occasion) et l'empêche de s'ouvrir. Vous pourrez fabriquer un coussin en achetant des microbilles pour coussin d'allaitement, 30 à 50 litres suffisent normalement. Attention, les billes sont un vrai casse-tête pour les couturières débutantes ! Ces microbilles peuvent être avantageusement remplacées par de la balle d'épeautre(l'enveloppe du grain d'épeautre), de la glume d'épeautre (enveloppe des fleurs et des graines), plus douce, ou encore de la balle de sarrasin, plus légère, ou de millet, qui reproduit presque la bille de polystyrène sans être chimique. Non seulement son coût est très modique, mais il semblerait que cela améliore le sommeil. Profitez-en pour vous fabriquer un oreiller pour vous-même ! Si vraiment vous n'aimez pas coudre, il en existe dans le commerce…

• Vous pouvez aussi fabriquer un **coussin enveloppant** à partir de 30 litres de billes ou équivalent. Achetez deux coupons de 60 × 140 cm environ de tissu en coton ou en lin épais : cela donne un coussin de 50 × 60 cm une fois cousu avec une housse qui viendra renforcer l'ensemble et le rendre suffisamment « tonique » pour que bébé s'y love sans s'y enfoncer. Il sera ainsi comme dans un nid, contenu et enveloppé. Attention : utilisez-le uniquement pour le jour, lorsque vous avez l'œil sur bébé, jamais la nuit !

• Pour les moments d'éveil, un **matelas d'eau**, Vestibulo®, a été mis au point afin de recréer les sensations utérines. Pour le change, le massage, le jeu, c'est un support permettant de varier la densité en fonction du remplissage plus ou moins important.

• Dans un autre ordre d'idée, le **transat « berçant »** sera une solution idéale car vous pourrez l'emporter partout, certains se pliant très facilement. N'oubliez pas d'enlever la partie rigide, souvent située dans le dossier et inutile à cet âge, mais attention à l'inclinaison : pas plus de 20° à l'horizontale.

• La poussette landau vous permettra de bercer bébé en douceur et en sécurité. La **coque type Maxi-Cosi®** sera également une bonne option pour les transports, marche ou voiture, mais il ne faudra pas en abuser !

LE MOT DU PÉDIATRE

Il est important de veiller à ne pas mettre bébé en **position** trop **assise**, pas plus de 20 ° par rapport à l'horizontale, parce qu'elle plie le plus souvent l'enfant au niveau diaphragmatique, gênant la respiration d'une part, et parce qu'elle favorise les régurgitations en créant une hyperpression abdominale, d'autre part.

L'emmaillotage : oui ou non ?

La mode de l'emmaillotage revient en force et ses avantages semblent multiples. Bébé retrouve ainsi une enveloppe temporaire et se trouve la plupart du temps apaisé. Cet emmaillotage évite les mouvements parasites qui peuvent perturber ses nuits, en particulier pendant les premières semaines. Cette technique est pratiquée depuis la nuit des temps car bébé dort beaucoup mieux, est plus calme. Elle doit cependant être relativisée et certains facteurs doivent être pris en compte. En effet, certains orthopédistes constatent une résurgence des luxations de la hanche et alertent des risques de l'emmaillotage qui peut aller à l'encontre d'un bon développement des hanches de bébé, favorisant alors l'apparition de dysplasie des hanches.

Cependant, si votre bébé semble apprécier l'emmaillotage, vous permettant de trouver quelques heures de sommeil salvatrices, voici quelques précautions indispensables afin d'écarter le maximum de risques : une visite de contrôle chez votre pédiatre devra en être le préalable afin d'éviter tout problème éventuel.

Quel matériel, quelle méthode ?

Il existe la « couverture miracle » de Red Castle qui emporte nombre de suffrages. Elle a son mode d'emploi inclus !

Sinon, vous pouvez tout simplement acheter un coupon de tissu interlock (une sorte de jersey doublé, épais et souple), de 100 × 50 cm. Placez le tissu de façon asymétrique sous bébé (30 cm d'un côté, 50 de l'autre). Repliez les jambes de bébé en tailleur et repliez la bande inférieure par dessus, puis entourez bébé avec le plus petit pan de tissu que vous glissez entre son bras et sous son corps. Puis, avec l'autre pan, vous entourez ses bras croisés devant le thorax. Enfin, vous le passez sous le corps de bébé en laissant bien la tête dégagée.

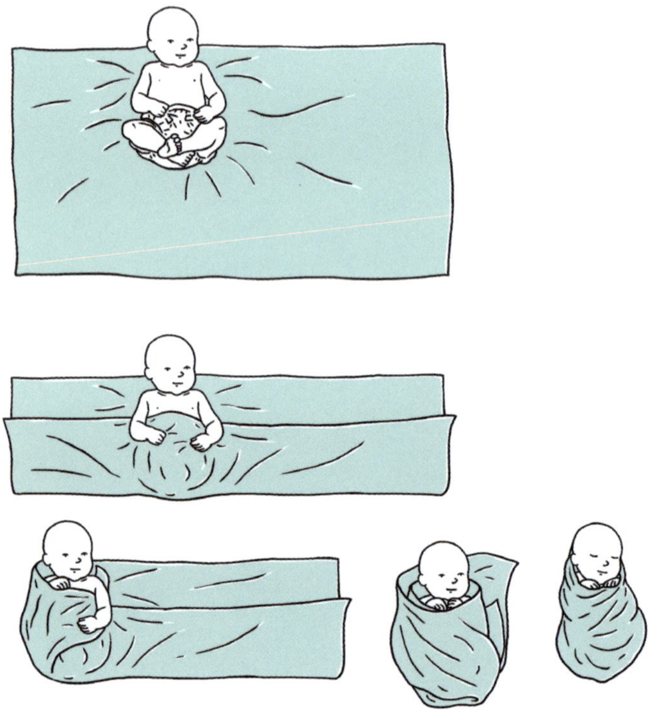

Autre possibilité, le bébé baluchon : servez-vous simplement des langes de coton que l'on utilise à foison au quotidien (50 cm minimum). Disposez-le en losange et repliez la pointe du haut vers celle du bas de manière à former un triangle. Placez bébé sur le triangle. Repliez alors les pointes latérales autour des bras de bébé et faites un nœud devant le thorax. Puis repliez les jambes de bébé en tailleur devant son ventre, ramenez la dernière pointe par-dessus et accrochez-la au premier nœud.

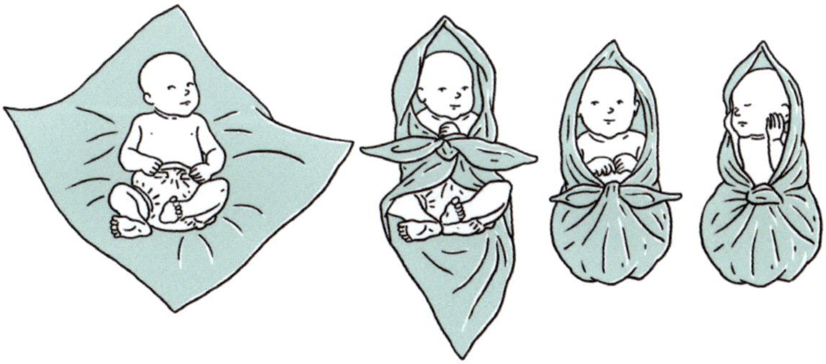

Conseils pour un emmaillotage facile et sans risques

- **Ne pas serrer les jambes de bébé l'une contre l'autre, genoux joints,** mais garder une ouverture des hanches, en tailleur ou en grenouille par exemple, et jambes repliées vers bébé, genoux écartés.
- **Relâchez l'emmaillotage au fil des semaines,** en serrant de moins en moins afin de libérer les mouvements. Ainsi, les jambes et les bras commenceront à pouvoir bien bouger dans le tissu. S'il gigote franchement et veut se libérer, n'insistez pas et enlevez le tissu pour lui préférer un surpyjama. Certains bébés n'aiment déjà plus être « serrés » ou trop enveloppés dès 3 semaines. Et passé 2 mois, n'emmaillotez plus votre bébé.

Alternatives à l'emmaillotage

La turbulette ou gigoteuse, ou encore un surpyjama, seront une bonne solution de transition. Border bébé avec une sorte de housse « poche » en jersey ou interlock, qui enveloppe matelas et bébé (à fabriquer soi-même), de telle sorte que le tissu ne se retrouve jamais sur le visage de bébé, peut être également une solution d'emmaillotage sans emmaillotage !

- **Alternez emmaillotage et portage en écharpe** qui va ainsi permettre un bon positionnement des hanches (jambes écartées, repliées de chaque côté en rotation interne, comme une grenouille : sans le savoir, les femmes africaines avaient inventé le meilleur moyen de lutter contre la luxation de la hanche !
- **Faites suivre votre enfant par un pédiatre** qui vérifiera la bonne position des hanches. S'il y a le moindre risque de luxation, cessez l'emmaillotage, bien entendu !

Des vêtements pour mettre bébé à l'aise

C'est du vécu !

J'avais été séduite, pour mes enfants, par ces **combinaisons** si pratiques avec leurs Velcro partout. Tant que ma fille dormait sagement, aucun problème. Mais si par malheur elle se mettait à pleurer en s'agitant, alors on voyait ses jambes et ses bras sortir par tous les trous entre les scratches, et elle finissait déshabillée ! J'ai fini par l'utiliser en « survêtement » car, dans le pire des cas, elle ne se retrouvait pas toute nue !

Prenez garde à utiliser des matières naturelles qui laissent respirer la peau, des vêtements amples qui permettent tous les mouvements du corps, des habits faciles à enfiler car, durant les 3 premiers mois, bébé n'aime pas les manipulations et les passages difficiles autour de la tête (voir Prendre bébé dans ses bras, p. 89, en particulier lorsque vous l'habillez). Les grosses doudounes dans lesquelles il ressemble à un bibendum, sauf exception en cas de neige et froid polaire, seront proscrites car trop chaudes. Préférez les combinaisons une pièce qui s'enroulent autour de bébé avec des attaches Velcro ou encore les housses qui se glissent sur la poussette ; quant au portage en écharpe, il vous transforme en radiateur donc pas besoin de trop emmitoufler bébé ! Bébé n'aime pas le froid, mais il n'aime pas non plus être trop couvert. Sachez qu'un bébé qui transpire, ce n'est pas bon signe, au même titre que s'il a les extrémités froides (voir À bonne température, p. 52). Évitez également la laine pour des habits directement sur la peau de bébé, ils trouvent souvent qu'elle gratte (certains pulls peuvent même irriter la peau du cou). N'attendez pas les 2 ans de bébé et ses premiers mots pour comprendre qu'il n'aime pas. Il existe par ailleurs des polaires de coton très efficaces…

Utilisez des bodies qui s'ouvrent sur l'avant (pas de passage de la tête), de préférence avec des boutons pression. Durant les trois premiers mois, l'idéal est sans nul doute le « dors-bien » ou le pyjama une pièce car bébé sera toujours protégé pendant la saison froide. Sauf cérémonie (type baptême) ou occasion particulière, le pyjama ou les ensembles une pièce suffisent pour tous les jours et toutes les nuits. Vous n'aurez jamais à chercher désespérément la chaussette ou le chausson perdu. Et puis trois mois, ça passe très vite, bébé va grandir à vue d'œil… Quant aux pantalons, ils serrent bien trop la taille de bébé sauf dans de rares cas, tels les sarouels dont la ceinture large et élastique permet à bébé de bien respirer. Une autre exception, les pantalons « tricot » (avec ou sans pieds intégrés) qui ont une ceinture large que l'on remonte jusque sous les aisselles de bébé : ils n'entravent pas ses mouvements et permettent de retirer le bas très facilement. De même, évitez la robe longue à partir du moment où bébé commence à crapahuter (sauf événement exceptionnel, encore une fois !) et préférez-lui plutôt de petites tuniques mi-longues qui permettront à mademoiselle de gigoter : pourquoi ne pas utiliser une robe de six mois large pour un bébé d'un an (vous ferez des économies en plus !) ? Enfin, évitez les collants qui serrent bien trop et empêchent la respiration naturelle de la peau ; préférez de jolies jambières (très à la mode), un petit legging ou pantalon en jersey souple. À vous de jongler avec la mode, votre imagination et le confort de bébé, rien n'est incompatible, mais oubliez l'adage « tu dois souffrir pour être belle (ou beau) ». Confort peut aussi rimer avec élégance !

Bien sûr, vous vous adapterez à la température et, s'il fait chaud, vous pourrez laisser bébé en body, voire nu (en couche ou non !), de jour comme de nuit. Au diable les bonnes manières ! La nuit, en hiver, vérifiez si bébé n'a ni trop chaud ni trop froid et, suivant son tempérament (vata, pitta ou kapha, selon la tradition ayurvédique), vous ajusterez les épaisseurs :

- léger pour un pitta (bébé tonique et bien charpenté, dormant régulièrement, à dominante feu) ;
- moyen pour un kapha (bébé rond et tranquille, dormant beaucoup, à dominante terre et eau) ;
- ou plus important pour un vata (bébé mince et gigotant, dormant peu, dominante air).

Vous vérifierez toujours la transpiration de bébé : c'est signe qu'il a trop chaud !

Tenir et porter bébé

Attention, fragile !

Même si nous partageons 99 % de notre ADN avec les chimpanzés, nous n'avons pas d'ancêtres arboricoles et nos bras ne sont absolument pas faits pour la suspension. Si c'était le cas, nous en aurions gardé la trace (voir Des mains magiques et des yeux agiles, p. 77). Il suffit d'observer la taille et l'épaisseur de notre ceinture scapulaire, qui relie nos membres supérieurs à notre colonne vertébrale, en comparaison de celles des singes : nos bras sont des moignons à côté des bras puissants des orangs-outangs !

La tête de bébé ne l'aide pas non plus ! Imaginez-vous avec une tête trois fois plus lourde, à devoir faire des abdominaux : c'est ce qu'on inflige à un bébé que l'on tire de face avec les deux bras, il doit alors contracter fortement son cou pour résister à la traction et à la gravité. Conséquence : on ne tire jamais sur les bras d'un bébé et on le suspend encore moins avec ! L'ossature d'un nourrisson est particulièrement souple et malléable : un nouveau-né possède 270 os alors qu'un adulte en possède 206 car certains d'entre eux (les os du crâne en particulier) vont se souder et s'assembler. Il faudra donc éviter de tirer ou comprimer certaines parties du corps de bébé, la cage thoracique en particulier, car elle protège les organes les plus sensibles, tels que le cœur, les poumons, mais aussi l'œsophage, l'estomac et le foie.

LE MOT DU PÉDIATRE

Les vaisseaux cérébraux sont très fragiles, et un mouvement brusque de la tête non maintenue, associée à la pression exercée sur le thorax, entraîne des variations de pression intracrânienne qui pourraient amener, si le mouvement a été particulièrement brutal, un saignement cérébral et des hémorragies intraoculaires. Les conséquences peuvent être redoutables, avec handicap, retard mental, cécité, voire décès. C'est pourquoi il est indispensable de **maintenir la tête de bébé et** de **ne jamais le secouer**.

Attraper le nouveau-né sous les bras n'est donc pas recommandé. Même si cette pratique peut s'avérer utile en cas de danger de glissade (sortie du bain), elle est nocive si elle est utilisée systématiquement. Non seulement cela laisse la tête de bébé dans le vide la plupart du temps, mais cela comprime les premières côtes et peut favoriser des problèmes respiratoires et digestifs, dont les régurgitations. De plus, bébé, tel un petit hamster (qui déteste ça, à juste titre !), va se sentir mal à l'aise, la tête dans les épaules, le reste du corps suspendu dans le vide. Il faudra alors procéder autrement pour que bébé soit et se sente en sécurité (voir ci-dessous).

Prendre bébé dans ses bras

Les méthodes basiques pour prendre ou habiller bébé en toute sécurité

Pour prendre votre bébé dans vos bras en toute sécurité, vous pouvez glisser doucement votre main derrière la tête et la nuque de bébé et saisir son crâne dans votre main, votre poignet se situant sur le haut de son dos. Glissez l'autre main sous ses fesses et ses lombaires en ayant votre pouce côté ventre et les doigts côté fesses du bébé. Approchez-vous de lui le plus près possible pour le relever en soulevant doucement tout son corps contre vous.

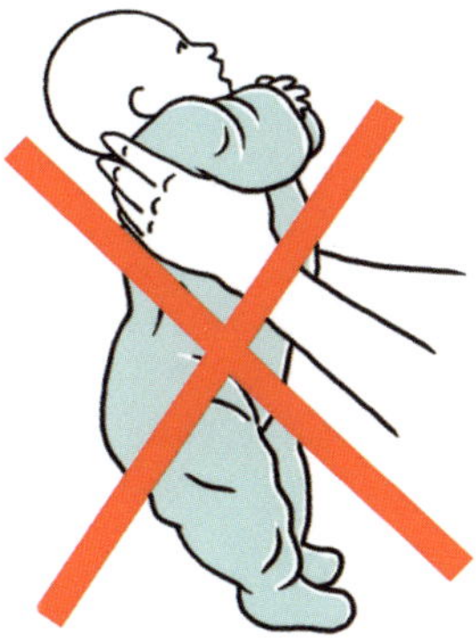

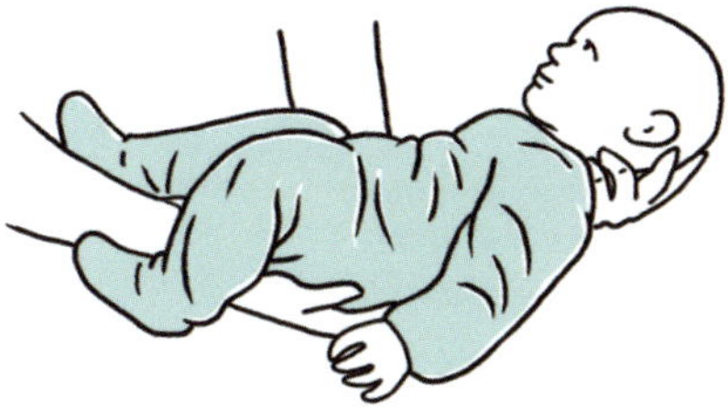

Autre technique, celle du bébé « wrap » : glissez votre main et avant-bras derrière le dos de bébé en le mettant légèrement sur le côté (vous veillerez à choisir le côté où il tourne sa tête) pendant que l'autre main vient se placer sur le sternum. Bébé est alors en sandwich entre vos deux mains. La main et l'avant-bras derrière le dos poussent encore plus bébé sur le côté de telle sorte qu'il roule sur son épaule (ne pas le soulever encore). Enfin, tout son corps se retrouve sur la main du sternum et vous pouvez alors soulever bébé vers vous. La main du dos se déplace alors en même temps sous les fesses de bébé. Cela favorisera la motricité future de bébé puisqu'il s'agira bientôt de son premier déplacement autonome (vers 4-5 mois, bébé va apprendre à se tourner seul). Véritable « bébé wrap », cette technique peut paraître un peu compliquée mais vous y prendrez vite goût et bébé aussi !

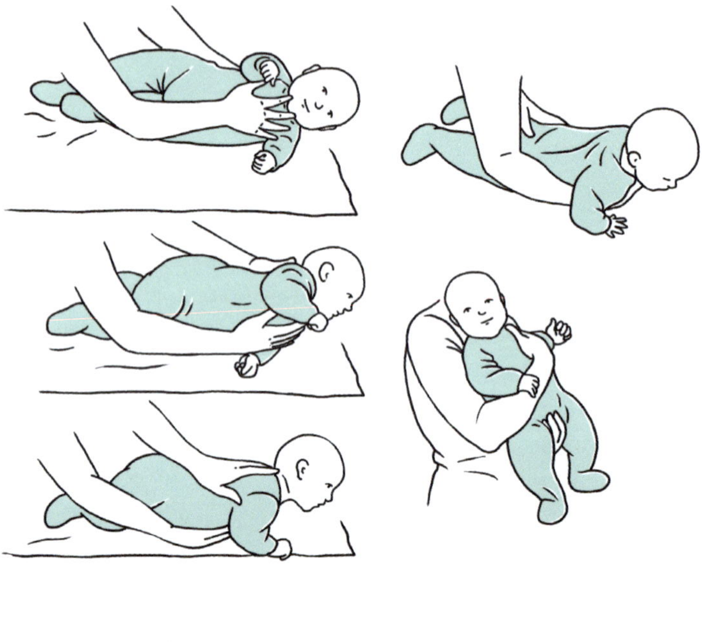

Les positions indispensables pour favoriser les échanges

- Les yeux dans les yeux, votre bras passe sous sa nuque (sa tête est placée dans le creux de votre coude) et entoure son épaule et son bras, pendant que l'autre bras passe sous les fesses et l'avant-bras sous le dos. C'est un classique imparable pour discuter avec bébé !
- Face à face, vous êtes assise au travers d'un canapé ou sur le sol, le dos appuyé sur un mur ou un dossier, les genoux repliés. Bébé est posé sur vos cuisses face à vous, les jambes repliées, ses pieds dans vos mains. Ainsi installé, vous pouvez fixer le regard de bébé et aussi le masser puisque vos deux mains sont libres !
- Au fur et à mesure que votre bébé relève sa tête, et à partir de la prise « bébé wrap », vous pourrez placer votre avant-bras sur son sternum et ses bras, et l'autre main ou avant-bras sous ses fesses : tourné ainsi face au monde, en avant l'exploration !

Les astuces spécial digestion facile

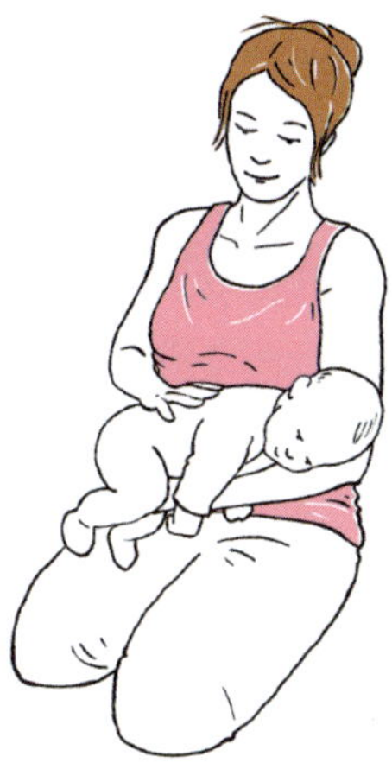

- Pour une bonne digestion, placez bébé comme une petite panthère sur sa branche, sa tête calée au creux de votre coude, ses bras et ses jambes de part et d'autre de votre avant-bras. Ramenez bien ses jambes repliées vers le ventre pour le soulager, ses fesses bien calées dans votre main. Vous pourrez mettre votre bras à l'horizontale ou légèrement penché de façon à ce que sa tête soit surélevée afin d'éviter les régurgitations. Vous pouvez ainsi promener bébé sur un seul bras !
- Juste après le repas, bébé va souvent vouloir se libérer et faire une selle. Testez cette technique simple et efficace : prenez bébé tout contre vous, sa tête posée contre votre poitrine, à la verticale. Prenez ses pieds d'une main et remontez ses genoux le plus haut possible, de telle sorte que cela comprime son

ventre (attention à desserrer la couche si besoin !). L'autre main, bien sûr, lui maintient la nuque et la tête, le bras éventuellement en travers du dos. Bébé ne tardera pas à se dégager. Vous pouvez d'ailleurs positionner bébé ainsi en écharpe !

- Et pour le libérer du rot tant attendu, même technique que précédemment : inutile de lui taper dans le dos : masser doucement son dos de bas en haut et de haut en bas suffira le plus souvent, en prenant garde à le maintenir à la verticale. Au fur et à mesure que le temps passe, vous pourrez aussi glisser vers l'arrière si vous êtes sur un canapé ou un lit. Si bébé ne fait pas de rot et s'endort tranquillement, c'est qu'il n'a pas ou peu avalé d'air pendant qu'il tétait (ce qui peut être le cas dans l'allaitement).

Porter bébé en écharpe

Du portage traditionnel au portage en écharpe

LE MOT DU PÉDIATRE

Le **portage** ne peut pas se faire n'importe comment, pour soi et pour l'enfant et doit être **adapté aussi bien à maman qu'à bébé** : pour maman, car il ne s'agit pas d'avoir un abonnement ensuite chez le kinésithérapeute ou l'ostéopathe, et pour l'enfant, car il faut un portage qui respecte son squelette, sa musculature et sa vision en plein développement.

Dans de nombreux pays du monde, l'enfant est porté par sa mère presque toute la journée. C'est son mode de garde quotidien. Vous avez toutes vu ces femmes (Afrique, Tibet, Inde) avec leur petit porté en corps à corps, jusqu'à l'âge de 2 ans au moins. Avez-vous remarqué que ces petits enfants ne pleurent jamais ? Ils sont là, tranquilles, bercés, observant lorsqu'ils sont éveillés tout ce qui se passe autour d'eux, et s'endormant par moments, en toute sécurité. Ces enfants ne deviennent pas non plus « capricieux » parce qu'ils ont été portés, bien au contraire. Ils gagnent en sécurité de base, car ils n'ont pas manqué du contact avec leur mère. Ils se sépareront d'elle avec d'autant plus de confiance en grandissant. Quel dommage de voir maintenant des jeunes femmes d'origine étrangère adopter nos modes de vie au point d'abandonner ce portage de leur enfant !

Le portage à l'africaine est simple à réaliser mais comporte quelques défauts (portage trop bas dans le dos, serrage du tissu au niveau de la poitrine qui casse les fibres fragiles du tissu mammaire) que vous pourrez corriger facilement grâce à des adaptations.

Le portage en écharpe est de plus en plus répandu. Il utilise le même principe que le portage traditionnel sans les inconvénients. Le tissu est solide tout en ayant une certaine élasticité, ce qui évite des douleurs dorsolombaires par tiraillement chez l'adulte et permet à l'enfant de pouvoir modifier légèrement sa position si besoin. Il permet de multiples positions, tant pour le bébé que pour les parents (ventrale, dorsale, latérale…). En grandissant, l'enfant profite d'un superbe panorama par-dessus l'épaule de son père ou de sa mère, observe, apprend, entend, peut s'assoupir si besoin… Et si certains se trouvent empêtrés face à cette longueur de tissu, des ateliers de portage existent, permettant de savoir comment se sortir de ce micmac de tours et de nœuds pas si savants que ça !

Quel tissu choisir ?

L'idéal pour porter bébé est sans aucun doute l'écharpe, même s'il existe d'autres types de portage… L'offre est maintenant pléthorique : testez plusieurs écharpes et choisissez celle que vous préférez : elle doit être souple mais pas trop. L'idéal est que le tissu puisse s'étirer en diagonale, c'est-à-dire que, lorsque vous prenez le tissu entre vos deux mains et que vous tirez dessus, une main vers le haut, une main vers le bas, le tissu est souple et malléable mais résiste à l'étirement : cela nécessite un tissage spécial ! La longueur doit aussi être d'un minimum de 3,70 m (et plus pour les plus grands !). Le premier mois, ce sera le papa qui portera bébé pour protéger le périnée de la maman et ce sera pour lui l'occasion d'éprouver un peu ce qu'elle ressentait lorsqu'elle était enceinte et de faire connaissance avec son bébé. C'est le meilleur moment car bébé est encore si léger !!!

Les principales techniques de portage en écharpe de 0 à 3 mois environ

Placez le milieu du tissu en travers du corps, bien étalé sur votre poitrine et votre ventre. Puis croisez les pans dans le dos avant de les faire passer sur les épaules. Vous glisserez alors bébé dans l'enveloppe ainsi formée devant. Resserrez les deux pans, puis tirez sur le bord de chaque pan de manière à bien resserrer bébé contre vous et éviter tout bâillement ou flottement. Une fois bébé bien positionné, les jambes repliées et légèrement écartées sur le côté, sans nécessairement les faire ressortir du tissu, vous croiserez chaque pan par-dessus son dos et ses fesses en répartissant bien le tissu. Puis terminez par un nœud dans votre dos. Inutile de resserrer avec un nœud supplémentaire par-devant, cela pourrait trop serrer les jambes de bébé.

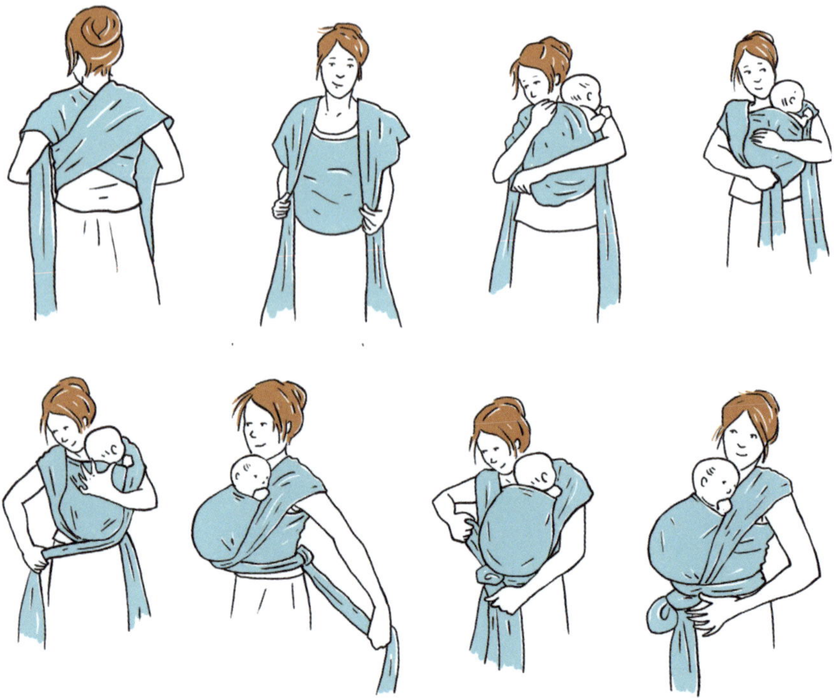

Vérifiez bien que l'écharpe ne coupe pas la circulation des jambes de l'enfant : plus le tissu est étalé, plus il est réparti uniformément et moins il y a de risques.

Quand bébé sera plus grand, vous pourrez utiliser cette variante : faites sortir ses jambes du tissu, les deux pans de l'écharpe se croiseront alors sous ses mollets avant de s'attacher derrière votre dos.

Si bébé dort, glissez un pan ou deux derrière sa tête afin qu'elle ne parte pas en arrière de façon inopinée. Vous entendrez de nombreux questionnements tels que : « Est-ce que bébé respire bien ? » Sachez qu'il n'y a pas mieux qu'être porté pour bien respirer ! La seule chose importante est de ne pas trop couvrir bébé (voir Des vêtements pour mettre bébé à l'aise, p. 86) sinon il risque l'hyperthermie, tout aussi dangereuse que l'hypothermie ! Un bonnet, un body et un pyjama seront largement suffisants. Cela vous évite la doudoune, alors autant en profiter !

Baigner et soigner bébé

Une peau douce et fragile

Une sensibilité extrême

La peau de bébé est extrêmement fine et perméable, la couche cornée est quasi inexistante. Si l'on tient compte de tous ces aspects, on imagine l'importance de tout ce qui touche la peau d'un bébé, qu'il s'agisse des habits mais aussi et surtout des produits d'hygiène.

Certains vendeurs de produits vous affirmeront l'importance de laver bébé en permanence, il n'en est rien. La peau est protégée par le vernix à la naissance, puis par une flore bactérienne « amie », qui empêche les germes pathogènes de se développer. En effet, bébé, dès la naissance, va être colonisé par des millions de bactéries, alors autant qu'il s'agisse de celles de ses parents ! On comprend ainsi l'importance du peau à peau dès la naissance, simplement d'un point de vue médical.

LE MOT DU PÉDIATRE

Méfiez-vous : les **pommades et crèmes** majorent la macération naturelle des plis. Cela finit par donner des fissures. Si les plis (du cou, des aisselles et du siège, en particulier) sont irrités, il faut assécher la zone soigneusement et, si nécessaire, utiliser un produit liquide, si possible contenant du zinc, aux vertus cicatrisantes.

L'impact d'un produit chimique mis sur la peau est beaucoup plus important chez un bébé que chez un adulte. Il peut ainsi, si l'on tient compte de nombreux facteurs d'absorption, être multiplié par 100 à 200 !

Si l'on ajoute à cela le ratio surface corporelle-poids (5 fois plus important chez bébé que chez l'adulte !), une plus grande finesse du derme, un facteur d'absorption plus important dans les zones humides, chaudes et occlusives (fermées), certaines parties du corps de bébé peuvent devenir de vraies portes ouvertes aux produits toxiques : ainsi, le scrotum ou le siège est une zone à la fois très perméable (40 fois plus perméable que l'avant-bras) en même temps qu'une zone chaude, occlusive et couverte (par la couche). On comprendra donc qu'il ne faut pas mettre n'importe quel produit pour nettoyer les fesses de bébé et les laisser à l'air de temps en temps !

Bien qu'elle représente une barrière efficace face aux agressions extérieures, il n'en reste pas moins que les produits absorbés peuvent aller directement dans le sang car la peau n'a pas de système d'élimination, comme le système digestif avec le foie : l'intoxication peut donc se produire rapidement ! S'ils ne vont pas dans le sang, les produits toxiques et chimiques peuvent être stockés dans la couche lipidique, en proportion importante chez le petit d'homme ! Et la graisse des bébés est faite pour alimenter, à terme, le développement du cerveau…

Lessive et compagnie

La peau de bébé étant en contact permanent avec ses vêtements, le choix des lessives est très important. Éliminez donc les lessives avec huiles essentielles notamment, les produits trop chimiques, ce qui enlève au moins 95 % des lessives, même bio ou écolo !

L'idéal, si vous avez un peu de temps, est de fabriquer votre lessive à partir de copeaux de savon de Marseille et, pour les plus courageuses, de véritable savon de Marseille.

Allergie à la lessive

Si votre bébé fait une allergie ou a des irritations sur une bonne partie du corps sauf le visage, les mains et le siège, il y a fort à parier qu'il fait une allergie à la lessive ! Changez de produit pour voir si cela modifie quelque chose.

Vous pouvez prévoir un anticalcaire ou encore une boule anticalcaire (on en trouve en magasin bio). Votre linge sent le propre sans aucun parfum particulier… et la peau de bébé adore !

Attention, la lessive au savon n'est pas valable pour la laine naturelle non traitée car le savon la débarrasse de sa lanoline naturelle et encrasse la fibre. Choisissez donc une lessive adaptée aux lainages… et procédez éventuellement à des lessives régulières avec de la lanoline afin de recharger la laine de cette pellicule protectrice qui lui confère toutes ses propriétés naturelles (douce, chaude, antibactérienne, etc.).

Recette de lessive maison

Faites bouillir un litre d'eau. Dans un récipient étanche et refermable, râpez la moitié d'un gros savon de Marseille avec une râpe à fromage (côté gros copeaux). Sinon, prenez deux louches de copeaux de savon (on en trouve en magasin bio). Ajoutez l'eau dans le récipient et mélangez l'ensemble avec un fouet jusqu'à complète dissolution des copeaux. Laissez refroidir. Vous obtenez une masse compacte qui a la consistance d'une gelée.
Pour l'utiliser, enfilez sur votre main un mi-bas un peu ajouré. Plongez votre main dans la gelée et retirez-en une boule sur laquelle vous refermez le mi-bas en faisant un nœud. Mettez le tout au cœur du linge et le tour est joué !

Rien de tel que le sèche-linge pour rendre le linge doux, exempt de poussières. D'ailleurs, lorsque vous donnez le bain à bébé, prévoyez de mettre quelques minutes sa serviette au sèche-linge, pour qu'elle soit toute chaude, ainsi que ses habits (attention toutefois aux attaches métalliques qui peuvent être brûlantes). Dès que bébé est sec et habillé, placez à nouveau votre serviette au sèche-linge afin d'éliminer l'humidité, propice aux bactéries. Pour les adeptes de l'écologie, rassurez-vous, car au final, cela économisera un lavage sur deux ! Bien sûr, si vous aviez la possibilité d'étendre votre linge au soleil, rien de mieux que les UV pour le désinfecter et le faire sécher en un tour de main !

L'art et la manière de changer bébé

Les techniques et comportements à adopter au quotidien

Bébé aime être propre ! On pense que cela ne dérange pas bébé d'avoir un caca dans la couche, mais c'est faux, d'autant qu'une selle dans une couche ultra-absorbante va se déshydrater et risque de coller sur la peau de bébé et de l'irriter lors du change. Non seulement c'est mauvais pour sa peau, mais en plus cela lui donne une mauvaise habitude ! Allez convaincre votre petit, au moment de l'apprentissage de la propreté, qu'il faut faire dans un pot et pas dans la couche : il va vous regarder bizarrement ! Donc on ne fait jamais attendre un bébé qui vient de faire une selle (enfin, disons, dans la mesure du possible, car bébé ne choisit malheureusement ni le lieu ni l'heure pour s'exprimer !).

Certains parents très disponibles (car il faut être très à l'écoute des bébés) pourront même tester la vie sans couche… mais là encore, c'est tout un art ! Lorsque bébé fait pipi alors que vous êtes en train de le changer ou lorsqu'il fait une selle juste après avoir été changé, c'est que la sensation de froid a stimulé ce réflexe : à bon entendeur…

Le change est important parce qu'il se répète à longueur de journée… et de nuit, et qu'il implique à la fois la façon de manipuler le corps de bébé et sa peau dans une zone où elle est très sensible et très perméable aux produits (voir Une peau douce et fragile, p. 96). Aussi, vous prendrez garde à la manière de faire mais aussi aux produits utilisés !

Pour changer sa couche, évitez de mettre bébé face à vous, sur le dos. Placez-le sur le côté, cela lui évitera de se retrouver suspendu par les pieds, les fesses en l'air : bébé n'est pas une prise de chasse, surtout s'il vient de manger… !

Une fois mis sur le côté, ouvrez légèrement sa jambe du dessus sur le côté, dégagez la couche en ôtant les selles éventuelles vers l'arrière. Puis passez un coton imbibé d'huile ou d'eau, toujours de l'avant vers l'arrière (du plus propre vers le plus sale), surtout chez la fillette, en partant des plis de l'aine. Si vous utilisez des produits naturels, pas de problème. Pensez à rincer avec précaution les fesses de bébé si vous avez utilisé du savon et encore plus des produits du commerce (lingettes, eaux de change) aux compositions incompréhensibles, et même s'il est noté ne pas rincer ! Puis glissez une couche propre juste derrière ses fesses et faites-le rouler simplement pour le remettre sur le dos. Il ne reste plus qu'à refermer… C'est fini !

Bien respirer pour bien digérer

Ne serrez jamais trop la couche de bébé car il respire en abdominal et si vous comprimez son ventre, ses jambes étant la plupart du temps repliées vers lui quand il ne pédale pas, c'est comme s'il portait une ceinture trop serrée après un repas ou pendant un cours d'aérobic ! Ouste les couches trop serrées et tant pis pour les fuites sur le body !

Lorsque bébé fait manifestement une selle, devenant parfois rouge écrevisse, soutenez-le : « Ça a l'air de te tirailler… » Puis, lorsque vous le changez, regardez attentivement sa belle production d'un air satisfait… Surtout, ne critiquez jamais par des phrases du type « ça sent mauvais » mais, au contraire, adoptez une attitude positive : « Ça c'est un vrai caca d'une belle couleur jaune d'or ! Tu dois te sentir bien maintenant ! » On pense que faire une selle est totalement anodin et doit être dissimulé, voire critiqué, mais autrefois, on mesurait la santé d'une personne à la qualité et la quantité de ses selles et de ses urines (comme en médecine ayurvédique). À la Renaissance, la réponse à la question « Comment allez-vous ? » était « à la selle » !

Quelles couches choisir ?

Les trois premiers mois ressemblant à un triathlon, cela peut être compliqué de se surcharger avec des couches lavables. Mais si vous êtes organisée, vous pourrez y arriver : prévoyez un seau d'eau sous l'évier de la salle de bains avec quelques gouttes d'huile essentielle de tea tree pour y faire tremper les couches usagées. Il faudra par ailleurs rincer les couches lorsque bébé aura fait une selle : vous aurez donc intérêt à allaiter votre bébé au sein car l'odeur et la consistance n'ont rien à voir ! Par contre, lorsque bébé aura commencé la diversification alimentaire, les selles sont solides et beaucoup plus faciles à détacher… si vous changez bébé immédiatement ! D'autre part, vous aurez tout intérêt à avoir un sèche-linge pour gagner du temps et de l'espace de séchage ! Au moment de l'apprentissage de la propreté, ces couches lavables auront tout leur intérêt pour aider bébé à détecter les moments où il fait pipi (car l'humidité finit toujours par se ressentir lorsque l'urine refroidit, contrairement aux couches jetables) !

Il existe par ailleurs des couches « hamac » dont l'enveloppe est extrêmement légère, facile à laver et sécher : elle peut contenir, au choix, soit une garniture jetable (type serviette hygiénique), soit une garniture lavable : l'avantage est de pouvoir choisir, selon votre humeur et votre fatigue du moment, le type de change, jetable ou lavable !

Produits naturels indispensables pour fesses toutes douces

- **L'huile d'olive** fait merveille sur la peau des bébés. Peu onéreuse, vous en avez certainement dans le placard de votre cuisine !
- **Le liniment oléocalcaire** est plébicité par les mamans et les bébés pour le change (le film qu'il laisse sur la peau protège de l'érythème fessier). Il peut aussi servir ponctuellement pour le massage, mais il est un peu épais ! Vous pouvez le fabriquer vous-même, mais quel intérêt puisque c'est sans doute le produit le moins cher du marché et qu'on le trouve en pharmacie ?
- **De l'eau,** tout simplement ! Prévoyez un petit thermos d'eau tiède (37 °C) pour la nuit afin que bébé ne soit pas dérangé par la sensation de froid d'un produit à température ambiante ! Bébé a droit au luxe et vous à des nuits paisibles.
- Passez éventuellement un peu de **savon naturel** sur un coton imbibé d'eau lorsque les selles sont restées un peu trop longtemps !
- **Les eaux florales de lavande, rose ou fleur d'oranger, de calendula ou d'hamamélis,** qui possèdent beaucoup moins de principes actifs que les huiles essentielles tout en étant apaisantes et cicatrisantes, pourront être de bonnes alternatives pour celles et ceux qui aiment les bonnes effluves (bébé aussi !)

LE MOT DU PÉDIATRE

La fréquence des ulcérations du siège et des érythèmes a significativement augmenté depuis l'utilisation désormais très courante des **lingettes**. Le problème apparaît surtout à l'occasion de la modification du pH des selles (dentition, diarrhée...), qui fragilise la peau déjà sensible de l'enfant.

• **Les lingettes du commerce** sont à proscrire. Auriez-vous l'idée d'astiquer vos fesses avec du détergent ? Non. Alors réservez ces lingettes pour nettoyer... votre cuisine. Les produits chimiques nocifs qu'elles contiennent vont toucher la zone anale, le scrotum, les grandes lèvres qui sont de véritables éponges (voir Une peau douce et fragile, p. 96). De plus, on vous précise que ce n'est pas la peine de rincer après usage, or une fois la couche refermée, la chaleur et le milieu occlusif renforcent la pénétration des actifs. Rajoutez un érythème fessier par-dessus et vous venez de cocher toutes les cases d'absorption maximale de produit nocif !

Si vous utilisez un produit du commerce quelconque, rincez-le systématiquement, même si on vous dit que ça n'est pas la peine !

Aux petits soins pour bébé

Produits miracles naturels

Pour tous les petits soins quotidiens et les petits soucis de peau, privilégiez les produits biologiques naturels, sans conservateur et sans mélange (sauf exception). Il en existe à foison, il suffit de regarder autour de vous et aussi... sur vous (voir ci-dessous). Attention, ce n'est pas parce qu'un produit est biologique, écolo and co., avec mention pour bébé, qu'il ne contient pas de produits nocifs, huiles essentielles notamment, sous forme de limonène ou linalol, utilisées très souvent comme conservateur mais allergisante sur des bébés qui présentent des prédispositions. Surveillez donc les compositions. On sait à quel point beaucoup de crèmes pour bébé vendues en pharmacie encore récemment, contenaient du paraben, un conservateur considéré comme perturbateur endocrinien.

Pas de talc

N'utilisez jamais de talc dont la composition se rapproche de l'amiante. Il est particulièrement nocif pour les femmes (et donc les fillettes) dont il lèse le système reproducteur mais aussi et surtout le système respiratoire.

- **Le grand air et le soleil** : pour l'érythème fessier (entre autres), grand classique des premiers mois, rien de tel que des fesses en plein air et si possible au soleil direct (pas au travers d'une vitre). Un remède efficace contre les irritations et un grand pourvoyeur de vitamine D au passage ! Le soleil est ami de la peau, pour peu qu'on prenne les précautions d'usage : soleil de matin ou de fin de journée l'été, soleil de printemps, d'automne ou d'hiver à petites doses… Dix minutes suffisent. Attention de ne pas mettre le visage de bébé au soleil mais à l'ombre d'un rideau pour protéger ses yeux des rayons directs. Durant les périodes froides, vous couvrirez bien bébé en haut et en bas (avec des jambières, par exemple) en laissant ses fesses au froid et à l'air !
- **Le colostrum et le lait :** c'est un produit miracle, et si vous allaitez, vous avez le meilleur produit sous la main ! Il sert aussi bien à masser les seins avant et après la tétée pour éviter les crevasses, aide à cicatriser le cordon ombilical (quelques gouttes suffisent) ; à nettoyer le siège de bébé (pressez un peu de lait directement sur la peau puis essuyez avec un coton), ses yeux (dix fois mieux que le sérum physiologique), ses oreilles (imbibez une tige de coton, c'est-à-dire un bout de coton roulé entre les doigts, et pas un coton-tige !) ou encore son nez (un petit coup de spray dans les narines !).
- **La salive :** voici un produit magique toujours disponible, même chez le papa, et qui possède de nombreuses propriétés. Si vous n'avez pas de produit sous la main pour nettoyer les fesses de bébé, imbibez un coton de votre salive et lavez-les. Tous les mammifères lèchent leur petit, c'est que cela doit avoir un sens et des vertus physiologiques !
- **L'huile d'argousier** sera votre alliée pour tous les bobos de la peau quels qu'ils soient. Érythème, piqûres, cicatrices, boutons, début d'eczéma, peau sèche. Elle est particulièrement recommandée pour toutes les muqueuses (siège, scrotum, prépuce, oreilles, nez, etc.) mais aussi pour la peau fragile du visage. Elle contient non seulement de bons acides gras mais elle est très riche en vitamine C, véritable miracle pour la cicatrisation et antibactérienne. Elle existe également sous forme de « beurre », plus facile à manipuler car elle a un seul défaut : elle tâche énormément et donnera une belle couleur orangée à la peau. En 3 heures, elle sera vite absorbée, rassurez-vous. Vous pourrez l'appliquer le soir avant le coucher de bébé que

vous habillerez avec des vêtements qui ne craignent rien. Pour ce qui est du siège, pas de problème, la couche cachera ce qui doit l'être !

- **Le miel et le baume à la violette :** vous pouvez diluer quelques gouttes d'huile d'argousier avec du miel ou encore avec le baume à la violette conçu par Hildegarde de Bingen, qui répare tous les bobos de la peau. Les vertus conjointes de ces produits s'associent merveilleusement sans avoir une teinte trop forte pour autant. Quant au miel, il est simple à trouver et à appliquer. Optez pour le miel de thym (malheureusement plus onéreux et plus difficile à se procurer) ou le miel de Manuca, qui vient de loin et possède des vertus antibactériennes et cicatrisantes puissantes !
- **L'aloe vera** (attention de prendre un gel pur), est très efficace pour redonner souplesse et hydratation aux peaux sensibles : non gras, il s'applique en légers massages et pénètre immédiatement en laissant un film protecteur.
- **L'argent colloïdal** s'avère également d'une grande aide : il suffit de pulvériser un peu de ce liquide sur les fesses et attendre que cela sèche avant de remettre la couche, même si les fesses de bébé sont irritées, voire à vif. C'est une bonne alternative à tout désinfectant, antimicrobien, antifongique et même antibiotique et sans risque pour bébé ! De plus, il est cicatrisant et anti-inflammatoire, que demander de plus ?

LE MOT DU PÉDIATRE

N'oubliez pas cette merveille de la nature qu'est le **calendula**, aux vertus antiseptiques et cicatrisantes, permettant la réparation tissulaire d'une plaie même déchiquetée.
Il s'utilise en teinture mère, dilué : 10 gouttes (pas plus !) dans un verre d'eau tiède.

Pour la toilette de chat

Pour les soins courants de bébé, voici quelques techniques pour vous faciliter la vie.

- **Le cou et les oreilles**

Pour le cou, huilez un coton que vous glisserez de l'arrière vers l'avant.

Pour les oreilles, utilisez un coton-tige imbibé d'huile pour les méandres du pavillon auditif et une tige de coton (un bout de coton roulé entre les doigts) imprégné d'huile pour le conduit auditif : cela va diluer tranquillement l'excédent de cérumen.

- **Le nez**

Pour le nez, en prévention, roulez une tige de coton huilée dans la narine : il y a de fortes chances que cela le chatouille et le fasse éternuer. C'est tant mieux, parce que c'est la meilleure façon de dégager son nez !

Pour le mouchage et le nettoyage : ne faites pas le passage obligé du sérum d'une narine à l'autre, il risque de se débattre… Sauf nécessité vitale, il est totalement inutile et improductif de faire hurler bébé pour nettoyer à fond son nez ! Si bébé n'est pas enrhumé et s'il n'y a pas de mucosités dans son nez, ce n'est pas nécessaire de le moucher. En revanche, en cas de rhume, cela devient indispensable.

Le mouche-bébé

C'est une sorte d'embout souple que vous introduirez dans le nez de bébé : il ne reste plus qu'à aspirer par le bout opposé. Pour les moins regardants, vous pourrez aspirer directement le mucus avec… votre propre bouche (à l'africaine) : très pratique et très rapide !

- **Les yeux**

Pour les yeux, utilisez un petit coton avec de l'huile. Rien de mieux pour dissoudre les petits grains de sommeil. Sinon, votre lait maternel est très bien aussi…

- **Le prépuce et les fesses**

Pour le prépuce et les fesses (l'anus en particulier), déposez quelques gouttes d'huile (d'argousier, par exemple), tout simplement.

Recette de sérum physiologique maison

Pour fabriquer votre propre sérum physiologique, prenez de l'eau de source, faites-la chauffer à 37 °C et diluez-y une bonne pincée de sel de mer (fleur de sel, si possible). Prenez une dosette de sérum physiologique que vous aurez vidée de son contenu, puis aspirez votre eau de mer reconstituée.

Pour lui nettoyer le nez, penchez bébé sur le côté et pressez sur la dosette de sérum reconstitué introduite dans la narine. Le fait d'avoir chauffé votre eau de mer à 37 °C évitera le choc thermique d'une solution à température ambiante, alors que le fond de la cavité nasale doit être maintenu à 37 °C. Le cerveau, qui n'est pas loin, n'aime ni le froid ni le chaud. Testez sur vous la différence entre un spray nasal puissant et froid et un jet léger et tiède. Cela est encore plus vrai pour bébé ! Le mucus se sera alors tranquillement fluidifié et vous pourrez utiliser un mouche-bébé.

- **Les ongles**

Pour couper les ongles de bébé, voilà une technique imparable : effectuer l'opération avec une paire de ciseaux dédiée à cette tâche (et non pas un coupe-ongles d'adulte !) lorsque bébé dort profondément : là, pas de risque de geste brusque ! Que cela ne vous empêche pas de prévenir bébé, même pendant son sommeil ! Vous pouvez aussi limer les angles de ses ongles avec une lime en carton : un petit coup de lime et c'est fini, sans risque de couper la peau !

L'heure du bain

Si votre bébé ne veut pas de bain à la maternité ou à la maison et s'il hurle, ne forcez pas et différez-le si possible. Il n'y a pas urgence, votre bébé n'est pas sale et une petite toilette de chat sera suffisante. Et si vraiment vous aviez besoin de vous entraîner, prenez un poupon ! Il est primordial d'écouter ce que vous dit bébé, c'est à ce prix que les bains deviendront un véritable moment de plaisir et de jeu par la suite.

La bonne fréquence

Un bain tous les trois jours est largement suffisant (ce sont les dermatologues qui le disent), pour la bonne raison qu'un bébé ne transpire pas ou peu et que sa peau est très sollicitée par l'eau du bain. Pour peu que vous viviez dans une zone où l'eau est très calcaire et voilà la peau de bébé qui souffre. Vous pouvez éventuellement ajouter de la poudre d'avoine ou de l'amidon de blé dans l'eau pour l'adoucir, mais le meilleur remède consiste, les premières semaines, à ne pas trop laver bébé. Sa flore bactérienne « amie » est là pour le protéger des méchantes bactéries. Vous prendrez garde aux plis, cou, aisselles, coudes, arrière des genoux, arrière des oreilles, siège, qui sont les zones à risque. Un petit coton huilé ou passé sur un savon, puis un rinçage attentif deux fois par jour seront largement suffisants (pour le siège, utilisez le savon seulement pour les selles).

Si votre bébé adore le bain, vous pourrez lui donner une fois par jour, tout en veillant à faire un petit (ou un long) massage avant afin de protéger sa peau qui restera douce et lisse car l'huile présente l'avantage de former une barrière lipidique face au dessèchement créé par l'eau du bain !

Vous pouvez utiliser une baignoire Shantala les trois premiers mois car bébé aime être contenu. Mais s'il se met à tendre ses jambes et repousser le fond avec ses pieds au lieu de rester en tailleur, vous passerez impérativement à plus large, car cette extension des jambes est nocive selon les ostéopathes ! Bébé doit pouvoir pédaler avec ses jambes librement sans rencontrer d'obstacle, c'est aussi très important pour le bon développement de ses hanches (voir L'emmaillotage : oui ou non ?, p. 83).

Laver le crâne est relativement inutile avant qu'il ne fasse des croûtes de lait ! Pour la plupart des bébés, c'est une zone sensible et il déteste avoir de l'eau dans les yeux ou les oreilles. On le comprend très bien ! Un filet d'eau suffira de temps en temps, sauf si bébé n'aime pas !

Une installation optimale

Ne laissez jamais votre bébé seul dans le bain. La seule façon de respecter cette règle absolue est de le tenir dans ses bras pendant le bain jusqu'à ce qu'il se tienne assis de lui-même, entre 6 et 10 mois (et au-delà, vous serez à ses côtés sans jamais quitter la pièce). Oui, bien sûr, cela casse le dos, mais vous ne serez pas tentée d'aller chercher un produit qui vous manque et tant pis s'il s'agit du savon ! Par conséquent, oubliez les transats et autres matelas de bain, c'est aussi simple que ça ! Préparez à l'avance savon, serviette et vêtements propres (bien chauffés, s'il vous plaît, mais pas brûlants non plus, attention aux boutons métalliques !). Installez-vous dans une pièce bien chauffée, téléphone coupé, et voilà l'occasion de faire du bain un vrai moment de plaisir !

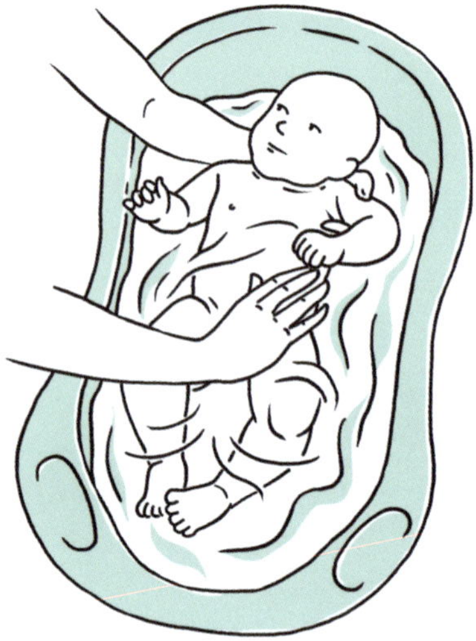

Pour tenir bébé, l'idéal est de glisser votre avant-bras sous sa nuque et d'empaumer fermement l'épaule avec une main, pendant que vous savonnez de l'autre. Vous pouvez également savonner succinctement les plis de bébé avant de le plonger dans le bain, de telle sorte qu'il ne reste plus que le plaisir de pédaler dans l'eau sans aucune contrainte : vos deux bras portent alors bébé entre la tête et les fesses. Dès que bébé cherche à se retourner, entre 3 et 5 mois, vous pourrez le mettre sur le ventre, un bras sous son sternum et ses bras. Vous prendrez garde à mettre un pied sur un tabouret d'un côté afin de protéger (un peu) votre dos.

Un séchage au top

Inutile d'astiquer bébé sur toute la surface de la peau, seuls les plis doivent faire l'objet d'une attention particulière : cela signifie un peu de savon, un bon rinçage et surtout un bon séchage des zones à plis. Tamponnez-les scrupuleusement pour ôter toute trace d'humidité, responsable du développement de germes dans ces zones humides et chaudes. Autre solution pour faire fuir l'humidité : vous pouvez prolonger le séchage par un massage tout doux sur peau humide avec quelques gouttes d'huile, ce qui créera une émulsion propice à une peau toute douce… À pratiquer si bébé n'a pas une faim de loup après le bain ! Vous éviterez l'huile dans les plis (sauf l'huile d'argousier, propice à ces zones chaudes et fragiles grâce à sa vitamine C antioxydante).

Quels savon et shampoing choisir ?

Pour les savons, n'utilisez pas de produits de synthèse irritants ni d'huiles essentielles. La marque Saponaire, par exemple, propose des savons d'une très grande qualité pour bébé (et maman !), avec la mention « Nature et progrès ». Utilisez les savons à base de lait de chèvre, d'huile d'olive ou encore à l'huile de cameline ou de calendula… Un vrai bonheur de douceur !

Pourquoi ne pas tenter le savon sans savon ? Vous pouvez essayer le savon à base d'argile et de silice (et rien d'autre) d'Argicréa ! Ce petit pain de savon rend la peau douce (grâce à son action exfoliante) tout en ayant des vertus cicatrisantes et antiseptiques. Que demander de plus ? Il pourra vous servir à la fois pour le bain et pour le change !

Quant au shampoing, bébé n'en a pas vraiment besoin car sa tête est plutôt propre et ne produit pas encore de sébum (sauf pendant la phase des croûtes de lait). Vous minimiserez les « shampouinages » et passerez simplement un peu d'eau sur sa tête s'il aime !

Masser et cajoler bébé

Les bienfaits du toucher

Le massage sera un vecteur privilégié du toucher, avec le portage et les soins. Ses avantages sont nombreux : développement psychomoteur et cognitif, appétit, digestion, sommeil, proprioception, d'autant plus que bébé ne bouge presque pas les premiers temps. C'est en effet par le mouvement que le système lymphatique et, par son intermédiaire, le système immunitaire, fonctionnent bien. Le massage constitue alors un véritable nettoyage du corps de bébé, interne et externe, en particulier les quatre premiers mois. Car ce n'est que vers 8 mois que bébé, par ses propres mouvements, pourra en quelque sorte s'automasser et se passer de vos massages (ou demander à les prolonger !).

Le massage aide votre enfant à prendre la mesure de son corps, à construire son schéma corporel, outil indispensable à ses futurs mouvements et déplacements. Cela est d'autant plus vrai que sa croissance est extrêmement importante les premiers mois et qu'il n'a pas d'autres moyens de connaissance de son corps que vos mains et vos bras. Ce n'est que vers 3-6 mois qu'il va explorer son corps de façon active et volontaire ! Il apprendra à se connaître mais aussi à mieux vous connaître. C'est en lui apportant un toucher positif (massage, portage, soins) que vous lui donnerez des bases affectives solides.

Vive les caresses !

L'université de Liverpool a mené une étude sur l'impact des caresses des mères pendant les sept premiers mois de vie de leur enfant. Ils ont découvert que le niveau de stress (pleurs, colères, rythme respiratoire élevé) des bébés exposés au stress de la mère pendant la grossesse (dépression, par exemple) avait considérablement diminué. Très bonne nouvelle pour celles qui culpabilisent de n'avoir pas été heureuses alors qu'elles étaient enceintes. On peut inverser les choses simplement par des caresses !

Choisir de bonnes huiles ou crèmes

Pour faire le bon choix, sachez que les huiles et crèmes pour le corps doivent être toujours biologiques, en première pression à froid. Il n'est pas nécessaire de prendre des huiles spécial massage, des huiles alimentaires (sauf grillées) conviennent très bien et seront moins coûteuses. Alors, testez :

- **l'huile de cameline, l'huile de chanvre, l'huile d'argan** (quoiqu'un peu trop odorante) ! Il faudra simplement les conserver au réfrigérateur et les tiédir au bain-marie avant le massage ;
- **l'huile d'olive,** à utiliser en toutes circonstances ;
- **l'association de karité et d'huile,** particulièrement agréable. Il existe ainsi le « beurre de karité », chez Codina, ou encore « karité argan » ou « karité-sésame », chez Arcensel ;
- **l'huile Skinhaptics** est une association d'huiles comestibles sans risque d'allergie. Son parfum, délicieux par ailleurs, est naturel.

À éviter

N'utilisez pas les huiles additionnées d'huiles essentielles, quelles qu'elles soient, car elles peuvent créer des réactions cutanées (allergies) et seront difficiles à éliminer par bébé. Elles ne sont pas aisément détectables, même dans les produits biologiques : mais dès que vous lirez linalol ou limonène, abstenez-vous, même avec la mention « bébé ».

Évitez également les crèmes ultra-hydratantes pour peaux atopiques, sauf si votre bébé déclare un eczéma. En effet, bébé doit s'habituer et s'adapter par ses propres moyens à son environnement : trop le protéger par ces crèmes très efficaces, c'est l'habituer à une protection dont il n'a pas besoin et le rendre dépendant.

Le bon timing et le bon tempo

On peut masser son bébé dès la naissance, même si cela ressemblera plus à des caresses huilées qu'à de vrais massages. Pour le bon timing, comptez 5 minutes de massage maximum par mois de vie. Un massage peut durer seulement 1 minute mais jamais plus d'une demi-heure.

LE MOT DU PÉDIATRE

Le massage, c'est bien, mais **certains bébés ne le supportent pas**, même si toutes les précautions ont été prises. Cela concerne les bébés qui ont une hyperesthésie, c'est-à-dire que le toucher est si sensible que cela les dérange fortement, et peut même les mettre en colère (comme les personnes qui ont une hypersensibilité au bruit, certaines pouvant même être douloureuses). Cela fait partie de leur personnalité et n'est pas anormal. Parfois, ils pourront apprécier un toucher plus appuyé, moins léger. Mais si ce n'est pas le cas, n'insistez pas. Peut-être cela changera-t-il un jour…

Voici quelques principes pour vous guider :

• **Préférez la qualité à la quantité** : pensez chaleur, lenteur, douceur, présence pendant les 2-3 premiers mois. La position ventrale lui est pénible à cet âge (sauf contre votre poitrine ou sur vos jambes repliées) et il peut se crisper à certains moments. N'insistez pas sur les zones sensibles (bras, thorax) et concentrez-vous sur les zones faciles d'accès (jambes, pieds, crâne, ventre – à petite dose). Par la suite vous pourrez, en fonction des réactions de votre bébé, augmenter la vitesse et la tonicité du massage ! Entre 4 et 8 mois, c'est le point culminant du massage et bébé adorera être sur le ventre. Dès qu'ils peuvent ramper ou crapahuter, certains bébés s'échappent de vos mains car ils veulent explorer le monde : c'est normal, n'insistez pas !

• **Ajustez en fonction de votre ressenti et des réactions de bébé** avant, pendant et après le massage. Pleurs et contorsions doivent vous arrêter, ou encore tout signe de refus, de malaise, de froid ou de faim ! On ne masse pas un bébé qui a de la fièvre, par exemple, mais on le caresse ou on le cajole. Et si bébé babille joyeusement pendant le massage et s'il dort bien après, c'est très bon signe !

• **Pas besoin d'une situation parfaite ni d'un temps imparti**. Vous pourrez masser et improviser en toutes occasions (mais pas en permanence non plus !), le change, le bain, le portage en écharpe, bébé nu ou même habillé ! Caresser de la pulpe des doigts la tête de bébé, c'est déjà un vrai bonheur ! Dans l'autre sens, sachez ne pas masser bébé si vous êtes nerveuse, écoutez-vous et n'en faites pas un rituel obligatoire afin qu'à son tour, bébé s'autorise un jour à vous dire « Non, je n'ai pas envie d'être massé là, tout de suite », en langage bébé bien sûr !

Masser bébé en pratique

- **Détente :** les pieds et les jambes seront vos cibles favorites. Tenez la cheville d'une main et laissez glisser l'autre main sur la jambe comme si vous enleviez un bracelet, toujours en tournant la jambe vers le côté externe (de l'intérieur vers l'extérieur). Passez bien au niveau des plis de l'aine, des plis derrière les genoux et autour des poignets. Puis passez votre pouce sous la plante des pieds, sur le coup de pied, pincez doucement les orteils, entre les orteils (vous trouverez certainement des poussières…). Vous vous amuserez à prolonger dans l'espace votre geste comme si son pied se prolongeait… Bébé va bientôt suivre vos gestes et adorera cette jolie chorégraphie !
- **En cas de digestion difficile :** repliez (en tailleur ou en parallèle) les jambes de votre bébé contre son propre ventre et dessinez des cercles dans l'espace. Testez ensuite quelques étirements, une jambe pliée alors que l'autre est étirée tout doucement et sans jamais forcer, puis inversement. Vous verrez, cela amusera bientôt bébé : et un et deux… ! Vous pouvez aussi poser vos mains bien chaudes sur son ventre (dès la naissance) et, s'il ne se tord pas trop, faites des cercles ou des spirales dans le sens des aiguilles d'une montre (attention, pas avant un mois : bébé a le ventre sensible et sa digestion est en cours d'élaboration).
- **Bébé se tortille et veut téter ?** Peut-être a-t-il une selle en cours d'évacuation ! Tout en le mettant au sein (et seulement les premières minutes de la tétée), vous pincerez délicatement son ventre des côtés vers le centre et le bas, entre votre pouce et les autres doigts. Si bébé se calme, c'est que c'était bien ça. Il est fort possible que bébé se déleste après son repas…

À chaque bébé son massage

Chaque bébé est différent, y compris dans une même fratrie et chacun a ses préférences. Il est primordial d'en tenir compte. L'un va adorer le crâne quand l'autre détournera la tête. L'un va adorer les mains alors que l'autre se crispera dès qu'on touchera ses bras ! N'appliquez aucun rituel particulier ni aucun massage exotique, même à la mode : c'est bébé qui décide et vous fera signe ! Écoutez-le, écoutez-vous !

- **Sommeil :** pour le faciliter, le crâne sera, avec le front, votre point de ralliement. Caressez-le avec la pulpe de vos doigts comme si vous lui faisiez un shampoing tout doux. Vous pouvez huiler très délicatement les zones sensibles comme les fontanelles : la principale, située au sommet du crâne, la seconde, moins connue et plus petite, située là où les cheveux font un tourbillon (c'est le point de 100 méridiens en acupuncture). Enfin, le troisième œil, le point situé au centre du front, juste au-dessus de la ligne des sourcils, sera votre port d'attache lorsqu'il s'agira de tenter d'endormir bébé : croix, cercles, spirales façon hypnose… Aie confiance…
- **Détente du visage :** un bon moyen de détendre bébé et d'apaiser les tensions est de le masser sur le pourtour des oreilles car c'est dans cette zone que les muscles de la succion opèrent. Ils demandent une énergie considérable. Massez donc les mâchoires au niveau de la mandibule, puis placez vos index et majeurs de part et d'autre de ses oreilles en effectuant des mouvements circulaires. Finissez en déroulant le pavillon de l'oreille, avec de l'huile, de haut en bas.
- **Massage complet :** passé 4-5 mois, bébé appréciera le lissage complet du corps, sur le dos comme sur le ventre, du thorax jusqu'au bout des doigts, du dos jusqu'au bout des orteils. Vos gestes seront enveloppants et se prolongeront dans l'espace afin qu'il puisse vous suivre du regard et avoir l'impression que son corps s'étire d'autant. C'est le moment où bébé se « livre », s'ouvre au monde avec confiance, profitez-en ! Comptez le nombre de doigts, faites des « bruitages », bébé adore !
- **Une bonne habitude :** la nuit ou le jour, lorsque bébé dort, ne vous privez pas de caresser son crâne, son dos, ses jambes, son visage. Vous pouvez aussi lui parler doucement, lui dire des mots doux, il s'habituera ainsi à votre toucher et à votre voix, même en plein sommeil. Ce sera plus simple ensuite de le transporter d'un endroit à l'autre s'il s'est endormi au mauvais endroit. Pensez que lorsqu'il était in utero, il vous arrivait de caresser votre ventre et, pourtant, bébé dormait certainement la plupart du temps… C'est une autre façon de prolonger la grossesse !

Maman retrouve son corps et sa tête

Se réapproprier son corps tout en douceur

Postures pour soulager les tensions du portage et de l'allaitement

Ces postures sont à réaliser lorsque vous êtes allongée sur votre matelas, en rajoutant des coussins ou en utilisant le mur ou un canapé. Ces exercices peuvent se faire dès le retour à la maison, mais si vous sentiez la moindre tension ou le moindre tiraillement (notamment en cas de césarienne), alors il faut limiter l'amplitude du mouvement ou tout simplement s'abstenir !

- **Automassage express du haut du dos :** passez votre bras par-dessus l'épaule opposée pour saisir le trapèze. Massez généreusement jusqu'à l'omoplate. Ensuite, faites glisser votre main sur l'épaule puis le bras par pressions successives, comme si vous aviez attrapé vos tensions et les faisiez glisser tout le long du bras et jusqu'aux bout des doigts. Étirez ceux-ci les uns après les autres par pressions successives, en terminant par le bout des doigts et en prolongeant votre mouvement dans le vide comme si vous jetiez quelque chose à l'extérieur. Effectuez la même chose sur l'autre bras.
- **Étirements :** croisez vos bras autour de votre thorax jusqu'à attraper non seulement vos épaules mais aussi vos omoplates. Baissez légèrement le visage et respirez amplement. Sentez votre cage thoracique se dilater puis se rétracter, en particulier entre vos omoplates. Défaites cette camisole de bras comme si vous enleviez un pull trop serré puis étirez-vous vers le haut en bâillant si besoin. Croisez vos bras dans l'autre sens et répétez cet enchaînement. Étirez vos bras de part et d'autre, en haut, vers l'avant, vers l'arrière et sur les côtés pour terminer.

- **Demi-pont :** sur le dos, jambes repliées, pieds au sol, soulevez légèrement le bassin puis glissez vos doigts croisés paumes tournées vers le haut du dos, bras tendus. Étirez loin vos bras tout en soulevant les fesses et le dos jusqu'à « grimper sur les épaules », nuque étirée au sol, ventre souple. Puis, après quelques respirations amples, allez reposer votre bassin le plus près possible des talons tout en ouvrant les bras vers le haut sur une expiration.

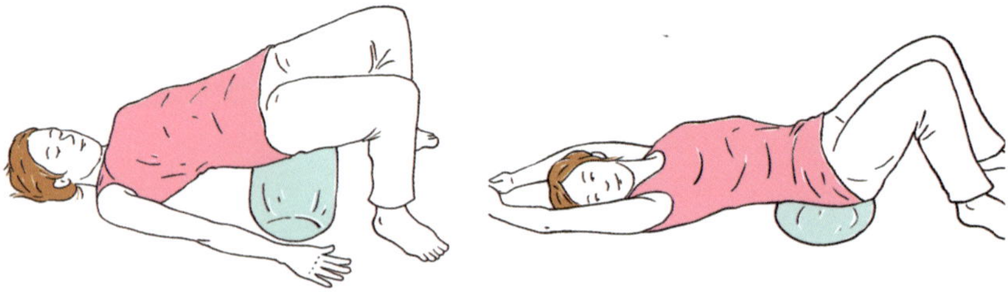

- **Cochon pendu :** voici une autre version très agréable de l'exercice précédent. Sur votre canapé (adapté aux circonstances, donc avec dossier et assez profond), couchée sur le dos perpendiculairement à l'assise, passez vos jambes par-dessus le dossier en les repliant façon cochon pendu. Placez un coussin sous le bassin (facultatif) et mettez votre tête à la limite de l'assise. Étirez vos bras en arrière dans le vide. Savourez la détente !
- **La posture de l'enfant (voir p. 65)** : bras étirés, jambes jointes ou écartées vers l'avant. C'est également un must pour relaxer le ventre et étirer le dos.

Un dos relaxé, un ventre qui respire !

Ces positions peuvent être réalisées dès un mois après l'accouchement.

- **La pince assise :** cette posture très agréable permet d'étirer toute la colonne vertébrale et les cervicales. Asseyez-vous au bord d'une chaise, d'un canapé ou d'un lit, jambes pliées, orteils pointés vers le haut, puis inspirez et bombez le torse. Sur l'expire, plaquez le ventre puis le thorax contre les cuisses et attrapez avec les mains vos orteils que vous abaissez vers le sol et inclinez la tête sur les genoux : le dos s'étire du bassin jusqu'aux cervicales.

Respirez profondément au niveau des lombaires, le ventre massé par la pression. Si votre poitrine (en cas d'allaitement) vous gêne, repliez vos bras sur vos genoux et relâchez votre tête par-dessus ! À éviter en cas de lombalgie ou sciatique avérée et douloureuse.

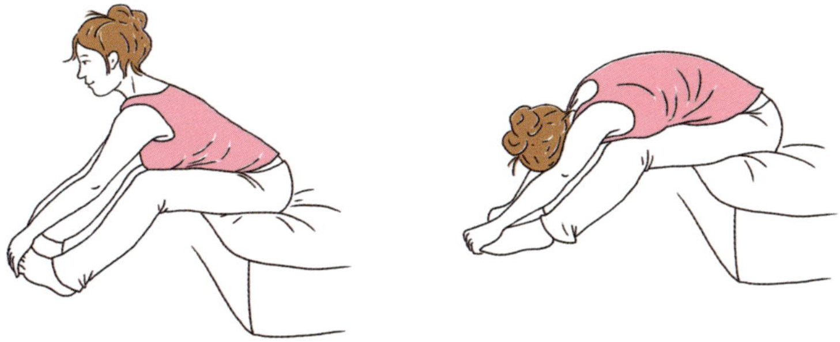

- **La torsion couchée :** sur le dos, rassemblez vos genoux contre le ventre. Restez ainsi, la tête bien relâchée au sol ou sur un coussin léger et respirez en abdominal. Placez un coussin à droite de votre bassin (épais si vous êtes peu souple, absent si vous avez la torsion totale) puis laissez tomber vos genoux pliés sur ce support tout en gardant les deux épaules au sol. La tête peut tourner vers la gauche après s'être soulevée, mais ce n'est pas obligatoire. Vous pouvez maintenir vos genoux avec la main droite pendant que votre bras gauche s'étire en diagonale haute sur le côté opposé. Respirez doucement en torsion et relâchez toutes les tensions. À chaque expiration, sentez votre ventre qui respire doucement. Votre dos, votre colonne vertébrale, vos intestins vivent alors un véritable drainage doux et salutaire. Revenez au centre après être restée 3 minutes (ou moins, selon vos goûts) et étirez-vous complètement de tout votre long. Puis répétez l'exercice de l'autre côté. Pour rajouter un effet abdos (après votre première

séance périnéale et l'avis de votre sage-femme) et retrouver votre taille de guêpe, vous exercerez un serrage efficace et puissant lors de l'expiration, comme un « vissage » du ventre : tonicité garantie !

- **Le chat :** c'est un exercice classique mais tellement efficace ! Positionnez-vous à quatre pattes, genoux à l'aplomb des hanches (donc légèrement écartés), mains à l'aplomb des épaules. Expirez tout en arrondissant le dos et en repoussant le sol avec vos bras bien tendus. Le bassin bascule, comme entraîné par une queue de chat imaginaire qui se glisse sous votre corps ; la tête tombe entre les épaules. À l'inspire, relevez la tête et le bassin, creusez le dos comme si la queue de chat imaginaire se relevait au-dessus de votre corps. Savourez le mouvement d'inversion de courbure et allez doucement, comme au ralenti.
- **Serrer le corset du transverse :** sur le dos, jambes au mur à 45 °, pieds au mur, repliez un genou en le maintenant d'une main contre le ventre, serrez bien les côtes et décollez la jambe tendue du mur de quelques centimètres. Plus vous progresserez, plus vous pourrez vous éloigner du mur. Ainsi, votre jambe tendue se retrouve dans le vide et votre transverse vient gainer votre ventre comme un corset naturel !

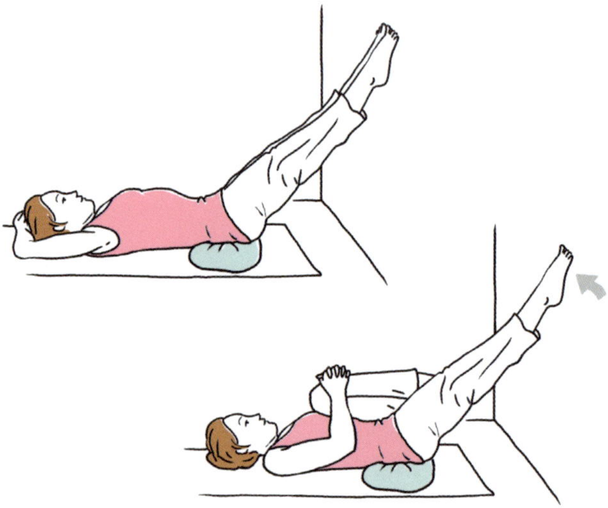

- **Refermer le thorax pour retrouver son ventre :** sachez que pour récupérer de bons abdominaux, il est essentiel de bien refermer le thorax. Or, en fin de grossesse, les côtes se sont grandement écartées pour faire de la place à bébé et vous aurez gagné non seulement en taille de bonnet mais aussi en tour de dos ! Pour cela installez-vous sur le dos. Dans un premier temps, placez vos mains sur vos côtes (bien écartées par la fin de grossesse) et respirez profondément en les faisant bouger : ouvrez les côtes en inspirant et serrez vos côtes fermement avec les deux mains en expirant. Essayez maintenant de refermer vos côtes avec la même amplitude, mais sans les mains, c'est plus dur ! Deuxième étape : toujours sur le dos, placez votre tête près d'un mur de telle sorte à pouvoir tendre vos bras et avoir vos mains qui touchent le mur. Inspirez et ouvrez vos côtes ; expirez et resserrez vos côtes tout en poussant puissamment dans le mur, le ventre lui aussi se resserre et se referme (voir illustration, p. 64).

Votre objectif : un périnée tonique

Suivant les indications de la sage-femme qui vous aura examinée après l'accouchement, vous pourrez retravailler en douceur le périnée. N'hésitez pas à faire appel à une sage-femme à domicile afin de surveiller le bon rétablissement de votre bassin et de vos organes, que vous ayez accouché par voie basse ou voie haute ! Elle pourra vous indiquer, le cas échéant, un travail ostéopathique (car on ne peut réellement « récupérer » le périnée si le bassin n'est pas resserré et bien replacé ; dans le cas contraire, la rééducation risque fort de se prolonger sans amélioration concrète, en particulier si l'accouchement a été compliqué). L'ostéopathe pourra vous donner

Ne forcez pas !

Évitez les postures trop inversées et les étirements du dos trop exagérés sur des aspirations diaphragmatiques systématiques (*Uddhyana bandha*, décrit p. 64), qui peuvent fragiliser le périnée et créer des entrées d'air aussi désagréables que sonores ! Demandez à votre kinésithérapeute ou votre sage-femme afin de coupler éventuellement votre rééducation périnéale avec un travail abdominal qui limitera ce problème. Par la suite, vous pourrez travailler à la verticale, afin de renforcer le périnée en profondeur.

des indications sur ce que vous pouvez faire ou non : il est important de demander un avis médical avant d'effectuer ces exercices, ou bien de les faire en coordination avec votre rééducation périnéale.

Toute seule, vous veillerez à travailler le périnée si possible à l'horizontale, voire en position légèrement inversée au départ, les jambes au mur ou sur le dossier d'un canapé, le bassin sur un coussin. Ainsi positionnée, vous pourrez constater que le périnée remonte légèrement si vous étirez vos bras vers l'arrière et que vous pouvez le resserrer de plus en plus chaque jour.

Votre corps est sacré !

Faites-vous offrir le soin Rebozo, connu par certaines sages-femmes : ce massage d'origine amérindienne à quatre mains et qui dure 2 h 30 (quel bonheur !), est destiné à refermer le corps après l'accouchement (ou n'importe quelle épreuve physique et mentale). C'est un soin typiquement féminin et qui vous réchauffe et vous régénère en profondeur, corps et âme !

Vous allez bien entendu effectuer votre rééducation périnéale avec une sage-femme ou avec un kinésithérapeute : attention, ces séances sont prises d'assaut donc veillez à fixer vos rendez-vous dès votre sortie de la maternité si vous devez reprendre le travail aux trois mois de votre bébé. Certaines rééducations sont effectuées en manuel et par visualisation (CMP). Ce sont sans nul doute les plus douces, mais certaines mamans préféreront la rééducation par sonde qui donne un bio-feedback assez précis de vos capacités du moment (attention, cependant, pour celles qui ont eu une épisiotomie : le contact de la sonde peut parfois être désagréable !). À vous de voir et de bien vous renseigner auprès des sages-femmes sur le déroulé des séances avant de commencer ! Il est important que vous trouviez une méthode qui vous convienne, les déplacements avec un bébé pendant les deux premiers mois coûtent cher en énergie, même si les séances sont remboursées ! Certaines sages-femmes proposent un travail ostéopathique en plus, voire un travail énergétique (non remboursé), avec des massages ayurvédiques par exemple. N'hésitez pas à associer bien-être et travail musculaire, les deux se complètent merveilleusement et, à défaut, pensez à ajouter de bons massages (ayurvédiques, shiatsu, réflexologie…) à ces séances périnéales !

Pensez aux accessoires !

Certains « appareils » ou systèmes de rééducation pourront vous être proposés :

- **L'epi-no** a peut-être déjà retenu votre attention pour la préparation à l'accouchement, afin de travailler l'étirement progressif du périnée à la fin de la grossesse, mais aussi pour éviter les épisiotomies. Ce même appareil pourra être utilisé pour la rééducation en douceur avec bio feed-back, puisqu'il existe un capteur de pression ! Il s'agit d'un ballon qui est gonflé et placé à l'intérieur du vagin. Il exerce alors des pressions périnéales dont on peut mesurer les effets, afin de remuscler cette zone.
- **Les cônes de rééducation** sont des outils intéressants car on peut varier les poids insérés et donc travailler graduellement. Dès que vous avez commencé le travail avec un professionnel, demandez-lui son avis pour pouvoir bien choisir, car il existe plusieurs modèles et plusieurs poids et c'est le niveau de votre tonicité périnéale qui en décidera !
- Autre possibilité pour accompagner ou peaufiner la rééducation, **les boules de Geisha**. On les trouve sur les sites coquins mais aussi, de plus en plus, sur des sites spécialisés dans le postnatal. Elles seront des alliées précieuses pour retrouver un périnée solide mais aussi mieux ressentir la zone du vagin.

Quelques images utiles pour travailler le périnée

À partir des postures décrites précédemment, vous pouvez également faire travailler votre périnée :

- **Image de la fleur :** sentez votre périnée telle une fleur qui s'ouvre et qui se ferme ; fermeture et remontée à l'intérieur du corps sur l'expire, ouverture et dilatation sur l'inspire. Toute image peut être valable : anémone de mer…
- **Image du ballon intérieur :** représentez-vous un petit ballon à l'intérieur du vagin. Imaginez, sur l'expire, que vous serrez ce ballon avec le périnée comme vous le feriez avec le poing ; à l'inspire, laissez ce ballon imaginaire reprendre sa place.

- **Image de la vis :** sur l'expire, imaginez que vous vissez le périnée comme une vis à l'intérieur du corps. À l'inspire, imaginez qu'elle se dévisse toute seule !
- **Contre-pression :** sur l'inspire, contractez le périnée en vous efforçant de lutter contre la pression de l'air et en imaginant que vous retenez votre souffle avec celui-ci ; à l'expire, relâchez comme si vous souffliez avec votre vagin vers l'extérieur.
- **Valse à quatre temps :** dès que vous ressentirez bien la contraction du périnée, essayez de la maintenir sur trois temps et de la relâcher sur un temps. Cela donne : expire, bloquez le périnée, inspire, restez bloqué, expire revisser le périnée, inspire, relâchez tout !
- **Nez et périnée :** pendant que vous inspirez, dilatez vos narines et relâchez le périnée ; pendant que vous expirez, fermez vos narines et le périnée ! Vous vous apercevrez que le travail du périnée et celui du nez ont la même subtilité.
- **Poing et périnée :** lorsque vous serrez votre poing, fermez de la même façon votre périnée. Lorsque vous le détendez, ouvrez grand votre main ! D'ailleurs, lorsque vous reprendrez une vie sexuelle, vous pourrez vous amuser à serrer votre compagnon par là-bas… Une autre façon amusante et efficace de retravailler le périnée : ce n'est pas votre conjoint qui s'en offusquera, bien au contraire !

Nourrir sa peau

L'accouchement, l'allaitement, le stress postnatal, mais aussi les changements hormonaux brutaux parfois rencontrés dans les premiers mois pourront avoir modifié la qualité de la peau (sécheresse) et des cheveux (chute possible). Bien sûr, c'est votre alimentation qui va aider à nourrir le mieux les cheveux et la peau : oméga 3, bonnes huiles végétales, aliments aux pouvoirs antioxydants, produits contenant des vitamines B, C, E, soufre, zinc, fer. Les plus riches, levure de bière, germe de blé et jus d'aloe vera feront merveille sous toutes les formes… Pour compléter, vous utiliserez des produits de toilette nourrissants, parfois exfoliants, mais jamais irritants, et quasiment les mêmes que pour bébé (voir p. 102 et 109).

- Pour la peau, vous pourrez utiliser un savon à l'argile pure associé à la silice (Argicrea), qui lave sans irriter tout en exfoliant doucement la peau et aide à la cicatrisation et la régénération. Le savon à l'huile d'argousier, riche en vitamine C, aidera la peau à bien récupérer, à se régénérer. Il existe même un savon avec de la poudre d'argousier comme exfoliant. Essayez les savons naturels fabriqués artisanalement à base d'huile naturelle, olive, cameline, lait de chèvre, chanvre, amandon de prune, calendula pour vous comme pour bébé, de la savonnerie Saponaire.
- La terre à laver ou ghassoul aura, grâce à ses nombreux oligo-éléments, des vertus saponifères, apaisantes, régénératrices, absorbantes et nettoyantes qui laisseront la peau propre et étonnamment douce sans être irritée : mélangé à de l'hydrolat de calendula ou d'hamamélis, à de l'huile végétale (pour le corps), il sera un élément de choix ! Le ghassoul, remède millénaire d'Afrique du Nord, peut également être utilisé pour le shampoing ou pour faire un masque régénérant. Vous pourrez y ajouter 1 à 2 gouttes d'huile essentielle d'ylang-ylang et remplacer l'eau par du gel d'aloe vera. Appliquez ce masque 30 minutes avant le lavage !
- Les huiles de massage (que vous conserverez au réfrigérateur) aideront la peau à se resserrer et se régénérer, et nourriront les cheveux. Utilisez les mêmes huiles que pour le massage de bébé (p. 111). Pour le massage de la peau, vous penserez à vous masser juste après la douche afin de créer une émulsion entre l'huile et l'eau encore présente, ce qui facilitera l'absorption de l'huile au niveau du derme !
- Pour atténuer les vergetures, vous prendrez de l'huile d'argousier en massage, pure ou mélangée éventuellement à une autre huile (ou beurre) de massage tel que l'huile d'argan, l'huile d'olive, l'huile de chanvre ou encore le beurre de karité. Faites des cercles tout en remontant le ventre et en insistant sur le haut de l'abdomen dans le sens des aiguilles d'une montre. Effectuez le massage couchée sur le dos si possible. Attention, ça tâche ! On n'a rien sans rien !
- Pour les jambes, du gel froid d'aloe vera en massage des chevilles aux cuisses favorisera une bonne circulation. L'eau froide sinon, va tout simplement renforcer le système circulatoire. Si vous aimez les bains (pas avant 1 mois après l'accouchement), vous veillerez à terminer par un filet d'eau

froide sur les orteils, les pieds et les chevilles tout en restant plongée dans le bain ! Sinon, prenez une douche chaude, les pieds dans une bassine ou un fond de baignoire d'eau froide : c'est simple, efficace et sans douleur !

Oxygéner sa tête et ses cheveux

- **Automassage express de la tête :** glissez vos doigts (index et majeurs) en V de part et d'autre des oreilles et massez généreusement leur pourtour, puis déroulez le pavillon de l'oreille avec vos doigts du haut vers le lobe à plusieurs reprises. Massez les mâchoires en prononçant des « Ah », des « Oh », des « Ih », bougez la mâchoire à droite et à gauche. Remontez ensuite vers les tempes et massez-les par des mouvements circulaires, suivez le contour des arcades sourcilières, passez une main et puis l'autre sur le front. Glissez vos doigts dans le cuir chevelu et massez-le comme si vous vous faisiez un shampoing, en faisant bouger amplement le cuir chevelu sur le crâne. Saisissez une poignée de cheveux dans chaque poing puis serrez sans tirer ; recommencez à divers endroits du cuir chevelu. Massez généreusement le cou en pinçant doucement la masse musculaire entre vos doigts. Un masque capillaire à l'huile d'olive gardé toute la nuit sera grandement bénéfique.
- **Coiffage oxygénant :** asseyez-vous sur le bord du lit, penchez-vous vers l'avant, le ventre sur les cuisses et brossez vos cheveux à l'envers, la tête dans le vide. Vous pouvez aussi le faire debout, jambes légèrement pliées, le ventre toujours sur les cuisses.
- **Cervicales libérées :** couchée sur le dos, jambes repliées, glissez vos mains sous la tête et la nuque puis soulevez-les légèrement du matelas avec la force de vos bras mais sans utiliser les abdominaux (votre ventre doit rester souple). Faites tourner votre tête vers la droite et vers la gauche, comme si vous cherchiez à la dévisser du corps, puis reposez-la doucement, loin des épaules, sur le matelas.

Bains dérivatifs ou cryothérapie

Vous pourrez passer à une phase de récupération plus intense par la cryothérapie. France Guillain a remis au goût du jour une méthode ancienne, qui concerne le périnée en premier lieu, tout en la rendant accessible et facile à appliquer. En abaissant la température du corps, on active les processus de régénération et d'activation énergétique du corps (circulation sanguine, circulation des graisses, circulation lymphatique, activation du système immunitaire).

Placez des poches de glace enveloppées dans un gant ou un tissu à même le périnée dans la culotte pendant une heure environ, le temps que la poche se réchauffe et qu'on ne ressente plus le froid. Vous verrez avec étonnement que, passée la surprise glacée, c'est non seulement supportable mais c'est même agréable (voir Soyez aux petits soins pour votre périnée, p. 67).

Du soleil et de la lumière pour le moral !

Il n'est pas étonnant que de nombreuses mamans plongent dans le baby blues car, outre le fait qu'elles se sentent dépourvues face à leur nouveau-né, tout d'un coup, elles ne sortent plus ou très peu. Chacun sait l'importance d'une bonne luminosité sur le moral. Pour combattre la fatigue, remonter le moral, mieux dormir, aider à synthétiser la vitamine D nécessaire (qui a de nombreuses fonctions dont la fixation du calcium), restaurer votre peau et faire circuler la bonne énergie dans le corps, générer les bonnes hormones notamment, combattre le blues comme le cancer (de la peau, entre autres, mais oui !), ou encore la grippe hivernale, rien de plus simple et de moins onéreux que le soleil. Mais pas n'importe quand : le soleil d'hiver toute la journée, le soleil de printemps et d'automne de façon plus modérée (attention, la fin du printemps correspond à l'été en terme de luminosité !), ou encore le soleil d'été mais loin des heures chaudes, c'est-à-dire jusqu'à 11 heures le matin et après 17 heures. En été, vous veillerez à marcher et vous mouvoir doucement ; à la mi-saison, vous pourrez rester statique ! Le soleil fait partie des quatre piliers de la méthode Guillain, l'idéal, donc !

Le soleil à domicile, c'est de l'or en barre. Si votre maison ou votre appartement est exposé au sud, ouest et est, alors vous pourrez prendre de vrais bains de soleil sans sortir de chez vous (donc dès le premier mois après l'accouchement). Ouvrez grand les fenêtres (ce qui va aérer et oxygéner votre intérieur au passage), remontez votre pantalon, vos manches, autorisez-vous un petit décolleté (mais attention à l'épiderme du sein qui est fragile et veillez à ne pas attraper froid si vous allaitez !). En cas d'éclairage trop fort, tournez le dos au soleil, installée confortablement dans un fauteuil, les jambes relevées, tout en vous protégeant d'un chapeau à large bords !

Le soleil extérieur est encore plus efficace (luminosité cent fois plus importante qu'en intérieur !). Prévoyez des sorties progressives après l'accouchement. Dès que vous vous sentirez d'aplomb (souvent pas avant trois semaines après l'accouchement), allez-vous promener 10 minutes, puis 20 minutes, puis 30 minutes pour une promenade au soleil, sans bébé si possible ! (Bébé, s'il est avec vous, doit être recouvert d'un voile.)

Si vous ne pouviez pas sortir ni effectuer de bains de soleil, pensez à demander des analyses sanguines pour mesurer votre taux de vitamine D et, le cas échéant, vous en faire prescrire. Même l'été, en particulier à cause de l'application systématique de crème solaire, nombreuses sont celles qui manquent de vitamine D.

S'échapper rien qu'un instant

Durant les premières semaines, vous ne penserez pas forcément à sortir très souvent car, d'une part, vous devez récupérer et, d'autre part, vous aurez (probablement) envie de rester auprès de votre petit ! Essayez cependant de prévoir de petites échappées (pas plus d'une heure et dans un rayon maximum de 300 m autour de votre domicile), afin de vous permettre de respirer, de vous

Quelques idées de sorties courtes

• Allez chercher la baguette chez le boulanger du coin, mais ne prévoyez jamais de faire de grosses courses qui pèseraient sur votre périnée ! Celui-ci devrait se faire sentir mais votre ventre libre vous donne des ailes !
• Prenez donc un petit déjeuner au soleil, à la terrasse du café du coin, pendant que votre homme fait la grasse matinée avec bébé. Gardez votre portable à proximité et indiquez simplement où vous êtes par un petit mot glissé sur l'oreiller. Du bonheur à l'état pur !
• Posez-vous au soleil sur un banc du parc voisin ou prenez un verre et discutez avec votre meilleure amie. Prévoyez un téléphone portable pour qu'on puisse vous joindre en cas d'urgence.

échapper quelques minutes et de refaire le plein. C'est primordial car le huis clos avec bébé peut s'avérer déprimant s'il est permanent.

Les seuls conseils à suivre sont de ne pas courir, ne pas être pressée par un horaire particulier, ne jamais rien porter de lourd et, dans le premier mois, même pas votre bébé ! Donc vous irez vous promener sans bébé si votre compagnon peut le garder à la maison le temps de votre sortie, et avec bébé si votre compagnon peut le prendre en écharpe !

S'autoriser à prendre l'air

S'octroyer quelques petites heures de liberté

Pour les sorties plus longues, il faudra plus d'organisation. En effet, si vous sortez sans bébé, il est hors de question qu'il ait faim d'une manière ou d'une autre, donc il faudra prévoir de tirer du lait à l'avance si vous allaitez. Si vous donnez le biberon, ce sera plus simple, bien sûr.

Dans le premier cas, vous veillerez à ce que bébé ait plus de six semaines si vous ne voulez pas compromettre un allaitement qui vient de se mettre en place. Prévoyez des essais pour vérifier que bébé prend bien le biberon. Privilégiez votre lait, si possible, car plus tôt vous introduirez un allaitement mixte, plus vite votre allaitement risque de s'arrêter (à moins que cela ne soit votre souhait en prévision de la reprise du travail, à vous d'en décider !). Là encore, votre compagnon s'avérera un partenaire indispensable à vos sorties de bien-être.

Vous prendrez si possible un tire-lait électrique, car la version manuelle peut être une vraie galère pour les novices de l'allaitement et il serait dommage de gâcher une heure de votre temps avec bébé pour obtenir une sortie d'une heure seulement !

Ces sorties peuvent être l'occasion de vous faire chouchouter : massage indien, ayurvédique, réflexologie plantaire, massage ostéopathique si nécessaire, rien que pour vous, voire rééducation périnéale ! Avoir un bébé accroché au sein pendant ces moments privilégiés de bien-être, ce n'est amusant ni pour vous ni pour lui… Mais bien sûr, vous ferez comme vous pourrez : nous n'avons pas toujours un homme disponible ou une nounou de confiance à qui faire appel, quand il ne s'agit tout simplement pas d'une question pécuniaire !

Certaines sorties peuvent concerner bébé : c'est le cas des ateliers maman-bébé (proposés souvent à partir d'un mois), sur le massage du bébé ou le portage, par exemple. Il existe aussi des cours de yoga maman-bébé, qui vous permettront d'acquérir non seulement des astuces bien-être pour vous et pour bébé, mais également de rencontrer d'autres mamans et de confronter votre expérience, vos petits bonheurs et vos difficultés de jeune maman ! Qu'il est bon de discuter, rire, se livrer, s'étirer, masser son bébé, sous un regard bienveillant qui vous redonne confiance !

D'autres sorties pourront être l'objet d'un projet professionnel ou personnel. En effet, certaines mamans peuvent ressentir l'envie de reprendre rapidement un projet qui leur tient à cœur, soit par obligation (études en cours ou travail professionnel très prenant et ne pouvant pas tolérer une absence prolongée, nécessité financière), soit parce que, pour certaines, rester auprès d'un petit bébé 24 heures sur 24 peut être étouffant et qu'elles ressentent le besoin de se développer autrement qu'en restant à la maison (voir p. 284).

Jamais sans son transat !

Pour vos sorties avec bébé, vous pourrez emmener un petit transat pliable avec vous, afin de pouvoir le poser tout en le berçant du bout des doigts ! Il est très efficace et utile en toutes circonstances : ateliers, visites chez des amis, rendez-vous de rééducation périnéale, rendez-vous bien-être (massage, coiffure)…

·3·

Dormir à poings fermés

Connaître la physiologie du sommeil

Avant 3 mois, inutile d'espérer voir votre bébé dormir tranquillement toute la nuit ! Cela peut arriver, mais, dans ce cas, restez discret, car vous allez faire des jaloux !

Après tout, pourquoi le sommeil est-il si important ? Eh bien, pour que vous, parents, puissiez souffler un peu ! Mais sachez que le temps de sommeil est un moment particulier où certaines hormones sont sécrétées, comme l'hormone de croissance. C'est aussi au cours du sommeil profond qu'est sécrétée la prolactine, hormone de la lactation, mais également facteur de stimulation du système immunitaire. Chez le tout-petit, c'est pendant le sommeil que le système nerveux et ses connexions se développent.

Pour essayer de gérer au mieux le sommeil de votre enfant, il est essentiel que vous ayez quelques notions sur ses rythmes de sommeil.

De la naissance à un mois

Le nouveau-né s'endort en sommeil paradoxal, dit sommeil agité. On le repère car bébé respire de façon rapide et irrégulière, fait des mimiques ou des sortes de grimaces, entrouvre les paupières, mâchouille, grogne, sursaute, etc. Malgré cela, votre bébé dort et il ne faut surtout pas le déranger. En effet, le sommeil paradoxal est essentiel car il favorise la mémorisation et l'assimilation des informations de la journée et permet d'évacuer les tensions. C'est pendant ce sommeil que nous rêvons.

Attention au sommeil paradoxal !

Pendant le sommeil paradoxal, votre bébé est facilement réveillable, il faut donc être prudente : ce n'est pas le moment, par exemple, de le déposer dans son lit alors qu'il est dans vos bras. Patience : les phases de sommeil paradoxal durent environ 25 minutes (mais cela peut quand même aller de 10 à 45 minutes…). Il passera ensuite en sommeil calme et sera alors moins réveillable. Vous augmenterez alors vos chances de le coucher sans difficulté.

Puis arrive la période de sommeil dit calme, qui se repère à l'immobilité de votre nouveau-né. Il garde cependant un certain tonus musculaire (quelques sursauts). Sa respiration devient plus lente et régulière. C'est l'équivalent du sommeil profond du plus grand enfant ou de l'adulte. Sa durée est d'environ 20 minutes.

Petits et gros dormeurs

La durée de sommeil cumulé est d'environ 16 heures, mais, là aussi, il existe des injustices : certains ne dorment que 14 heures là où d'autres ont besoin de 20 heures. Tout ceci est normal et provient en grande partie de l'hérédité.

Ainsi, les cycles de sommeil, constitués d'une période de sommeil agité et d'une période de sommeil calme, sont courts : 50 à 60 minutes au maximum. Le sommeil du nouveau-né est morcelé en périodes de 3-4 heures (comprenant donc plusieurs cycles de sommeil successifs), aussi bien le jour que la nuit. Pendant le premier mois de vie, il n'a pas de rythme nuit-jour établi. Entre deux périodes de sommeil, l'enfant passe par un court état de veille calme (enfin, en principe !) pendant lequel il est attentif à son environnement, les yeux grands ouverts. Il peut fixer votre regard, suivre des yeux un objet assez contrasté. Cela va durer quelques minutes. Ensuite, fatigué, il va passer en état de veille agité, avec ou sans pleurs.

Après le premier mois

Progressivement, se met en place chez bébé le sommeil qui deviendra celui de l'adulte, avec en particulier un rythme nuit-jour, que l'on appelle circadien. Vers un mois apparaît une plus grande phase d'éveil, plutôt en fin de journée (de 16-17 heures à 22 heures). Hélas ! cette phase d'éveil s'accompagne souvent de pleurs incessants, désespérant entourage et voisins ! Mais heureusement, la période de sommeil nocturne va elle aussi s'allonger, atteignant souvent, à un mois, six heures consécutives.

Recherches récentes sur la physiologie du sommeil

Des études récentes (Jean-Louis Valatx, INSERM-université de Lyon) ont permis de mieux comprendre les mécanismes de l'éveil et du sommeil. Une zone cérébrale fonctionnant comme une sorte de pacemaker du sommeil a été mise en évidence. Des neurones sont activés pour générer des ondes lentes – les ondes du sommeil lent – et d'autres pour le sommeil paradoxal. S'ils ne sont pas inhibés, ces neurones fonctionnent en continu. Cela signifie que s'ils n'étaient jamais inhibés, nous dormirions en permanence ! L'éveil est possible uniquement parce que ces pacemakers sont inhibés par les cellules du réseau d'éveil. Ce dernier est complexe. Il est entretenu par des stimulations internes (affectives, douloureuses, végétatives, cognitives) et externes (lumière, bruit, température).

L'endormissement n'est que le résultat du blocage de l'éveil à un moment donné de la journée, correspondant à notre horloge biologique, par un système anti-éveil.

Les troubles du sommeil sont donc en réalité des troubles de l'éveil dans la majeure partie des cas. Les causes les plus fréquentes sont le maintien de la stimulation du réseau d'éveil par des facteurs internes et externes.

De 3 à 6 mois

Après 3 mois, votre petit pourra (peut-être) atteindre 9 heures de sommeil sans réveil ! Là encore, chaque bébé est différent et il n'est pas du tout anormal qu'un bébé de 3 mois ne dépasse pas encore 6 heures consécutives. Durant encore quelques mois, un bon quart des enfants se réveille encore la nuit, sans que cela soit anormal, même si c'est très fatigant pour les parents. Néanmoins, après 3 mois, l'horloge interne du bébé, jusque-là de 25 heures, va se caler sur le rythme nuit-jour de 24 heures que nous connaissons. Cette horloge interne fonctionnera d'autant mieux qu'elle aura des repères : plus la vie de votre enfant sera régulière, avec des horaires de promenade, de repos, de jeu, de couchage, plus les chances de le voir installer ses propres rythmes et mettre en place un sommeil nocturne stable augmentent.

Parallèlement, la proportion de sommeil agité diminue, passant de plus de 50 % du temps de sommeil à 30 % à 6 mois (assez proche de l'adulte). Le sommeil calme devient le sommeil lent et s'individualise en sommeil lent léger et sommeil lent profond, comme chez l'adulte.

Il existe autant de cycles de sommeil que nécessaire pour que l'organisme récupère, grandisse et se développe, notamment sur le plan neurologique.

De 6 mois jusqu'à la marche

Après 6 mois, jusqu'à la marche et au-delà, le sommeil de nuit peut atteindre 10 à 12 heures. Avec les siestes, cela fait environ 15 heures de sommeil quotidien.

Le plus remarquable est la diminution du temps de sommeil diurne : les siestes se limitent progressivement à 2 heures (vers l'âge d'un an), avec seulement une sieste l'après-midi vers 18 mois. À 2 ans, le temps de sommeil total est encore de 13-14 heures.

À partir d'un an, ouf ! L'endormissement se fait en sommeil lent, ce qui permet éventuellement de déplacer l'enfant sans le réveiller (il est quand même souhaitable de ne pas le déplacer quand il dort !). Les cycles de sommeil s'allongent progressivement pour atteindre leur durée définitive (90 minutes) entre 2 et 4 ans. Entre deux cycles, le sommeil redevient très léger, avec même des périodes d'éveil. Très souvent, ces moments d'éveil entre deux cycles s'accompagnent de pleurs, de paroles, qui sont pris par les parents pour un réveil dû à un inconfort. Or, il n'en est rien : si on attend un peu (15 à 20 minutes), l'enfant se tait finalement ; il a « enclenché » un nouveau cycle de sommeil.

Comment repérer un bébé fatigué ?

Les besoins en sommeil varient selon l'âge et l'enfant. Pour s'y retrouver, voici certains signes qui ne trompent pas :
- pour un enfant qui a sommeil : des bâillements, le frottement des yeux ou de l'inattention ;
- pour un enfant qui n'a pas assez dormi : une lassitude, des pleurs fréquents sans raison apparente, des baisses de tonus ;
- un enfant qui a assez dormi est tout simplement en bonne forme !

Si vous n'avez pas d'autre choix que de réveiller votre enfant à une heure précise (en raison de votre travail, par exemple), veillez à le coucher la veille à une heure lui permettant de dormir son quota nécessaire. Par exemple, si votre enfant se réveille spontanément à 8 heures en ayant été couché à 20 heures, et qu'ainsi il est en forme, alors il a besoin de 12 heures de sommeil. Si votre emploi du temps (et le sien !) l'oblige à un lever à 7 heures, il faudra idéalement le coucher une heure plus tôt.

Combien d'heures ?

Pour repérer le nombre d'heures de sommeil dont a besoin votre enfant, le mieux est d'observer plusieurs jours de suite les heures spontanées de coucher et surtout de réveil. Vous avez ainsi le total des heures dont il a réellement besoin.

Si vous n'aviez pas pu le coucher suffisamment tôt, n'en faites pas une affaire, il se rattrapera par une sieste plus longue voire double dans la journée. Et si pour une raison particulière (sortie tardive avec bébé, invitation d'amis chez vous), votre petit avait voulu participer à la fête, c'est la même chose : sieste prolongée le lendemain ! Souplesse et tendresse, deux ingrédients pour un bon sommeil !

Lorsque les signes de sommeil apparaissent, l'enfant est prêt à s'endormir. Si on écoute ces signes, que l'on va au lit et que l'on s'installe confortablement, alors le sommeil s'installe très vite. Si, par contre, on lutte contre ces signaux (pour avoir une histoire de plus, un verre d'eau…), et que l'on dépasse de 15 à 20 minutes l'heure naturelle du coucher, alors l'envie de dormir passe et il faudra attendre le cycle suivant, c'est-à-dire, pour les plus grands, jusqu'à 1 heure et demie !

Entourer bébé d'un climat adapté

Un environnement propice

En plus de l'hérédité, qui joue un rôle à la fois sur la durée totale du besoin en sommeil et pour l'horaire d'endormissement (les couche-tôt-lève-tôt et les couche-tard-lève-tard), les facteurs environnementaux ont un impact non négligeable. Ils agissent notamment sur la qualité du sommeil mais peuvent également favoriser l'endormissement :

- Les températures trop chaudes ou trop froides sont peu propices au sommeil.
- Le bruit est un facteur d'excitation évident, qui n'aide pas à induire le sommeil. Un fond sonore léger, correspondant aux travaux ménagers usuels, est cependant parfaitement acceptable pour la sieste : il s'agit de sons que bébé a probablement déjà entendus lorsqu'il était dans votre ventre. Dans certains cas, cela peut même le rassurer.
- La lumière a tendance à maintenir bébé éveillé. Les tout-petits sont très exceptionnellement inquiets dans le noir. Il est donc inutile de laisser une veilleuse ou une lumière. La peur du noir apparaît vers 2 ans et peut être bien réelle. Il est important de rassurer l'enfant, et il peut être alors nécessaire de lui laisser une petite veilleuse. Un trop grand éclairage est fortement déconseillé car il empêche bébé de s'habituer à l'obscurité et est nuisible au développement de la rétine.
- Un repas trop difficile à digérer n'aide pas à l'endormissement. Mais ce n'est qu'exceptionnellement le problème du tout-petit, pour lequel l'allaitement, au contraire, favorise l'endormissement.
- Si l'atmosphère familiale est détendue, l'endormissement en est d'autant facilité. Force est de constater que le mode de vie actuel engendre plus de stress que de détente. Cette tension crée chez l'enfant une inquiétude, surtout s'il se sent responsable (souvent à tort) de ce climat. Il est alors très

important de lui parler, d'expliquer la situation (même à votre nouveau-né) ou, si les soucis sont importants, de voir un psychologue en famille qui pourra vous aider à expliciter les choses de façon objective.

La chambre de bébé : un petit nid douillet

La disposition du lit, les couleurs utilisées ou encore les berceuses sélectionnées ont un impact sur le sommeil. La pièce devrait être chaleureuse, témoignant d'une attention toute particulière à votre bébé.

Des couleurs et des peintures appropriées

Les couleurs contrastées sont certes celles que l'enfant voit le mieux, mais évitez les couleurs criardes. Celles-ci, en effet, excitent l'enfant ; ne soyez pas étonnée, dans ce cas, de le retrouver sautant sur son lit et chantant alors que vous espérez le voir se lover paisiblement au creux de son matelas. Vous veillerez également à choisir des peintures écologiques afin de ne pas léser le système respiratoire tout neuf de bébé. Si vous n'avez pas la possibilité de lui réserver une chambre particulière alors, au moins, qu'il ait un petit espace réservé et aménagé joliment, autant que possible (sachez que, les premiers mois, votre enfant sera au mieux dans votre chambre).

C'est du vécu !

Je me souviens de l'époque où j'exerçais dans un cabinet dont la salle d'attente avait été refaite et dont le mobilier possédait des couleurs vives et acidulées : de ma salle de consultation, j'avais l'impression d'assister à un déménagement ! Les enfants étaient sans cesse en mouvement, tirant une chaise par-ci, une table par-là !

Un lit à la bonne place

Le lit doit être orienté vers la porte, afin que bébé puisse voir la personne qui entre dans la pièce. C'est beaucoup plus sécurisant pour lui. De même, votre enfant ne doit pas être enfermé derrière les pans de son lit comme dans une boîte. Dès que le tour de lit n'est plus absolument nécessaire (il a un intérêt seulement si la tête de votre bébé risque de passer au travers des barreaux), il est bon de l'ôter. Idéalement, si cela est possible, mettre la tête de bébé au nord ou à l'est favorisera un bon sommeil.

Une atmosphère saine

Prévoyez d'ouvrir la fenêtre de la chambre de bébé (ou de votre chambre, le cas échéant) 10 minutes au moins matin et soir afin d'éliminer la pollution intérieure et d'oxygéner la chambre, même si vous êtes en ville (certains intérieurs sont plus pollués que l'extérieur).

Si votre chauffage rend l'air très sec, l'idée est de suspendre votre linge dans la chambre de bébé ou d'utiliser des récipients d'eau en céramique qui s'accrochent aux radiateurs. Certains humidificateurs peuvent avoir également un effet notoire sur l'atmosphère de la pièce et donc sur le système respiratoire de bébé, très sensible à la sécheresse !

Si jamais vous souhaitiez utiliser des huiles essentielles, méfiance ! La plupart sont nocives et toxiques pour bébé. Seules les huiles essentielles de lavande, de vanille, d'orange douce, de petit grain bigarade (sommeil et apaisement), de ravintsara (calmante et utile au système immunitaire) peuvent être utilisées à petites doses pour favoriser le sommeil. Elles ne devront jamais être diffusées de manière active (diffuseur électrique) mais de façon passive : pliez en éventail une feuille absorbante fine type filtre à café que vous mettrez dans un verre, au minimum à 1 m du lit de bébé. Versez 3 ou 4 gouttes d'huile essentielle sur la feuille ainsi positionnée, les particules les plus volatiles se diffuseront petit à petit tout au long de la nuit.

Attention toxique !

Méfiez-vous des COV, les fameux composés organiques volatiles issus des mobiliers neufs, des peintures, laques et autres vernis. Achetez préférentiellement des meubles écologiques ou en bois brut non peints. Les parties métalliques peuvent également perturber le sommeil des petits. Vous préférerez, dans la mesure du possible, un montage par chevilles en bois ou mortaises. Le bio n'est pas un luxe, c'est simplement la garantie d'un produit non traité, n'ayant pas de composé chimique nocif ni pour la peau, ni pour le système respiratoire sensible de bébé !
Même la literie « antibactérienne » contient des nanoparticules nocives pour la santé.

Une musique apaisante

Les musiques, si on aime en écouter, devraient être très calmes pour le soir. Pourquoi ne pas plutôt chanter une petite berceuse à votre enfant ? C'est ce qu'il aime. Point n'est besoin d'appareils sophistiqués, surtout s'ils remplacent son père ou sa mère chéris.

Où faire dormir bébé ?

L'heure de la sieste

La situation est différente selon l'âge de votre enfant et selon le moment de la journée.

Pour la sieste, l'enfant qui n'a pas d'hyperacuité sensorielle peut très bien se reposer dans la pièce de vie, et dort même parfois mieux que s'il était seul dans une chambre silencieuse. Un environnement sonore discret peut l'aider ou en tout cas ne pas le déranger ; c'est ce qu'il a connu in utero. Cela est d'autant plus vrai que votre enfant est petit. En l'observant bien, peut-être remarquerez-vous qu'il y a trop de bruit pour qu'il puisse s'endormir. Il faudra alors changer d'habitude.

À l'inverse, certains enfants, même nouveau-nés, ont une telle hypersensibilité visuelle et/ou auditive qu'il n'est pas possible de les endormir dans le bruit. À l'exception toutefois du portage, quasiment toujours efficace. L'agression sonore ou visuelle est alors compensée par la réassurance d'être contre son papa ou sa maman. La sieste, dans ces conditions, peut alors même se prolonger plus longtemps que dans un lit. Cela n'est absolument pas un problème (voir Porter bébé en écharpe, p. 92).

La nuit : avec ou sans les parents ?

Pour la nuit, un lit est évidemment nécessaire, car vous n'allez pas vous promener 24 heures sur 24 avec bébé en écharpe !

Il est normal que, pendant les premiers mois, bébé dorme, la nuit au moins, dans un berceau ou l'équivalent, placé dans votre chambre. C'est le meilleur monitoring existant, reconnu par les pédiatres, bien plus efficace que n'importe quel appareil sophistiqué pour la surveillance de la bonne qualité de sommeil de votre petit. Cependant, certains parents, au sommeil extrêmement sensible, préfèrent d'emblée offrir une chambre à part à leur enfant, car le moindre bruit ou mouvement de bébé les fait sursauter, et ils ne peuvent plus fermer l'œil de la nuit. Il faut donc, encore une fois, choisir le mieux pour l'équilibre de tous.

Le plus souvent, le papa a un sommeil suffisamment profond pour ne pas être dérangé. Quant à vous, maman, votre sommeil s'organise physiologiquement différemment si vous allaitez, s'adaptant aux mêmes cycles de sommeil que ceux de votre bébé. Vos réveils se calquent sur ses réveils, ce qui explique que vous vous réveilliez en général quelques secondes avant qu'il ne manifeste des signes de faim. Cette modification de vos cycles est quelque chose de merveilleux, car cela vous permet de mieux supporter ces nuits hachées.

Si vous n'allaitez pas, il est souhaitable (et heureusement fréquent !) que votre enfant fasse vite ses nuits, car vous ne bénéficiez pas de l'adaptation physiologique due à la sécrétion de prolactine, maintenue le temps de l'allaitement. La fatigue apparaît alors plus rapidement.

La présence de bébé dans votre chambre allège également votre fatigue en limitant vos déplacements. Aller chercher bébé, s'installer pour la tétée, le recoucher, retourner dans son lit… : autant d'étapes simplifiées s'il suffit d'attraper bébé dans son lit collé au vôtre, et de l'installer à côté de vous pour la tétée. Vous continuez ainsi à vous reposer dans un de-

Le co-sleeping : prudence !

Une étude récente publiée dans le *British Medical Journal* (« Bed sharing when parents do not smoke : is there a risk of SIDS ? An individual level analysis of five major case-control studies », R. Carpenter, mai 2013) reprend 19 études publiées en Europe, Australie et Asie, portant sur 1 472 cas de mort subite inexpliquée et 4 679 cas « contrôle ». Le co-sleeping était pratiqué dans 22 % des cas, contre 9 % dans les cas « contrôle ». Le risque diminue avec l'âge de l'enfant. Chez l'enfant de moins de 3 mois, le risque était de 0,23 pour 1000 si l'enfant était dans le lit de ses parents, alors qu'au contraire le couchage dans la chambre des parents était associé à un risque très faible, de 0,08 pour 1 000. Le fait de boire de l'alcool, de consommer des drogues ou de fumer augmentait considérablement le risque.

mi-sommeil, tandis qu'il tète. Certes, il vous arrivera parfois de vous rendormir complètement, mais pour un temps probablement court. Dans ce cas, reposez bébé dans son berceau car il n'est pas souhaitable de le garder délibérément dans votre lit.

Quel lit pour quel usage ?

L'idéal, en termes de matériel, les trois premiers mois, est d'avoir tout à portée de main dans votre chambre à coucher. Voici quelques idées pour simplifier vos nuits.

Système évolutif

Vous pouvez acheter un berceau qui s'adapte à l'âge de bébé, comme le lit Stokke® qui possède des roulettes dans sa version minimale et vous permet de promener bébé dans toutes les pièces (mais c'est relativement encombrant !). Vous pouvez tout aussi bien acheter la version sans mode berceau pour laquelle une barrière latérale peut s'enlever. Cela pourra faire office de lit cododo avant de redevenir un lit bébé classique. Vous pourrez ainsi ajuster la hauteur du matelas à la hauteur de votre matelas. Attention, il ne faut pas qu'il y ait de trou entre votre matelas et celui de bébé : vous attacherez ainsi solidement les deux lits, et voilà le travail !

Système cododo

Il existe des lits cododo spécialement conçus pour s'arrimer parfaitement au lit parental. Il offre un confort et une sécurité incomparables, mais il ne s'agrandit pas par la suite ! Ces lits ont l'immense avantage de ne pas vous obliger à vous lever la nuit pour vous occuper de bébé et de pouvoir le reposer juste à côté de vous dès qu'il dort. Vous pourrez alors garder un contact physique avec bébé en tendant votre bras : celui-ci ne restera pas coincé entre deux barreaux de lit !

Système pro

Autre possibilité, le Cocoonababy®, un petit matelas de forme ovale, haut d'une dizaine de centimètres et qui peut donc se glisser dans le lit des parents. Bien entendu, il faudra prévoir un lit de 160 centimètres minimum ! Très léger, épousant parfaitement la morphologie des nouveau-nés, il ne sera cependant plus adapté au développement de bébé après 3-4 mois car il dépassera ! Ce petit matelas peut se poser n'importe où (sol, berceau), mais jamais en hauteur.

Système D

Solution simple et rapide, vous pouvez poser au pied du lit le couffin ou le landau (le même que celui que l'on fixe sur la poussette) : il vous permettra de garder facilement un œil sur bébé, de le bercer d'un bras ou de le rassurer.

Système voyageur

Il existe aussi des hamacs que l'on peut suspendre au-dessus du lit parental ou à une porte et qui assurent bercements et cocon dont bébé a tant besoin, par exemple le Zébul'hamac. Facile à transporter, vous pourrez l'emporter partout, en vacances comme chez des amis.

Système nomade

Il existe des lits pliants pour les vacances. Pour les tout-petits jusqu'à 6 mois, pas la peine de sortir la grosse artillerie, des lits tentes dépliants (de même structure que les tentes de camping mais plus petites), minimalistes, sont parfaits et très légers !

Système rocking-chair 3 en 1

Il existe des berceaux « berçants », tel le lit Berce O'Lit de chez Pioupiou et Merveilles. Le piétement a une forme arrondie façon rocking-chair. Lorsque bébé est tout petit, l'espace se divise en deux pour laisser la place à une chaise pour maman lorsqu'elle endort son petit, allaite ou donne le biberon. Dès que bébé grandit, on enlève la zone chaise et voilà un berceau classique dont la hauteur de matelas pourra être réglée en fonction de l'âge !

Système écologique

Utilisez des matières naturellement absorbantes et respirantes. Le latex naturel, la laine et le lin sont sans doute les meilleures matières pour bébé. La laine garde bébé à bonne température (il conserve la chaleur lorsqu'il fait froid, absorbe l'humidité lorsqu'il fait chaud et rafraîchit ainsi bébé), elle est aussi antibactérienne pour peu qu'on utilise une laine non traitée qui a gardé toute sa lanoline naturelle (laine label bio). Le lin est aussi très absorbant et antibactérien : sa texture particulière et ses fibres sont excellentes pour la peau de bébé. Le latex, quant à lui, offre fermeté et moelleux lorsque vous utilisez une densité propre au poids de bébé. Alvéolé, il respire, mais vous pourrez ajouter un surmatelas en laine écologique afin de procurer douceur, chaleur et confort.

Sombrer dans les bras de Morphée en toute sérénité

Une organisation au top

La nuit, pour ne pas trop réveiller bébé (ou du moins le laisser dans un demi-sommeil), vous veillerez, lorsque vous l'allaitez ou le changez à :

• ne jamais allumer une grosse lampe. Une petite lampe de poche ou une liseuse à proximité du berceau, de votre lit ou de la table de change, sera d'un grand secours. Ayez-en deux ou trois en réserve afin de n'être jamais prise de court et d'éviter les déplacements imprévus. Dès que bébé a été changé ou dès qu'il a fini de manger et commence à s'endormir, éteignez la petite lampe. Si vous allaitez, vous pourrez vous passer de lumière dès que bébé sera au sein ;

• prévoir un petit thermos d'eau chaude ou tiède (l'eau froide réveille bébé !) s'il est nécessaire de le changer après une selle. Pour le pipi, normalement, cela peut attendre, d'autant que les couches actuelles sont très absorbantes ;

• utiliser votre propre lit en guise de table de change : aucun besoin de vous déplacer. Prévoyez une petite serviette, le change, l'eau, un peu d'huile ou de savon, et voilà, le tour est joué !

Bon à savoir

Pour l'allaitement couché, quelques précautions d'usage seront nécessaires car il arrivera sans doute que vous vous endormiez avec bébé au sein. Plutôt que d'interdire une telle pratique qui s'instaure parfois à votre insu (grosse fatigue…), mieux vaut prendre quelques précautions afin d'éviter de gros problèmes. Consultez à ce sujet la partie sur l'allaitement (voir Privilégier les positions confortables, p. 171).

Astuces imparables pour (r)endormir bébé (et vous aussi !)

• Lorsque bébé hurle depuis plusieurs heures sans parvenir à s'endormir alors que vous avez tout essayé, patience ! Il est en train de caler sa fonction sommeil. Vous ne serez pas trop de deux pour affronter votre bébé dragon. Restez calme, utilisez écharpe, bras, hamac, transat : tout ce qui peut bercer bébé d'une manière ou d'une autre. Ouvrez la fenêtre ou même sortez faire le tour du pâté de maisons… en voiture ! Il faut bien vous dire que plus vous serez tendue, plus bébé va s'inquiéter en se demandant s'il ne se passe pas quelque chose de grave. C'est un cercle vicieux ! Alors détendez-vous et essayez ces quelques conseils pour vous faciliter la vie (et le sommeil !).

• Vous pouvez créer une baisse régulière de la lumière autrement qu'avec le simulateur de crépuscule (voir encadré ci-contre). Éteignez les lumières les unes après les autres, de la plus forte à la moins forte, de la plus proche à la plus éloignée, régulièrement. La manière la plus naturelle de procéder sera, bien entendu, de suivre le soleil en laissant les volets ouverts sans allumer de lampe. Laissez simplement la lumière décroître tranquillement et voyez si bébé suit le rythme.

• Éviter d'endormir systématiquement bébé au sein (avec une tétine ou avec le petit doigt) (voir Si j'allaite, pourrai-je encore dormir ?, p. 178). Dès que bébé semble assoupi, ôtez délicatement le sein de sa bouche en glissant votre petit doigt (que vous enlèverez aussi, sinon il deviendra tétine !). Posez ensuite bébé contre votre poitrine en ayant pris soin d'y intercaler un tissu. Enveloppez-le d'une couverture, en laissant sa tête libre. Penchez-vous légèrement en arrière sur des coussins, les coudes et la tête soutenus et attendez qu'il soit complètement relâché voire fasse un rot (mais ce n'est pas systématique). Détendez-vous également, respirez bien en abdominal, ce qui soulèvera votre bébé régulièrement et fera office de bercement. Une fois bébé bien endormi (cela peut prendre 20 minutes), posez-le enveloppé de la couverture sur son matelas. Cela créera un sas entre son corps et le matelas refroidi (éventuellement, vous pouvez prévoir une petite bouillotte dans son lit, à ôter avant de le recoucher).

Le simulateur de crépuscule

C'est une technique très efficace pour aider votre bébé (et vous aussi) à s'endormir ou se rendormir, voire à régler son rythme jour-nuit. Vous connaissez sans doute les simulateurs d'aube ? Eh bien, ils fonctionnent aussi pour le crépuscule. Utilisez leur fonction de décroissance de la lumière. Dans la pièce où vous endormez bébé, mettez la lumière au maximum, puis réglez le temps d'adoucissement lumineux à 30 minutes. Si tout va bien, bébé se fiera à ce leurre (et vous aussi, peut-être !).

• Chanter une berceuse sera sans doute une excellente solution, en canon avec le papa. Acheter des CD de berceuses (comme ceux de l'excellent label « Enfance et musique »), pas seulement pour les passer en boucle, mais aussi pour en apprendre de nouvelles, voilà une bonne idée ! Sinon, au bout de trente « Frère Jacques » ou vingt « Au clair de la lune », sans parler du « Fais dodo, Colas mon p'tit frère », vous risquez de détester ces jolies berceuses… et bébé aussi !

• Marcher avec bébé dans les bras est, bien sûr, une technique efficace. Cela risque cependant d'altérer très rapidement votre dos et de donner une habitude d'endormissement à bébé, habitude par ailleurs pas forcément mauvaise (voir Porter bébé en écharpe, p. 92). Pourquoi ne pas vous asseoir sur une chaise sur laquelle vous aurez préalablement posé un coussin d'air et tanguer de droite à gauche, d'avant en arrière ? Vous travaillerez votre bassin pendant que bébé travaillera son système vestibulaire (enfin, surtout son système de sommeil) !

• Une autre technique d'endormissement qui n'aura malheureusement qu'un temps consiste à caresser le front de bébé dans tous les sens mais le plus doucement possible avec la pulpe d'un doigt, surtout au niveau du troisième œil. Effectuez des cercles et des spirales, comme pour l'hypnotiser… Passez aussi votre main devant ses paupières en les effleurant comme si vous vouliez les fermer.

Pensez au massage !

Le massage du soir pourra être magique pour aider bébé à s'endormir. Certains bébés ont besoin de ce contact pour « lâcher prise » et s'endormir.

• Essayez une technique favorisant le peau à peau : installez-vous sur votre lit en chien de fusil, les jambes bien repliées de telle sorte que bébé soit lové tout contre votre ventre, sur le dos ou légèrement sur le côté, sa tête sur votre bras, ses jambes contre vos jambes, comme dans un cocon. Bébé sentira ainsi le mouvement doux de votre ventre, le souffle de vos narines sur sa tête, votre odeur, votre chaleur. Une fois bébé bien endormi, roulez-le sur le côté tout en le soulevant doucement et posez-le dans son lit. Si vous avez un lit cododo, faites-y glisser bébé grâce à un tissu que vous aurez mis sous son corps avant de l'endormir.

Des rituels qui rythment

Une dernière chose primordiale, que les bébés apprécient : la régularité et les rituels. Plus vous aurez instauré de petits repères faciles à identifier pour bébé sous forme de parcours, diminution de la luminosité, brossage de dents le cas échéant, bain ou douche ou petit massage ou relaxation (au choix), histoire du soir, petit bisou indicateur de votre départ après 10 minutes avec votre main dans sa main, et ce, à heure fixe autant que possible, plus vous aurez de chances de voir votre petit s'abandonner au bon moment.

Des parents entre veille et sommeil

Papa de nuit

Quelle méthode utiliser en cas de réveils nocturnes intempestifs de bébé ? Habituellement, passés 3 mois et 5 kg, un bébé a normalement atteint un seuil suffisant de maturité dans son développement pour faire des nuits complètes. Le mieux est de vous donner un délai (4 mois, 5 mois ou plus) au-delà duquel vous n'accepterez plus de réveils entre, soyons optimistes, 22 heures et 4 heures du matin, soit 6 heures d'affilée (consultez aussi le paragraphe Les réveils multiples, p. 155).

Plutôt que d'utiliser des méthodes chiffrées qui proposent de laisser bébé pleurer une minute la première nuit, deux minutes la deuxième, et ainsi de suite, jusqu'à épuisement des parties (car certains bébés sont très persévérants), mieux vaut utiliser une arme de choix, le papa. En effet, il possède des bras, une voix, mais n'a pas de nectar de lait : il peut donc bercer, donner un biberon d'eau (surtout pas de jus de fruit ni d'eau sucrée), parler à bébé et lui expliquer que maman dort car elle en a besoin et qu'il peut compter sur lui la nuit. Et quand bien même il n'y aurait plus d'allaitement, vous ne serez jamais trop de deux pour aider bébé à faire ses nuits, car le papa aura une manière, une approche, forcément différente de la maman : qui sait, c'est peut-être un papa que ce bébé cherchait la nuit pour s'apaiser ! Auparavant, vous aurez expliqué à bébé votre protocole : de telle heure à telle heure, s'il vous réclame, c'est son papa qu'il trouvera pendant que vous resterez au lit à côté. Cela ne prend en général pas plus d'une semaine, mais il faut vraiment que le papa et la maman soient convaincus, car sinon votre bébé le sentira et il n'y aura rien à faire, ça ne marchera pas ! Le père devra jouer le jeu et se lever rapidement à l'appel de son petit ogre dévoreur de nuit ! Car une maman, surtout si elle allaite, ne pourra jamais refuser l'appel de son petit et il lui sera difficile de ne pas adopter la solution de facilité en rendormant bébé au sein ! Si cette solution peut convenir ponctuellement, sachez qu'elle va vous mener à l'épuisement certain si cela dure plus de six mois !

Détendez-vous !

Votre sérénité est non seulement primordiale pour vous mais elle se transmettra à bébé ! Pour commencer, vous appliquerez deux règles indispensables pour surmonter les premiers mois et premières années avec bébé :

• **Première règle :** dormir en même temps que bébé, en particulier les premières semaines, est sans doute la meilleure solution quand le chaos s'est installé et que vos nuits ressemblent à du gruyère : sachez que même 20 minutes sont régénérantes. Alors, laissez-vous mener par bébé et prenez exemple sur lui !

• **Seconde règle :** pour bien dormir, un lit de 160 cm de largeur minimum devrait être prioritaire, en particulier si vous avez un matelas spécial bébé à placer dans votre lit ou si votre bébé vous rejoint parfois (ou souvent) la nuit ! L'investissement n'est pas de trop quand on sait l'impact du sommeil sur la vie quotidienne. Bien sûr, vous ferez en fonction de votre budget et de la place dans votre chambre, mais 20 cm en plus, ce n'est pas du luxe, en particulier pour les mamans : il est démontré que la personne qui souffre le plus du manque de place et de la promiscuité que cela entraîne, c'est… la femme ! Alors prenez les devants et comme cadeau de naissance, un lit parental de taille !

Certes, vous n'aurez pas beaucoup de temps pour vous occuper de vous, mais vous pourrez mettre à profit chaque pause, chaque temps calme, même – et surtout – lorsque votre petit cherche désespérément à s'endormir, pour vous recentrer et appliquer quelques principes de détente très efficaces, parfois testés pendant la grossesse.

• **Relaxation méditation et mantras :** exercez-vous ainsi sur votre respiration, vous n'êtes pas obligée de prononcer la phrase, simplement dire, dans votre tête : sur l'inspire dites « je », sur l'expire « suis », sur l'inspire « ici », sur l'expire « maintenant », sur l'inspire « avec », sur l'expire « toi ». Et ainsi de suite jusqu'à endormissement complet.

• **Le mantra Ham'So** peut également bien fonctionner : prononcez mentalement « Ham » à l'inspire, et « So » à l'expire. Très calmant pour tout le monde. À essayer également si vous deviez vous rendormir au milieu de la nuit. Sa signification : « Je suis cela » ; en d'autres termes : « Je respire donc je suis. »

• **Sons yogiques :** vous pouvez aussi faire un « mmmmm » continu bouche fermée, la technique yogique du bourdon (le son ressemble au bourdonnement des abeilles). Murmurez ce son à bébé et reprenez bien sûr régulièrement votre souffle.

• Si vous aviez fait des « **ohm** » pendant votre grossesse, pourquoi ne pas essayer cette sonorité magique ? Elle se compose d'un son « OOOO » sur deux tiers et du son « MMM » sur un tiers de la respiration : prolongez le « ohm » dans le temps, sentez la vibration jusqu'au plus profond de votre corps.

Au bord de la mer

Respirez de façon sonore comme si votre souffle ressemblait aux vagues de la mer : lorsque vous inspirez, imaginez que c'est la mer qui se retire ; lorsque vous expirez, la vague vient rouler sur la plage. Cela vous apportera une paix aussi vaste que la mer, une paix qui se transmettra aussi à bébé, même s'il est en train de pleurer ! Dans le même ordre d'idée, respirez amplement de façon abdominale, en particulier lorsque bébé est sur vous ou contre vous. Il retrouvera ainsi des sensations utérines proches des vagues. Détendez-vous en imaginant que vous êtes au bord d'une plage paradisiaque… !

• **Autre technique :** essayez de sentir votre corps comme s'il était en train de fondre au soleil. Vos muscles se détendent, les tensions s'échappent, se dissolvent dans le souffle, vos membres vous semblent tout à coup très lourds. Votre tête, en premier lieu, s'abandonne : c'est la première condition pour une respiration ventrale et une détente des cervicales et des trapèzes, très sollicités les premiers temps !

• Vous pouvez aussi pratiquer **la rotation mentale** : couchée sur le dos, le corps bien calé et confortablement installé, les bras ouverts sur le côté, paumes des mains vers le ciel, les jambes légèrement écartées, passez en revue chaque partie du corps, les unes après les autres. Orteils, plante des pieds, talons, coup de pied, chevilles, et ainsi de suite. Avec bébé sur le ventre, le haut du corps relevé et calé contre des coussins, c'est encore mieux ! Prenez exemple sur bébé dont la détente est totale.

• Enfin, essayez de « **savourer bébé** » : prenez conscience du poids de votre bébé abandonné dans vos bras, pesant de tout son petit poids, mais quel poids ! Sentir combien il vous fait confiance, une confiance totale, sans arrière-pensée ! Quel cadeau il vous fait là !

Quand bébé vous rejoint la nuit

Comme dit et répété précédemment, les êtres humains font partie de la famille des mammifères et, à ce titre, les petits adorent se blottir contre leurs parents, nuits comprises. Il n'est ainsi pas rare que les bébés, une fois autonomes dans leurs déplacements (entre 7 mois et 1 an), cherchent à rejoindre le lit des parents. Et le lit à barreaux (très pratique pour les parents) n'est qu'un retardateur, il faut le savoir !

Bien sûr, vous aurez certains spécialistes qui vous diront « jamais dans le lit des parents », mais combien de parents « craquent » lorsqu'ils mettent une heure pour rendormir un bébé alors que c'est tellement plus facile de le laisser se rendormir tout contre vous ? Tout cela est une affaire de couple et de famille et chacun se fera une idée sur la question en testant soi-même, sachant que pour un tout-petit, on peut interpréter son besoin de contact corporel nocturne comme un besoin physiologique : il construit ainsi sa sécurité affective de base (mes enfants n'ont jamais eu de problèmes de séparation lorsque je les confiais à une crèche, une baby-sitter ou à l'école).

C'est du vécu !

Notre fils aîné occupait tranquillement un ancien lit de bébé qui n'avait pas la hauteur réglementaire. Aussi, dès qu'il eut l'âge de crapahuter, il s'amusa à passer par-dessus les barreaux. Nous rajoutâmes des barres pour l'en empêcher, mais c'était sans compter sur sa persévérance à toute épreuve. Nous abandonnâmes toute lutte et décidions de le laisser rejoindre notre lit (avec toutefois une limite fixée à 4 heures du matin). Ainsi, il nous rejoignait régulièrement (mais pas systématiquement) et se rendormait avec nous. C'était devenu un rituel qui rythma ses 5 premières années environ et diminua jusqu'à ce qu'il cesse totalement de lui-même.

Qu'en pense le papa ?

Peut-être que certains papas, excédés de se faire « éjecter » du lit par des pieds minuscules (car souvent, les bébés aiment blottir leur tête du côté maternel, surtout si vous avez allaité longtemps), finiront par prendre en main la situation et interdire le lit parental à une heure trop matinale. À vous de vous organiser en fonction de vos convictions et de vos envies, car tout le monde n'est pas capable de se rendormir avec un petit diablotin dans le lit qui adore repousser les couvertures, vous piquer tout l'oreiller et mettre ses jambes sur vous quand il ne vous pousse pas littéralement hors du lit.

Si vous deviez raccompagner bébé dans son lit, surtout ne lui dites pas qu'il doit se débrouiller tout seul, qu'il est grand maintenant car il pourrait l'interpréter comme : « Je suis nul, je n'y arrive pas, et pourtant je sens que j'ai besoin de papa et de maman. » Dites-lui tout simplement que vous n'arrivez pas à vous rendormir avec lui, et que vous avez un besoin impératif de sommeil : ainsi, il s'adaptera sans se sentir coupable ou pas à la hauteur. Tout est question de communication. De même, ne demandez pas à votre femme de raccompagner votre bambin si c'est vous qui n'aimez pas sa présence dans votre lit, surtout si elle adore le cododo avec son petit : non seulement elle se sentira en porte-à-faux, mais surtout, cela risque d'échouer !

Vous pourrez proposer à votre petit qui se réveille la nuit une veilleuse qu'il pourra allumer au besoin et qui s'éteindra d'elle-même : c'est une excellente méthode pour tranquilliser tout le monde et rendre votre bébé autonome !

N'essayez pas de vous conformer (ni de conformer votre bébé) à l'idée que sa place est dans le lit parental (cododo à 100 % : à la mode) ou non (cododo à 0 % : ancienne mode). Expliquez plutôt vos propres besoins de sommeil et d'espace et posez vos propres limites qui peuvent évoluer au fil du temps : un bébé qui sent que ses parents sont totalement opposés à l'idée de terminer la nuit avec lui ne tentera que très rarement l'expérience, mais si votre perception personnelle est que votre petit a une place matinale dans votre lit et que cela répond à un besoin physiologique de proximité, pourquoi pas ? Tout n'est pas noir ou blanc et chacun se composera des rituels évolutifs et ajustés à sa conception de l'éducation ! L'enfant recherche avant tout votre authenticité et la congruence entre ce que vous ressentez profondément et ce que vous faites ! Le plus dur étant d'ajuster parfois deux visions opposées au sein d'un même couple… Mais là, c'est une autre affaire et une autre négociation !

Les réveils multiples

La compréhension de la physiologie du sommeil (voir plus haut) et son respect permettent de régler la plupart des troubles du sommeil qui n'en sont en réalité pas, en l'occurrence les réveils entre cycles de sommeil. Mais pour les autres réveils, comment faire ? Les réveils peuvent être de plusieurs types : les difficultés de l'endormissement, les réveils multiples pour demander ci ou ça, l'enfant qui appelle ou vient dans votre chambre.

> « On résout la plupart des problèmes de nuit en se préoccupant de ce qui se passe le jour », nous explique Lyliane Nemet-Pier.

Les réveil multiples sont en général une façon pour votre enfant de signaler un mal-être. C'est la compréhension de ce mal-être qui aidera à la résolution du problème de sommeil. Les causes les plus fréquemment retrouvées sont :

- les changements dans le cadre de vie ou le rythme de vie : naissance, déménagement, entrée en crèche. Les enfants ont une grande capacité d'adaptation, mais il faut éviter les bouleversements successifs trop rapides, leur laisser le temps de cette adaptation et leur expliquer ;
- un décès dans l'entourage, une fausse couche, même, peuvent induire des troubles du sommeil. Soit l'enfant est directement affecté par le décès, soit il ressent inconsciemment la nécessité de rassurer ses parents sur le fait qu'il est bien vivant en les appelant plusieurs fois par nuit ;
- un temps partagé avec votre enfant trop court voire quasi inexistant le soir et/ou le matin, ou bien un temps de séparation trop rapide avant la nuit. Votre enfant vient chercher la nuit ce qu'il n'a pas eu dans la journée.

Quelquefois, au fond, même si ces réveils fatiguent, ce temps de retrouvailles nocturnes peut ne pas vous déplaire, car il permet de rattraper la nuit ce temps manquant en journée. Mais il n'est pas souhaitable de laisser perdurer cette situation.

La clé d'un bon sommeil

Une chose essentielle est à retenir : plus l'enfant et son parent auront confiance en leurs capacités, plus le sommeil sera facilité.

Miser sur la confiance

Éduquer, cela vient de la racine latine « e-ducere » : conduire en dehors, vers. N'est-ce-pas le rôle fondamental de tout parent ? Que fait l'oiseau avec sa progéniture ? Dès que possible, en fait dès que le petit a acquis une force, une adresse et une sécurité intérieure, après l'avoir couvé et protégé intensément pendant des jours et des jours, il lui apprend à voler… de ses propres ailes ! Pourtant, ce n'est pas sans risque !

Il nous est demandé, à nous aussi, parents, éducateurs, de donner à l'enfant les conditions les meilleures, la plus grande sécurité, pour qu'il puisse gagner en confiance et autonomie quand le moment est venu. Si bébé n'arrive pas à se séparer de vous le jour, il ne le pourra pas non plus la nuit et vice-versa : si bébé a acquis une bonne sécurité affective la nuit et qu'il sait qu'il peut compter sur vous, il pourra se lancer à la conquête du monde le jour !

Le mettre en sécurité n'est pas faire à sa place mais l'accompagner en lui laissant un espace de liberté pour qu'il puisse apprendre sous votre surveillance et avec votre soutien, afin de gagner en autonomie plus tard. Cette sécurité et cette confiance iront de pair avec un meilleur sommeil, tant il est évident que les deux sont liés.

Ce n'est pas si facile, mais un peu de regard critique sur soi-même permet très vite de repérer nos attitudes non aidantes.

Dénouer les problèmes familiaux

Certaines histoires familiales sont un réel poids pour les parents et se reportent également sur l'enfant. Garder le secret maintient la situation figée. En parler pour dénouer les nœuds est la seule solution efficace. Ceci peut se faire en consultation pédiatrique ou, si l'histoire est vraiment très lourde à porter, avec un psychologue, un psychanalyste, parfois un psychiatre.

L'histoire doit être racontée devant l'enfant ; loin d'être gênant, c'est au contraire une très bonne façon de le décharger de ce poids trop lourd à porter, le plus souvent inconsciemment. Le problème devient alors celui de ses parents et du thérapeute, et l'enfant est libéré. En parler permet également aux parents de trouver quelquefois eux-mêmes la meilleure solution à leur problème et les libère du même poids.

Certaines histoires familiales ont parfois pour conséquence une angoisse parentale à l'idée de laisser son enfant seul. Mettre en lumière cette angoisse permet de se donner le droit de laisser son enfant seul le soir en sachant qu'il est en sécurité.

Quelques attitudes « non aidantes »

Donner son doudou à bébé qui ne le demande pas, intervenir dans son jeu sans qu'il vous ait sollicité, s'arranger pour qu'il soit toujours dans votre champ de vision alors que l'endroit est absolument sans danger… Mais aussi accepter d'être interrompu sans cesse : votre enfant doit apprendre à savoir patienter un peu ; cela lui donne l'occasion de trouver en lui-même des ressources pour supporter la frustration et lui permettra de ne pas avoir besoin de vous appeler la nuit au moindre petit réveil. Il saura patienter jusqu'à son ré-endormissement.

·4·

Allaiter et nourrir bébé

Sein ou biberon, à quel saint se vouer ?

Allaiter, est-ce naturel ?

La fonction d'allaitement propre aux mammifères a été une révolution. Au départ, il s'agissait, pour les précurseurs des mammifères, ni plus ni moins que de se nourrir de certaines cellules cutanées et de sécrétions de la mère, comme l'indique Jean-Louis Hartenberger, spécialiste des mammifères. Les glandes mammaires résultent de la spécialisation de glandes cutanées tégumentaires sudoripares. Cette fonction entraîne donc une évolution capitale pour l'émergence des mammifères que nous sommes !

On peut comprendre que certaines mamans vivent l'allaitement comme une forme de cannibalisme. Elles se sentent phagocytées, littéralement dévorées par leur bébé. D'ailleurs, pour celle qui allaite pour la première fois, tout n'est pas si simple. Ce serait oublier que si la nature, forte de millions

LE MOT DU PÉDIATRE

La **perte de poids** du nouveau-né dès après la naissance est assez impressionnante puisqu'elle peut atteindre 7 % de son poids de naissance. Cette baisse est due en majeure partie à des pertes liquidiennes liées à la résorption d'œdèmes (votre bébé a pu vous paraître un peu rondelet à la naissance) et à une alimentation peu importante quantitativement (7 à 8 x 10 ml de lait artificiel ou de colostrum). Il peut mettre quelques jours (jusqu'à 10 jours sans que cela soit inquiétant) pour retrouver son poids de naissance, mais la reprise commence en général au plus tard au quatrième jour. Le meilleur moyen de l'aider à **reprendre du poids** est la mise au sein précoce et aussi souvent que « demandé » par l'enfant. Vérifiez bien la présence de selles plusieurs fois par jour (au moins trois et souvent autant que de changes) et d'urine à chaque change, c'est-à-dire, les premiers jours, après chaque tétée. Si ce n'est pas le cas, il est important de consulter, car un bébé qui ne grossit pas est un bébé qui maigrit, et son métabolisme dépend de sa croissance pondérale.

d'années d'évolution, est efficace, elle n'est pas tendre pour autant. Elle se fiche pas mal de savoir si cela plaît ou non à la maman ou au bébé. Il faut que le bébé prenne du poids très vite après la naissance. Lorsque la montée de lait est bien effective, il arrive que bébé aussi soit surpris par un flot jaillissant tout au fond de sa gorge et ait du mal à tout avaler aussi brutalement ! L'allaitement pourra alors vous paraître une forme de gavage…

Les avantages et les inconvénients de l'allaitement

Allaiter a de multiples avantages. Outre la facilité offerte de jour comme de nuit de nourrir son bébé, l'allaitement est vendu comme une bonne façon de retrouver sa ligne. Mais cela n'est pas si simple.

Ventre plat ?

Concernant votre ventre et vos abdominaux, pas de langue de bois ici. Il faudra les « travailler » dès que le périnée aura repris ses esprits : l'ocytocine n'y fera rien. Certaines mamans témoignent d'ailleurs que c'est lorsque l'allaitement se termine, au moment du sevrage, qu'elles ressentent une sensation de fermeture du corps, qui reprend sa place et sa forme initiale (ou presque).

Allaiter, sur le plan hormonal, c'est comme être « à moitié enceinte ». Certaines mamans vont ainsi garder une réserve de gras, être plus enrobées que d'habitude, d'autres resteront minces mais toujours plus enrobées qu'à la normale. Nous ne sommes pas toutes égales et la façon dont votre corps réagit lorsque vous êtes enceinte vous donne une bonne idée de ce qu'il vous arrivera lors de l'allaitement. Bref, l'idée selon laquelle donner le sein permet de retrouver un ventre plat est assez fantaisiste. La seule chose qui est certaine, c'est que votre utérus va retrouver sa forme initiale très rapidement.

Ce qui est vrai, c'est que l'allaitement prolongé vous offre de belles perspectives en termes de santé, comme la diminution des risques de cancer du sein et d'ostéoporose, pour ne citer que les principaux. Votre corps est comme drainé, sollicité en permanence, lorsque vous allaitez. Vos réserves de graisse circulent et ne stagnent pas, vous êtes comme une sportive de haut niveau et vous en tirez des bénéfices à vie ! Mais le bénéfice le plus important reste votre joie d'allaiter votre petit. Des moments d'une tendresse infinie vous attendent à une seule condition : que vous y preniez plaisir et bébé aussi.

Un chercheur américain a fait une expérience avec des bébés singes qui avaient le choix entre une maman artificielle « douce » en tissu avec source de chaleur incorporée et une autre artificielle « nourrissante » avec un biberon de lait, mais faite de tiges métalliques froides. Les bébés singes préféraient rester en permanence sur la mère douce et ne venaient qu'occasionnellement sur la mère métallique pour se nourrir rapidement... Ce que veulent les bébés ? Des nourritures affectives, de la douceur, de la tendresse, pensez-y si vous vous sentiez coupable de nourrir bébé au biberon.

Votre choix

Une minute, un jour, un mois, un an et même deux, personne ne doit vous dire combien de temps allaiter. Ne vous laissez ni culpabiliser ni infantiliser. Ce choix est le vôtre, mais aussi celui de bébé qui peut interrompre également l'allaitement s'il le souhaite !

Le biberon en pratique

Si l'allaitement au biberon est relativement simple, certains principes pourront cependant vous guider et alléger votre tâche.

- Remplissez toujours le biberon au-delà de ce que votre bébé boit habituellement afin qu'il ne termine jamais un biberon en avalant de l'air désespérément. S'il a grand appétit, ne vous inquiétez pas, il se régulera de lui-même par la suite. Il sait ce dont il a besoin. En revanche, il est inutile voire dangereux de charger les doses de poudre : elles doivent être arasées, ni plus ni moins, et correspondre à la bonne quantité d'eau. En cas de doute, faites un nouveau dosage.
- Choisissez les biberons en verre ou en plastique mais sans bisphénol A. Il existe des tétines « physiologiques » qui reproduisent peu ou prou le téton maternel ou qui possèdent dans certains cas des trous excentrés afin de diriger le lait vers les joues et le palais plutôt que le fond de la gorge (ce qui évite les régurgitations). Faites bien attention au débit !
- La nuit, laissez le biberon usagé et vide dans une bassine pleine d'eau froide en veillant à ôter la tétine de la bague : inutile de faire un nettoyage de nuit, cela peut attendre le lendemain matin.

> **S'écouter et écouter bébé**
>
> Je me souviens de l'appel d'une maman désespérée, ayant tout essayé pour récupérer un allaitement, compliqué par des compléments donnés à la maternité. Elle m'avoue alors en pleurs que son bébé ne sourit qu'après avoir pris le biberon ! Je lui demande alors ce qu'elle ressent lorsque son bébé sourit ainsi : c'est « un immense soulagement ». Pourquoi faire compliqué lorsque bébé vous indique le chemin le plus simple : ne vous culpabilisez pas et fiez-vous à votre instinct, l'allaitement ne doit pas être un calvaire, une galère qui dure des semaines (2 à 3 semaines grand maximum), et dans laquelle vous entraînerez immanquablement votre bébé. Vous aurez d'autres occasions de créer du corps à corps, par les mains, la peau, le regard, les odeurs.

• Certaines tétines ont un petit orifice sur le dessus permettant à l'air de s'échapper pendant que votre bébé tète : autant d'air qui ne passe pas dans l'estomac…

• Si vous vous demandez **quel débit adopter** pour le biberon de bébé, écoutez-le, c'est lui qui va vous le dire ! S'il a eu l'habitude du sein avant le biberon, il aura une succion plus énergique et il risque de suffoquer si le lait coule trop rapidement ! Inversement, s'il est né prématurément, ou s'il est de petit poids, il est probable qu'il se fatigue vite même sur la position 1 de la tétine. Par ailleurs, les tétines en silicone sont moins souples que celles en caoutchouc, ce qui rend la succion un peu plus laborieuse. Il est donc conseillé de commencer par le plus petit débit et de voir comment votre bébé se comporte : s'il s'énerve et s'acharne sur la tétine, ça ne vient pas assez vite. S'il s'énerve mais lâche la tétine, il est plus probable qu'il reçoit trop de lait et qu'il ne sait plus comment gérer les choses. Enfin, s'il tète paisiblement, c'est le bon débit ! Certaines tétines ont un petit orifice sur le dessus permettant à l'air de s'échapper pendant que votre bébé tète : autant d'air qui ne passe pas dans l'estomac…

- Il est inutile de stériliser le biberon, sauf si vous retrouvez un biberon usagé sous un meuble avec des moisissures ! Le nettoyage consiste à bien rincer le biberon, à le frotter soigneusement avec du savon et un écouvillon. Même travail attentif pour la tétine qui doit impérativement être séparée de la bague dont vous nettoierez consciencieusement le pas de vis. Séchez si possible l'ensemble, car c'est avec les traces d'eau que les bactéries se développent. Sinon, veillez à inspecter régulièrement le lieu de séchage, qui doit être aéré (pas de surface plane).
- Le chauffe-biberon sera lui aussi inutile car il est très long à chauffer pour un résultat incertain. Achetez une bouilloire avec affichage de la tempé-

rature (et cela vous servira aussi puisqu'elle maintient en général la température de l'eau). Il en existe qui peuvent chauffer entre 50 °C et 100 °C. Réglez à 50 °C, puis, dès que c'est prêt (en général au bout de 30 secondes maximum), ajoutez de l'eau froide pour atteindre 40 °C. Au contact des parois froides du biberon, elle descendra à 37 °C. C'est une méthode très rapide et imparable. Vous n'avez plus qu'à verser l'eau dans le biberon. Secouez énergiquement après avoir rajouté la quantité de lait adéquate puis vérifiez sur le dos de votre main ou sur votre poignet que la température est idéale : c'est prêt !

- Interdisez-vous le chauffage au micro-ondes ! Le risque d'erreur de température est garanti puisque le contenu peut être chauffé alors que le contenant reste froid, vous donnant une fausse indication… Sans parler de la nocivité de ce type de chauffage, qui bouleverse la structure moléculaire des substances chauffées.
- Certains indiquent qu'il n'est pas nécessaire de chauffer le biberon. Cependant, sachez qu'il est beaucoup plus facile de digérer un aliment chaud que froid ou à température ambiante. En effet, le foie n'aime pas le froid, notamment celui de bébé qui est fort immature. Inutile donc de le charger, d'autant que le lait maternisé n'est déjà pas si simple à digérer…
- Pour donner le biberon, positionnez-vous comme pour allaiter, votre bébé sur le côté, soutenu par votre bras et pouvant vous regarder : positionnez-le sur un coussin d'allaitement afin de soulager votre dos ! Certaines mamans mettent leur bébé dos contre leur ventre : quel dommage de rater la connexion du regard, si importante !

LE MOT DU PÉDIATRE

Un **intervalle de 2 h 30 minimum entre deux biberons** est souhaitable, car le lait artificiel est plus difficile à digérer que le lait maternel. Le risque, si les tétées sont trop rapprochées, est de remplir un estomac qui n'est pas encore totalement vide. Votre enfant risque alors d'avoir des troubles digestifs, se manifestant essentiellement par des coliques.

Téter au biberon ou au sein, est-ce identique ?

Lorsque bébé boit au biberon, la succion de la tétine provoque un débit régulier du lait, bébé tire à lui le lait qui coule dans sa gorge. Un effort modéré et continu lui est demandé.

Tétée au sein et croissance mandibulaire

Le mouvement de la mandibule (mâchoire inférieure) lors de la tétée au sein est très complexe, très différent de celui de la tétée au biberon. En effet, l'une des caractéristiques de la tétée au sein est la propulsion de la mandibule vers l'avant. Cela favorise la croissance de la mandibule et s'avère être l'une des meilleures préventions du rétrognathisme, ce petit menton très en arrière par rapport au plan des lèvres. Faites-le téter au sein le plus longtemps possible, car c'est pendant les deux premières années de la vie que le potentiel de croissance mandibulaire est le plus grand.

Lorsque bébé tète le sein, il doit tout d'abord téter très fortement jusqu'à la montée de lait, pendant plusieurs minutes parfois, ce qui peut demander une énergie considérable. Cependant, s'il doit fournir un tel effort en début de tétée, il n'a plus rien à faire ensuite que de gérer le puissant débit une fois que la montée de lait est installée. C'est durant cette période transitoire que les choses seront critiques, car bébé est mis à la diète et attend impatiemment la première montée de lait ! Le lait jaillit alors puissamment au fond de sa gorge en l'inondant littéralement. C'est beaucoup moins fort pour le colostrum, qui sera éjecté à doses homéopathiques puisqu'il est très concentré.

Si vous proposez trop systématiquement le biberon dans les premières semaines, et en particulier les trois premiers jours, sachez que, le plus souvent, bébé rejettera ensuite le sein, par esprit d'efficacité, pas par paresse !

Tétine or not tétine ?

Certains parents se posent la question d'introduire une tétine ou non pour un bébé, en plus du sein ou du biberon. Voici quelques informations importantes à connaître avant de faire un choix éclairé !

Votre tout-petit a un grand besoin de succion. Elle entraîne la sécrétion d'endorphines, qui sont des substances ayant une structure proche de celle de la morphine. Ces endorphines, une fois sécrétées, se dispersent dans l'organisme et entraînent un état de bien-être (même si, chez le bébé de moins de 3 mois, cette disponibilité des endorphines est moindre que chez le plus grand). Vous avez peut-être déjà vu le regard perdu dans le vague des enfants plus grands qui ont encore une tétine ? Il n'est alors pas étonnant que certains bébés deviennent « accros » à celle-ci.

Quand un tout-petit a subi des traumatismes au cours de l'accouchement ou bien en début de vie, lui permettre d'être apaisé par la succion, même d'une tétine, est licite. D'autant plus que, chez le petit nourrisson, **la douleur** est vécue d'une façon plus intense et plus durable. Tout le problème réside dans la difficulté ultérieure probable que vous risquez d'avoir à le faire se passer de cette succion, puisque plus bébé grandit, moins elle est nécessaire. Si vous observez bien votre enfant, vous constaterez que ce besoin de succion disparaît presque vers l'âge de 2 mois. À cet âge, la plupart des tensions intracrâniennes liées à la naissance ont disparu (d'autant plus certainement que l'enfant aura été suivi par un ostéopathe), et votre bébé « recrachera » la tétine que vous lui mettrez dans la bouche s'il pleure. Il n'en a plus besoin. Ses pleurs nécessitent une autre réponse.

Si vous manquez ce cap, que vous insistez en redonnant la tétine malgré tout, votre bébé va finir par s'habituer à cette réponse, quelle que soit sa plainte ou son besoin. C'est une sorte de « tais-toi et tète ». Les problèmes qui peuvent s'installer seront alors multiples : réveils fréquents, même à 2 ou 3 ans, parce qu'il aura perdu sa tétine dans son sommeil et ne pourra plus se rendormir sans ce bien-être dû aux endorphines, problèmes d'articulation à l'âge de la parole, mauvaise position de la langue voire des dents, eczéma du pourtour de la bouche à cause de la salive sécrétée en excès et s'échappant de cette bouche pas vraiment fermée, etc.

LE MOT DU PÉDIATRE

Si **bébé pleure beaucoup**, la recommandation que l'on pourrait vous donner serait de commencer par voir votre pédiatre et un ostéopathe pour essayer d'en comprendre la raison et de résoudre le problème. Si aucun problème n'est décelé ou si aucune solution ne soulage l'enfant (et ses parents !), alors on peut donner une tétine, en étant vigilant à ne pas la remettre au petit qui la rejette. On peut aussi proposer le petit doigt (bien propre) de papa ou maman à l'enfant, ce qui aura l'avantage, non négligeable, de faciliter le sevrage !

Réussir son allaitement

La confiance avant tout

Toutes les femmes sont capables d'allaiter. Celles qui y arrivent le mieux sont celles qui ont un entourage sensible à l'allaitement et qui sont soutenues de façon adéquate par des professionnelles spécialisées, sage-femme, consultante, pédiatre. Ce qui manque, le plus souvent, c'est la bonne information, celle qui vous donne les moyens de comprendre ce qui se passe, qui vous dit que tout n'est pas toujours rose et qu'il y a des écueils à éviter, des étapes à franchir.

Sachez que la confiance sera la clé de voûte d'un allaitement réussi.

Allaiter, c'est avoir du lait disponible en permanence, à la bonne température, en quantité adaptée (c'est votre bébé le directeur de la production, qu'il gère parfois à flux tendu !) et d'une qualité irréprochable. Aucun lait artificiel ne peut atteindre le degré de perfection de votre breuvage dont la composition varie en fonction des besoins de votre petit et prend le goût de ce que vous mangez. Pas besoin de cuisiner… Une fois l'allaitement bien installé, vous n'aurez presque plus rien à faire, si ce n'est bien vous nourrir. Compte tenu du développement fulgurant du cerveau de bébé, vous avez en effet intérêt à bien vous supplémenter en acides gras insaturés et autres bonnes substances !

Le cerveau de bébé

Le cerveau de l'adulte pèse environ 1 400 g, soit 2,3 % du poids du corps, mais utilise 23 % des apports énergétiques quotidiens. Le cerveau de bébé, à la naissance, pèse environ 400 g, soit 11 % du poids de son corps environ. Mais il utilise 74 % de l'apport énergétique alimentaire quotidien ! C'est énorme !

L'enfant trouve ces apports dans le lait, bien sûr, mais ce n'est pas du tout suffisant : il utilise le gras mis en réserve dans les tissus sous-cutanés : on comprendra alors que plus le bébé est jeune et mince, moins il faudra le faire patienter lorsqu'il réclamera. C'est si vrai que le manque de réserves de gras chez le tout-petit peut s'associer à un risque de retard de développement neurologique.

Éviter la confusion sein-tétine

Si vous êtes motivée pour l'allaitement, évitez, **durant la première semaine**, d'introduire autre chose que votre téton dans la bouche de bébé, **sauf urgence ou douleurs trop intenses**. Pas de petit doigt, pas de bout de sein (qui pourrait rester comme une interface permanente par la suite et gâcher en partie votre allaitement), pas de tétine (donc pas de compléments systématiques).

Une seule exception : si bébé a eu une naissance mouvementée et que certaines compressions du crâne le font souffrir. La tétine (ou le petit doigt) sera alors d'un grand secours car elle permet d'apaiser très efficacement ces tensions. Il ne faut pas que cela dure et une consultation chez un ostéopathe, en coordination avec votre pédiatre, devrait faire rentrer les choses dans l'ordre.

Durant cette période primordiale, à la maternité et dans les jours qui suivent, si les choses deviennent difficiles (fatigue intense, sein très douloureux, bébé inconsolable), ne refusez pas un complément ponctuel (mais pas dix !) qui pourra sauver votre nuit et aussi votre allaitement. Mais préférez donner des compléments de lait avec une tasse ou une seringue en vous faisant aider par une puéricultrice. Parfois, 30 ml suffiront à rassasier et à calmer l'appétit féroce d'un petit bébé tout en vous donnant 5 heures de sommeil réparateur. Le séjour à la maternité est une phase très sensible qui déterminera beaucoup de choses par la suite.

Des conditions idéales

Lorsque vous allaitez, débranchez le téléphone et toutes les autres sonneries. Supprimez tous les bruits parasites, sauf Mozart ou Bach (il paraît que les vaches fournissent plus de lait lorsqu'elles écoutent Mozart : vous êtes un mammifère, ne l'oubliez pas !).

Diminuez la luminosité pendant le temps d'allaitement. Beaucoup de mamans constatent que l'allaitement de nuit est beaucoup plus tranquille, car bébé est calme et détendu. Appliquez donc ce principe au jour et fermez les volets, les rideaux. En effet, la stimulation du cortex frontal par la lumière n'est pas propice au bon fonctionnement des fonctions primaires, telles que l'allaitement, géré par notre cerveau archaïque. Est-ce que vous feriez un dîner en amoureux sous un éclairage vif avec des néons plein feu ? Non, bien sûr ! L'ocytocine, l'hormone de l'attachement produite lors de l'allaitement (lors de l'accouchement et aussi lors de rencontres amoureuses ou amicales), n'aime pas les lumières fortes… En revanche, elle apprécie les regards échangés. Ça tombe bien, bébé au sein est justement à la bonne distance pour capter votre regard !

Votre bébé aime aussi particulièrement vos odeurs : celles du lait, de votre peau, de votre transpiration. Il faudra donc éviter les déodorants et, surtout, ne pas « astiquer » le sein. En effet, même les aréoles produisent des sécrétions pour attirer votre petit papillon ! Alors pas de nettoyage intempestif ! Le mieux est de masser vos tétons avec votre propre colostrum juste avant de mettre votre bébé au sein.

Un ou deux seins ?

Les 15 à 20 premiers jours, faire téter l'enfant aux deux seins permet de s'assurer qu'il prend assez et surtout de stimuler la montée laiteuse. Une fois l'allaitement bien installé, selon l'appétit de bébé, un seul sein peut suffire (vous le verrez à sa petite mine satisfaite…).

Du matériel et des accessoires pour se faciliter la vie

Votre sein va être grandement sollicité durant ces premières semaines d'allaitement. Il faut donc veiller à lui donner tout le confort possible avant, pendant et après les tétées.

Veillez à acheter des soutiens-gorge d'allaitement qui s'ouvrent très facilement et n'ont pas d'armatures (par exemple les soutiens-gorge Medela). Pour la nuit, c'est tout de même plus agréable.

Afin d'économiser, vous pourrez acheter des brassières de sport sans armatures (Decathlon, par exemple), souvent doublées à la poitrine avec une matière à la fois solide et extensible et qui peuvent, ô merveille ! aussi couvrir le ventre… Lorsque vous allaiterez à l'extérieur, vous serez contente de ne pas montrer votre nombril à toute la planète. Ces brassières ne possèdent pas de clips, mais peu importe, il suffit d'écarter la bretelle pour libérer le sein. Pourquoi faire compliqué quand on peut faire si simple ?

Pour éviter d'avoir froid ou de montrer votre anatomie à tous, vous pourrez ajouter un sweat-shirt ou un tee-shirt si votre brassière d'allaitement couvre le ventre. Si vous avez un simple soutien-gorge d'allaitement, superposez un tee-shirt suffisamment décolleté pour dégager la poitrine en haut, et un sweat-shirt que vous remonterez. Ainsi, ventre et épaules seront couverts, seul le sein dépassera pour bébé uniquement… Ni vu ni connu !

Les coussinets d'allaitement

Pensez en toute occasion à utiliser des coussinets d'allaitement (en général jetables, mais il en existe des lavables qui valent vraiment le coup) car bien souvent, votre sein ne vous demandera pas votre avis pour couler comme une fontaine alors que bébé vide l'autre…

Vous aurez peut-être besoin d'un tire-lait, pour des raisons médicales (bébé prématuré ou ayant du mal à téter au sein les premiers temps), parce que vous reprenez le travail (mais nous verrons que ça n'est pas obligé), ou simplement parce que vous voulez vous donner un peu de temps dans la semaine pour respirer. Vous pouvez utiliser un tire-lait manuel mais, pour certaines qui auront plus de mal, privilégiez le tire-lait électrique, bien plus efficace.

Privilégier les positions confortables

Pour la tétée, votre bébé doit être soutenu et votre dos soulagé. Quelques astuces vous permettront de vous sentir plus à l'aise et détendue, et vous éviteront des manœuvres complexes pour permettre à bébé d'atteindre le Saint-Graal !

Position classique

Vous veillerez à ce que bébé soit bien positionné (horizontalement ou verticalement) et qu'un coussin le soutienne ou soutienne votre dos, votre bras et votre tête. Prévoyez plusieurs petits coussins dans votre appartement afin d'être sûre d'en trouver un à proximité le moment venu. Le gros coussin d'allaitement en forme de haricot restera dans votre lit pour la nuit car il est plus encombrant !

Assise dans un fauteuil ou un canapé, soutenue par des coussins dans le dos, et un autre sous bébé ou sous votre jambe placée en tailleur (cela dépend de votre taille), vous glissez un bras tout autour de bébé afin de le positionner face au sein. Une position simple et efficace.

Position accroupie

Vous pouvez vous accroupir sur un pouf ou un tabouret bas. Cette posture vous permettra d'allaiter sans aucune tension et sans avoir besoin d'un autre coussin car ce seront vos cuisses relevées qui maintiendront bébé dans la bonne position. Veillez à être à bonne hauteur, les pieds bien ancrés dans le sol, le coup de pied à l'aplomb du genou, le dos penché légèrement en avant, bébé calé de biais entre vos cuisses et votre corps.

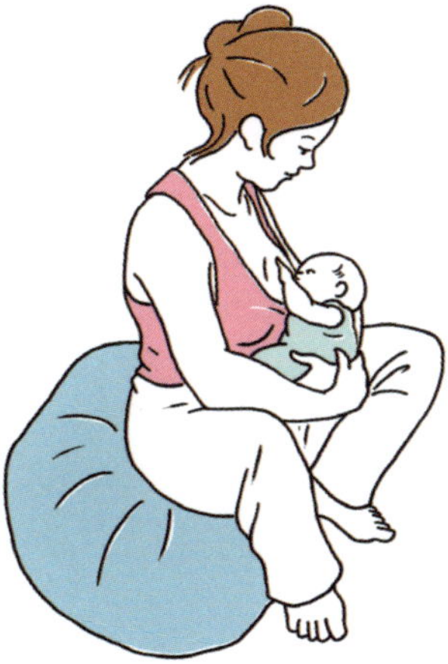

Lorsque bébé tète longuement, il vous arrivera de ne pouvoir être à table avec le reste de la famille car les chaises normales ne sont absolument pas adaptées à l'allaitement. Voici une astuce fort utile : faites-vous offrir une chaise haute type Tripp Trapp® de Stokke® (la même chaise haute que vous utiliserez pour bébé d'ici 6 à 8 mois). Comme nous l'avons expliqué p. 69, il ne s'agit pas d'y asseoir bébé, mais vous-même ! En vous installant en position semi-accroupie (assise sur le niveau du haut, les pieds posés sur le niveau du bas faisant remonter genoux et cuisses pour soutenir bébé), vous pourrez enfin, tout en allaitant, participer presque normalement à un repas. Bébé recevra peut-être quelques miettes sur la tête, mais cela lui donnera le goût de la convivialité et nul doute qu'il comprendra l'intérêt de se mettre à table, même s'il est pour l'instant… au balcon !

Position canapé

Vous vous penchez légèrement en arrière, le dos et la tête soutenus par des coussins (ou le dossier du canapé). Vous installerez un coussin large et épais sous votre bras côté allaitement et placerez bébé presque à la verticale, penché vers vous, sa tête face au sein, son corps et sa tête soutenus par votre bras. Si vous êtes sur un canapé, vous pourrez replier vos jambes en mettant vos pieds sur l'assise, de manière à ce que vos cuisses maintiennent les jambes de bébé. Non seulement c'est confortable, mais la position particulière de bébé au-dessus du sein, penché vers vous, rendra le jet de lait beaucoup moins violent que lorsqu'il est penché en arrière : cela limitera les régurgitations futures ! Adoptée la nuit, cette position vous permettra de rester vigilante (grâce à la semi-verticalité) tout en vous relaxant et d'enchaîner facilement sur le rot et l'endormissement (si possible, pas au sein : voir Si j'allaite, pourrai-je encore dormir ?, p. 178), bébé posé délicatement contre votre poitrine…

La plus reposante

Couchée sur le côté, un genou remonté et replié qui garantit que vous ne pouvez pas vous retrouver sur le ventre (important lorsqu'on a un bébé contre soi) dans votre lit, vous veillerez à bien caler un coussin dans votre dos pour maintenir votre position dos et tête. Prévoyez-en éventuellement un autre petit pour le dos de votre bébé. Repliez bien vos jambes (ou une jambe) en chien de fusil et donnez le sein inférieur. L'astuce consiste, pour changer de sein… à ne pas changer de position ou presque : vrillez légèrement le haut de votre corps de façon à ajuster le second sein en face de la bouche de bébé. Reste le problème du bras : mettez un coussin bien au-dessus de la tête de bébé et posez dessus votre bras supérieur en étirement. Voilà comment faire du yoga très simplement, tout en allaitant et en se reposant… sans risque pour bébé. Si vous vous endormiez, la position couplée des jambes et des bras vous empêcherait de « tomber » sur bébé. Que cela ne vous prive pas d'être vigilante !

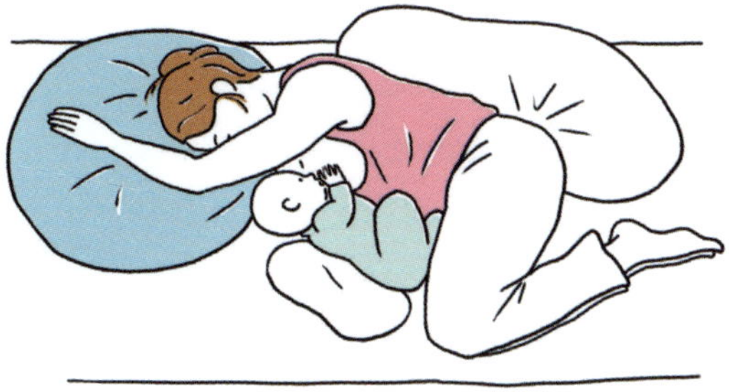

Cette même position peut être pratiquée sur un grand coussin plié pour que vous ne soyez plus à l'horizontale mais relevée de 20 à 30° environ du sol, notamment si bébé a tendance à régurgiter !

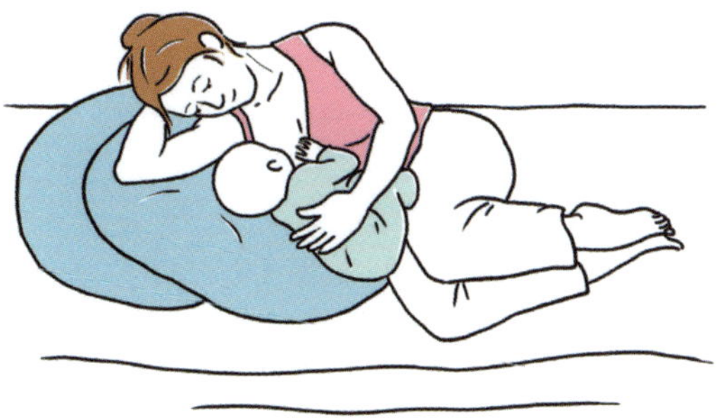

Tout savoir sur l'allaitement et le sevrage

Qu'est-ce qu'allaiter à la demande ?

On avance très souvent qu'il suffit de répondre à la demande de bébé, mais comment détermine-t-on que bébé demande véritablement le sein ? Quels sont les signes qui ne trompent pas et comment faire ?

Le fouissement : signe ou réflexe ?

Le premier signe repérable indiquant que bébé a faim est le réflexe de fouissement quand on touche sa joue à la commissure des lèvres. On peut objecter que ce réflexe n'est pas vraiment une demande, puisqu'automatique. En effet, il suffit de placer un nouveau-né juste à côté d'un sein pour qu'il tente à tout prix de l'attraper et d'en gober le téton. Sa fonction est d'inviter bébé à téter dès que possible ; aussi, pour les êtres cartésiens que nous sommes, cela peut devenir un casse-tête pour savoir quand bébé a réellement faim. Nous vous proposons de ne pas réfléchir pendant un délai de deux semaines et de laisser faire bébé à sa guise. Plus tard, vous pourrez commencer à différer sa demande une fois l'allaitement bien installé !

Il ne faut pas oublier que téter, ce n'est pas seulement manger, c'est aussi entrer en contact, s'apaiser, se blottir, se réchauffer. C'est répondre à un besoin de proximité. C'est aussi parfois une façon de digérer, car la succion et la déglutition provoquent un réflexe de digestion (le système des vases communicants). Ainsi, il n'est pas rare que bébé fasse une selle juste après avoir tété.

Pendant les deux premières semaines environ, ne vous posez pas de question : dès que bébé est réveillé, alerte et tranquille, n'attendez pas qu'il pleure et prenez-le dans vos bras : s'il manifeste son intérêt en tournant la tête et en ouvrant la bouche, ouvrez votre soutien-gorge d'allaitement et laissez-le saisir votre sein. Ceci évitera que bébé, une fois en train de pleurer ou de se tordre, n'arrive plus à saisir le téton. Pensez que si votre nouveau-né exprime sa faim par des pleurs, c'est qu'il est déjà trop tard. Un peu comme lorsque vous avez soif, c'est signe que votre corps est déjà déshydraté. Il faut bien se rendre compte, d'ailleurs, que le corps d'un nourrisson est composé de 80 % d'eau, et qu'en plus d'être nourri, il doit être hydraté régulièrement et sans délai !

Au-delà de deux semaines, prenez plus de temps. Regardez, discutez avec votre bébé avant de le mettre au sein pour sentir ce qu'il demande réellement : le sein, le câlin, le change, de l'apaisement, etc. Vous n'avez pas besoin de savoir immédiatement ce qu'il veut, juste d'essayer, dans un premier temps. Déchiffrer bébé n'est pas aussi instinctif qu'il y paraît !

Toutes les 3 heures ?

Faire attendre un nourrisson pendant le fameux délai de 3 heures prescrit par certains, c'est illogique voire irresponsable lorsque bébé hurle et réclame, car les réserves énergétiques et hydriques d'un tout-petit sont très limitées en temps et ce d'autant plus s'il est nourri au sein. Le lait maternel est digéré quasi instantanément, contrairement au lait maternisé qui demande 2 à 3 heures de digestion.

Combien de temps dure une tétée ?

Durant le premier mois, certains bébés téteront longtemps, parfois plus d'une demi-heure (aïe ! mes seins !) ; d'autres, plus fatigables ou plus efficaces, resteront au sein 5 à 10 minutes seulement. Téter demande des efforts considérables et certains nouveau-nés s'endormiront d'épuisement au bout de 5 minutes seulement, il faut le savoir. Ne soyez pas surprise que votre petit réclame à nouveau 30 minutes après son dernier repas. Il avait sans doute oublié le dessert, voire le plat principal ! Si votre bébé s'était endormi trop vite après une courte tétée, vous pouvez le changer en douceur : ainsi stimulé, il pourra reprendre le cours de son repas ! Autre astuce : caressez doucement sa joue, près de la commissure des lèvres. Évitez en tout cas les massages trop toniques du dos ou des pieds qui pourraient le déranger.

Si vous avez affaire à un bébé sportif et grand professionnel de la tétée, vous pourrez changer de sein en cours de repas, au bout de 10 minutes, afin de limiter la douleur sur le seul sein sollicité !

Si j'allaite, pourrai-je encore dormir ?

Certains esprits médisants font un parallèle entre allaitement et difficultés pour bébé à faire ses nuits. Ce n'est pas si simple. C'est un peu comme pour la tétine : certains l'accuseront, à tort, de perturber les nuits des petits. Ce n'est ni l'allaitement ni la tétine qui posent problème. Il s'agit plus exactement des habitudes qu'on donne à bébé dans les premiers mois. Si vous l'endormez systématiquement au sein (c'est tellement mignon… et surtout très pratique !), il est fort possible qu'il redemande ensuite son somnifère préféré lors de microréveils. Ces microréveils correspondent aux phases entre deux cycles de sommeil : bébé s'agite, grince un peu, ouvre éventuellement les yeux.

Trois mois déterminants

Si bébé n'a pas pris l'habitude de s'endormir au sein avant l'âge de 3 mois, il apprendra à se rendormir tranquillement puisque, jusque-là, l'allaitement nocturne lui aura permis de combler ses besoins nutritionnels indispensables pour nourrir son cerveau en plein développement. Après 3 mois (100 jours, pour certains puristes), bébé a atteint un poids (et de bonnes réserves de graisse) et une maturité neurologique lui permettant le plus souvent de se passer de nourriture la nuit et sauter un repas. Soyons claires : un bébé qui fait ses nuits est un bébé qui peut dormir de 6 à 8 heures d'affilée sans se réveiller, par exemple de 11 heures du soir à 5 heures du matin ! C'est déjà un exploit, vous n'en reviendrez pas !

La bonne technique est donc d'éviter d'endormir systématiquement bébé au sein lors des trois premiers mois. Facile à dire ? Lorsque l'allaitement s'est bien passé, de jour comme de nuit, que le bébé de plus de deux semaines semble avoir terminé son repas et tétouille tranquillement tout en s'assoupissant, détachez-le doucement du sein en glissant votre petit doigt dans sa bouche. Puis installez-vous confortablement dans un canapé ou un lit, penchée en arrière, la tête, le dos et les bras soutenus par des coussins afin de créer une sorte de ceinture de sécurité autour de votre bébé. Placez un tissu sous la tête de bébé (pour éviter qu'il soit attiré par votre peau) contre votre sternum, près du cœur, et reposez-vous tranquillement en attendant que bébé soit bien endormi. N'oubliez pas de le recouvrir d'une couverture, hormis la tête. Si vous êtes dans votre lit, vous pourrez vous laisser glisser doucement pendant 15-20 minutes (c'est le temps nécessaire à bébé pour s'endormir profondément), puis, délicatement, glisser bébé dans son couffin, Cocoonababy®, cododo ou un berceau attenant avec la couverture, afin que la température soit maintenue et qu'il ne se réveille pas une fois allongé. Dans la mesure du possible, gardez un contact physique avec votre bébé. Ainsi, il apprendra qu'on peut s'endormir sans rien dans la bouche… Un cadeau pour la vie !

Bien sûr, il y aura toujours certaines fois où, épuisée, vous craquerez et laisserez bébé s'endormir au sein (peut-être même vous endormirez-vous avec lui par mégarde), mais l'important est que rien ne soit « systématique » : ne vous fixez pas un objectif inatteignable mais un objectif réaliste. Dans la majeure partie des cas, vous essaierez de ne pas endormir votre bébé au sein afin de le rendre autonome dans ses réveils nocturnes mais aussi pour libérer vos nuits futures… N'attendez pas votre troisième bébé et l'expérience épuisante de nuits sans sommeil pendant plusieurs mois pour appliquer ces méthodes simples et sans tensions pour bébé comme pour vous !

Beau discours

Ne vous laissez pas envahir par les discours « d'allaitement naturel à la demande » qui vous font miroiter une manière de vivre avec bébé très particulière, avec un bébé au sein de jour comme de nuit mais qui ne correspond pas forcément à votre rythme de vie. Et passé les premiers mois de bébé, sachez passer à un allaitement « à l'amiable », qui respecte aussi votre vie et surtout vos nuits (voir Papa de nuit, p. 150) !

Allaiter, est-ce douloureux ?

On vous avait prévenue que l'accouchement pouvait être difficile, peu vous diront que l'allaitement peut ressembler au parcours du combattant tant la mode actuelle est de vanter les bénéfices immenses et réels du lait maternel et d'en cacher les problèmes : l'allaitement naturel oui, mais naturel ne rime pas avec facile, surtout la première fois.

Quelles douleurs ?

Pour les mamans multipares, il est classique de ressentir des douleurs de règles pendant l'allaitement, voire de véritables contractions identiques à celles de l'accouchement (on les nomme « les tranchées »). Mais que cela ne vous empêche pas de demander un soulagement… même si vous êtes une dure à cuire qui a accouché sans péridurale !

Après l'accouchement, la maman va beaucoup transpirer, desquamer aussi. Le processus qui consistait à tout garder pour nourrir bébé de l'intérieur va s'inverser, et tout va alors se diriger à l'extérieur ! De cocotte-minute sous pression, vous allez passer au stade vaporetto toute puissance !

Le timing n'est pas toujours le bon et l'adaptation peut prendre un certain temps ! Et s'il faut en moyenne 3 jours pour que la machine se mette en route et que l'on obtienne la fameuse montée de lait, il faudra plus de temps pour que tout se mette en place, et les douleurs de l'allaitement peuvent perdurer de 10 à 15 jours, voire plus ! Le savoir vous permettra de ne pas vous sentir dépourvue ni impuissante face à un petit bébé qui n'arrive pas à saisir puis à conserver le sein en bouche, en particulier lorsqu'il s'agit d'un premier allaitement !

Quelles sont les astuces pour limiter les douleurs éventuelles ?

- Massez vos seins avec votre colostrum avant et après chaque tétée avec des mains propres, et évitez à tout prix de les « astiquer » avec quoi que ce soit d'autre. L'odeur doit rester intacte pour bébé.
- Si vraiment le téton est douloureux au contact du vêtement, ou encore si la montée de lait ne vient pas, vous pouvez mettre des coquilles d'allaitement qui laissent le téton à l'air. Attention, cela stimule la production par la pression exercée sur le pourtour du mamelon, donc cela peut rendre les seins douloureux si ces coquilles sont utilisées systématiquement lors des premières montées de lait.

- Laissez le téton à l'air autant que possible, mais attention, il ne faut pas de courant d'air ni d'eau trop froide, qui risqueraient de crisper ou tétaniser la zone très sensible du téton !
- Après la tétée, massez votre téton avec de l'huile d'argousier. Véritable panacée, cette huile bourrée de vitamine C va accélérer la cicatrisation. Laissez-la un peu « macérer » dans un coussinet d'allaitement qui, par la chaleur produite, va améliorer la pénétration. Il suffira de masser votre sein avant la tétée suivante pour diluer ou nettoyer ce qui resterait.
- Utilisez le miel, toujours et encore. Miel de thym ou, mieux, de manuca, que vous aurez mis au fond d'un coquillage (ou coussinet) d'allaitement. Pensez à nettoyer le téton avant la tétée suivante.
- Certaines mamans utilisent avec succès la crème Lansinoh (faite à partir de lanoline, produit issu de la graisse de la laine). Sinon, vous pouvez tester la crème Vea® Olio, uniquement composée de vitamine E et comestible. Il faut éviter les produits à base de vaseline, même s'ils sont beaucoup moins chers.
- Si vos seins sont trop tendus, faites couler de l'eau chaude autour du mamelon à l'aide du pommeau de douche pour évacuer le trop-plein ou préparer les canaux galactifères avant une tétée. Il existe des coussinets d'allaitement qui peuvent être chauffés et installés sur le sein (pas sur le téton) afin de libérer les tensions avant la tétée ! Si vos seins sont douloureux et tendus, et que la prochaine tétée est loin, le froid peut être bénéfique et ce coussinet magique fera alors un passage au congélateur !
- Pour éviter les risques d'engorgement, rien ne vaudra une feuille de chou vert fraîche, légèrement ramollie grâce à un pilon (afin d'égaliser les nervures), glissée à même le sein sous le soutien-gorge : 20 minutes deux fois par jour (ou plus longtemps la nuit). L'effet est garanti contre toutes sortes de tensions !

Périodes difficiles

Entre 0 et 6 mois, vous pourrez vous retrouver pendant deux ou trois jours avec les seins désespérément vides le soir : c'est bébé qui fait des poussées de croissance et réclame plus que d'habitude. Mettez-le au sein plus souvent, tout simplement. Le débit et le rythme des tétées se régleront au bout d'une semaine. Par contre, lorsque bébé fera ses premières nuits, sautant un repas, ce seront vos seins hypertendus qui vous réveilleront tôt le matin ! Patience ! Là encore, les choses rentreront dans l'ordre au bout de quelques nuits !

À qui puis-je demander de l'aide ?

Bien sûr, votre meilleur allié sera votre médecin ou votre sage-femme ! Eux seuls pourront déterminer d'où viennent les problèmes éventuels : la façon de téter, votre position, la position de bébé par rapport au sein, etc.

Votre mère, votre sœur ou votre meilleure amie seront une autre aide non négligeable, si elles ont allaité. Elles sauront vous soutenir en cas de doute et vous rassurer, ce qui est le meilleur rempart contre une confiance en berne.

Vous pouvez également vous adresser à la PMI la plus proche. De nombreuses femmes s'y rendent pour avoir l'avis d'une sage-femme, d'un pédiatre ou d'un spécialiste de l'allaitement.

La Leche League a un réseau incroyable et ses membres sauront vous dépanner d'un bon conseil mais aussi vous proposer des rencontres autour de l'allaitement. Rien ne vaut la rencontre d'autres mamans pour partager votre expérience ou vos malheurs !

Il existe un réseau de sages-femmes, pédiatres et conseillères, IBCLC (institut de formation sur l'allaitement reconnu au niveau international), spécialisé dans l'accompagnement de l'allaitement. Ces personnes ont une longue expérience d'accompagnement auprès des mamans qui allaitent.

Sinon, de simples brochures telles que celle de l'INPS seront de bons supports pour bien se positionner et avoir toutes les informations : « Le guide de l'allaitement maternel » sera votre allié !

Comment passer de l'allaitement au biberon pour réussir le sevrage ?

Lorsque bébé a moins de 6 mois et si vous deviez retravailler, le biberon sera bien sûr indispensable : pour passer du sein au biberon, vous veillerez à faire les choses en douceur en suivant ces quelques conseils :

- Prévenir oralement bébé la veille de commencer l'introduction et préparer le terrain trois semaines avant la reprise du travail ;

- Présenter le biberon non pas lorsque bébé a faim mais entre le passage d'un sein à l'autre (au milieu du repas), ou entre deux tétées, ou en fin de repas. Renoncez si bébé le repousse et recommencez le lendemain : beaucoup de parents pensent qu'il faut que bébé ait faim pour se jeter sur le biberon et c'est une erreur, car bébé risque d'associer sa faim, une sensation désagréable, au biberon.
- Il ne faut jamais présenter le biberon dans l'urgence. Par exemple, maman a fait une sortie et bébé a une faim de loup : c'est la meilleure façon de braquer bébé.
- L'idéal est que le biberon soit présenté par quelqu'un d'autre que la maman : le papa, la nounou ou la grand-mère, par exemple.
- Si bébé ne prend pas autant que vous l'escomptiez, ne dramatisez pas, il se rattrapera plus tard.
- Si vous pouvez tirer votre lait, c'est très bien, mais ce n'est pas obligatoire… Tirer son lait au travail peut être compliqué : mieux vaut prévoir un lait maternisé pour bébé, même s'il ne prend que très peu pendant la journée. Mais c'est vous qui décidez : il existe d'ailleurs des crèches d'entreprises où la maman peut passer dans la journée pour allaiter son petit…
- Si vous allaitez, vous ne serez pas obligée d'arrêter brutalement : pour cela, il suffit de donner le sein une à deux fois le matin (en fonction des réveils matinaux de bébé) avant de partir. À midi, vous viderez un peu le trop-plein dans un lavabo (on pince l'aréole du sein et on tire un peu de lait) ou bien vous le tirerez pour le donner à bébé (mais cela demande toute une organisation que peu seront prêtes à mettre en place et personne ne vous blâmera si vous n'en passez pas par là !). Et le soir, quel bonheur de se « brancher » à bébé. Là encore, vous pourrez donner deux ou trois fois en soirée. Ainsi, vous maintiendrez une lactation qui pourra perdurer plusieurs mois, sans trop d'effort : souvent, les seins s'adaptent à la demande et le sevrage se fera ainsi en douceur. C'est bien pour bébé, pour maman et aussi pour les seins qui verront leur production diminuer en douceur et reprendront ainsi leur taille initiale sans coupure abrupte, qui peut causer une perte d'élasticité de la peau…

Comment sevrer bébé sans biberon ?

Si bébé a passé 6 mois, peut-être pouvez-vous vous passer du biberon qui est surtout pratique… pour les adultes (pas de salissures, gain de temps…). Mais oui ! un bébé qui débute la diversification alimentaire n'a pas forcément besoin de biberon, il faut le savoir : il existe des verres souples (sans BPA) dans lesquels il pourra boire sans encombre (comme un grand mais avec votre aide bien sûr !) et ainsi vous pourrez vous passer de biberon : évitez les verres… en verre car certains bébés aiment mordre et cassent le verre (comme cela est arrivé à ma fille !).

Vous devez aussi savoir que les biberons de soupe ou de céréales sont loin d'être l'idéal (sauf pour l'adulte) car le contenu est alors envoyé directement dans l'estomac sans être passé par la salivation, étape essentielle de la digestion : si le lait maternel ou maternisé peut se passer de cette étape, les autres aliments devraient être mastiqués et salivés longuement… Bien sûr, cela vous donne plus de travail et les repas s'éternisent… Le repas du soir doit être, selon nombre de traditions, « un repas de mendiant », même pour bébé. Il ne doit pas être un somnifère mais un plaisir avant tout !

Oubliez donc, par exemple, le biberon de céréales le soir pour que bébé fasse ses nuits… Préférez toujours un repas à table sans biberon avec des petits pots de laitages, type yaourt, fromage blanc ou bouillie de céréales dans la mesure du possible !

Une alimentation saine et savoureuse pour maman

Ce que l'on met à tort aux oubliettes, prétextant que la maman peut manger de tout maintenant (hors alcool, bien sûr), c'est son alimentation. Cette dernière est pourtant primordiale pendant les premières semaines et les premiers mois. En dehors des suppléments que pourra vous donner votre médecin, le corps est mis à rude épreuve. Nombre de dépressions post-partum pourraient être évitées si l'on donnait de simples habitudes alimentaires à la jeune maman. Ce qui lui manque cruellement, c'est le temps, et ce que prend bébé à sa maman sont des éléments indispensables au développement fulgurant de son cerveau, c'est-à-dire de la graisse et de bons oméga 3. Il faudra donc veiller à manger équilibré, même si vous n'allaitez pas, car votre corps devra alors faire face à un bouleversement hormonal plus brutal que si vous allaitiez !

Faites la fête, mais modérément

Mais oui, bébé est là ! Un « VIP » vient d'arriver dans votre vie, il faut fêter ça ! Attention cependant à ne pas en abuser. Pensez que vous êtes en convalescence et que votre estomac et vos intestins restent fragiles (en particulier si vous avez vécu une césarienne) : pas de grandes folies. Cependant, profitez – enfin – des petites douceurs dont vous avez rêvé toute votre grossesse, hormis l'alcool si vous allaitez (sauf une seule coupe de champagne le jour de la naissance après que bébé se soit endormi la première nuit, après c'est terminé, mais je ne vous ai rien dit, chut !). Sortez les plus beaux couverts, les plus belles assiettes, savourez la joie à pleines dents, mais toujours avec douceur et délectation.

Les ingrédients indispensables de votre garde-manger

Bien sûr, il faudra revenir à des bases saines, l'idée est de récupérer le plus rapidement possible et le corps aura besoin des meilleurs nutriments pour se reconstruire. Ces ingrédients seront extrêmement bénéfiques et pourront vous aider à vous alimenter sans vous surcharger pour autant, à nourrir votre peau tout en aidant l'allaitement, le cas échéant.

Voici une liste non exhaustive d'ingrédients de base à avoir sous la main.

Les fruits secs

Ayez à portée de main des dattes, figues, raisins secs, abricots secs, graines à croquer en tout genre, amandes (qui donnent un lait abondant et riche : une astuce africaine très efficace !), noix de pécan, de cajou et du Périgord, noisettes.

Essayez également les graines de courge, de tournesol, à croquer éventuellement après un petit trempage afin de les rendre plus digestes, ou à ajouter dans une sauce de salade après les avoir broyées…

Les huiles végétales

Favorisez les huiles végétales de première pression à froid que vous conserverez impérativement au réfrigérateur : lin, chanvre, cameline, colza et noix, mais aussi huile d'olive pour le cru et la cuisson. Ponctuellement, l'huile d'argousier pure en petite quantité aura d'excellents résultats sur les muqueuses de la bouche et sur l'estomac ou les intestins (en plus de son utilisation pour le périnée). Pour ce qui est des huiles animales, vous pourrez privilégier les capsules d'huile de foie de morue (désodorisée…), riche en vitamine D.

De l'eau, beaucoup d'eau !

L'eau est indispensable. Choisissez-la la plus pure possible : naturelle minérale, la moins minéralisée possible, comme Mont Roucous, Montcalm ou Rosée de la Reine. Il vaut mieux que les minéraux soient proposés sous forme solide : l'eau est là pour nettoyer et hydrater, par pour surcharger.

Les fruits et légumes

Ne lésinez pas sur la quantité de fruits et de légumes : vitamines et minéraux, toujours disponibles, qu'ils soient cuits ou crus. Choisissez-les de préférence biologiques. Voilà une source de bien-être disponible à tout instant !

Le véritable petit épeautre de haute Provence ou le grand épeautre non hybridé

Il est nourrissant (forte teneur en protéines), régénérant (grâce aux thiocyanates qu'il contient) et fortifiant (magnésium, fer en grande quantité). De plus, il génère peu de déchets (gluten très digeste) et aide même l'organisme à se nettoyer des toxines et à lutter contre la déprime, exactement ce qu'il faut aux jeunes mamans… Le seul inconvénient est la durée de trempage et de cuisson : il faut compter 12 heures de trempage et 45 minutes de cuisson minimum (mais il existe des boulgours, des versions précuites ou concassées, qui cuisent beaucoup plus vite, ou encore de la farine ou des flocons d'épeautre pour la pâtisserie). On peut le cuisiner, chaud ou froid, en mode sucré ou salé, accompagné d'épices ou de légumes. Il se conserve très bien au réfrigérateur.

Conçus par Hildegarde de Bingen, les biscuits de la joie sont très efficaces pour lutter contre le baby blues. Ils peuvent se faire maison ou se trouver dans le commerce. Cette recette simple et rapide à base de farine d'épeautre se présente sous forme de sablés additionnés d'une bonne dose d'épices « de la joie » (muscade, cannelle et girofle). Ils vous donneront force et moral pour affronter les difficultés inhérentes à la maternité !

Des produits naturels aux 1 001 vertus

Préférez systématiquement la plante fraîche à la poudre et la poudre aux gélules afin que votre cerveau puisse lui aussi analyser et participer activement à la bonne assimilation des nutriments.

Le curcuma

Vous pouvez consommer le curcuma frais ou en jus frais (c'est-à-dire à partir de plantes fraîches, bien plus assimilables que la poudre). Antibactérien, antifongique, anticancer et en surtout anti-inflammatoire très puissant, il peut être incorporé à des plats salés, sucrés et même à des crèmes de massage !

Le gingembre

N'hésitez pas à râper des morceaux de gingembre frais dans vos plats salés ou sucrés et vos tisanes. Dans cette période transitoire, il vous aidera à mieux digérer et à éliminer le trop-plein par son action dépurative. De plus, il réchauffe l'estomac, le cœur et le corps !

Le citron et le miel

N'hésitez pas à ajouter du citron sous toutes ses formes, c'est un fruit en or pour le corps ! Pour tous vos plats, pensez au jus de citron, ou encore au zeste de citron biologique râpé (marinades de viande ou de poisson, sauces, jus de fruits, salades de fruits, crème Budwig ou « miam-ô-fruits »). Idem pour les produits de la ruche : miel, pollen (frais si possible), propolis, gelée royale vous aideront en cas de fatigue ou pour stimuler votre système immunitaire.

L'extrait de pépin de pamplemousse

Si vous avez des petites maladies infectieuses quelles qu'elles soient (ventre, gorge, nez, bronches, peau), vous pourrez utiliser des gouttes d'extrait de pépin de pamplemousse, un antibiotique, antibactérien et antifongique naturel : attention de prendre des produits à haute concentration, quitte à les diluer ! Suivez bien les posologies ! Par exemple, une goutte sur votre brosse à dents au moment du lavage permettra de purifier votre bouche.

L'ortie

L'ortie sous toutes ses formes (gélules, décoction, soupe, etc.) est très bénéfique. Le nombre de ses vertus est incalculable tant elle agit à tous les niveaux grâce à ses nombreux minéraux, vitamines et oligo-éléments ! Anti-inflammatoire, diurétique, détoxifiante, galactogène, reminéralisante, hémostatique (contre les hémorragies), antiallergique, calmante, elle soigne de nombreux maux et paraît être l'atout du convalescent.

Épices, herbes et autres douceurs

Infusion sur mesure

Faites préparer un mélange (au choix) de fenugrec, fenouil, anis, galega, carvi, ortie blanche, houblon, verveine ou basilic par votre pharmacien, afin de concocter des tisanes galactogènes. Sinon, achetez les tisanes d'allaitement bio du commerce. Versez deux cuillerées à soupe de ce mélange dans un litre d'eau froide et mettez à bouillir deux minutes. Retirez du feu et laissez infuser dix minutes, puis filtrez dans un thermos. Vous pourrez en siroter à toute heure de la journée !

Parsemez vos sauces et vos plats d'**épices** merveilleuses, en poudre, en graines, ou fraîches, venant directement de votre jardin ou du marché. Utilisez-les en alternance ou combinées, sous forme de décoction ou de tisane. Fenugrec, cardamome, fenouil, galanga, galega, cannelle, vanille, carvi, coriandre, estragon, basilic, curry : elles stimulent la digestion, la circulation, et certaines sont galactogènes (sauf le romarin, le thym et le persil).

Si vous êtes plutôt adepte des **huiles essentielles**, préférez la version « cristaux d'huiles essentielles » maintenant disponible, à utiliser dans votre alimentation, afin d'éviter tout surdosage : basilic, coriandre, fenouil, agrumes ou mélanges divers et variés raviront vos papilles, stimuleront l'allaitement ou apaiseront vos nuits et le ventre de bébé (sans effet néfaste). Ils s'utilisent comme le sel : une ou deux pincées ou gouttes suffisent largement.

Pour diminuer la production de lait au moment du sevrage ou éviter les engorgements, sachez que **la menthe, la sauge ou encore le persil** sont de bons coupe-lait ! Attention de ne pas en prendre dans le cas contraire…

Le thé (vert, blanc, bleu, non fermenté, semi-fermenté ou matcha, mélangé à d'autres plantes aromatiques mais jamais noir) fera merveille pour drainer le corps, faire transpirer et éliminer. Préparez-le avec une eau frémissante et si possible dans une bouilloire thermostatée (80 °C) afin d'éviter de vous ébouillanter le palais et afin de garder l'eau à bonne température pendant que bébé vous occupe.

Le chocolat est une plante bourrée de vertus et c'est un anti-baby blues reconnu ! Veillez à prendre du chocolat noir à forte teneur en cacao (minimum 70 %) : plus il est pur, plus il est coupe-faim !

Si vous êtes adepte des germoirs, n'hésitez pas à consommer des **graines germées** (l'alfalfa ou luzerne est galactogène et riche en nutriments).

Enfin, connaissez-vous **les paillettes et poudres** ? Levure de bière, graines germées, gomasio, algues (en particulier la spiruline pour le fer) et germe de blé sont faciles à utiliser, à conserver et à saupoudrer partout !

Les ingrédients à limiter ou remplacer

De façon générale, il faut se méfier de tout ce qui est trop blanc, trop sucré, trop salé, trop gras, trop goûteux pour être honnête !

Les pains et farines

Au pain blanc, préférez le pain à la farine semi-complète (le complet pouvant être trop irritant) de blé ou, plus digeste, de kamut ou d'épeautre, biologique bien entendu, aux noix, noisettes ou encore figues. Dans tous les cas, préférez le pain au levain car il vous aidera à absorber le fer, contrairement à son comparse sans levain.

À la farine blanche, préférez la farine T80, dite bise, semi-complète, que vous mélangerez éventuellement à des flocons de céréales, avoine ou épeautre. Sinon, il existe de nombreuses farines qui permettront de diminuer l'apport de blé : farine de pois chiche, châtaigne, amande, coco, riz, etc. Variez les plaisirs, votre corps vous dira merci !

Do it yourself !

Inutile d'acheter des produits transformés sans gluten qui sont chers alors que vous pouvez les fabriquer vous-même !

Au sucre blanc, préférez les sucres complets (à ne pas confondre avec la cassonade qui n'est autre que du sucre blanc coloré avec du caramel !).

Les laitages

Faut-il se passer du lait de vache ? Seul votre bébé vous le dira. Changez vos habitudes ! Pensez chèvre, jument ou brebis sous forme de fromage et de yaourts ! Fiez-vous à votre goût et demandez l'avis d'un diététicien ou d'un naturopathe.

Les graisses

Vous proscrirez autant que possible les produits transformés contenant des acides gras trans, c'est-à-dire des lipides nommés acides gras insaturés sur les étiquettes (matières grasses animales cuites, en général, ou huiles végétales hydrogénées). Vous en trouverez beaucoup dans les viandes cuites, grillées, mais aussi dans les viennoiseries. Aïe ! le petit croissant chaud du boulanger ! En dernière extrémité, si vous deviez choisir, préférez toujours les produits fabriqués maison et pur beurre plutôt qu'« ordinaires », qui contiennent des margarines nocives.

LE MOT DU PÉDIATRE

Longtemps décrié en raison d'un effet potentiellement « œstrogène-like » (c'est-à-dire favorisant la production d'œstrogènes), **le soja** n'est plus maintenant déconseillé par le corps médical, après que certaines études aient montré son absence d'effets néfastes.

Le beurre consommé cru et en quantité modérée est par ailleurs utile car il est une des rares sources de vitamine A (la vitamine de la vue), avec la carotte. Pour la cuisson, par contre, il n'y a pas mieux que l'huile d'olive, et pour le cru, toutes les huiles précédemment citées.

Vous pourrez éventuellement utiliser du beurre clarifié en toutes circonstances (cru, cuisson, et même massage !) : il s'agit de beurre épuré de son eau et des matières lactées : il est utilisé en médecine ayurvédique qui lui attribue de nombreux bienfaits. Il est non seulement facile à fabriquer (on peut aussi en trouver prêt à l'usage dans les commerces spécialisés ou sur des sites ayurvédiques) mais aussi économique et il se conserve également très bien.

L'alcool

Évitez l'alcool et interdisez-le en cas d'allaitement ! Optez donc pour la bière sans alcool ou la levure de bière : elles feront l'affaire pour vous apporter de bonnes vitamines nécessaires à l'allaitement, la peau et les cheveux.

Des recettes magiques et rapides

Pendant les périodes délicates, de simples petites préparations pourront faire office de collations voire de petit déjeuner, de déjeuner ou de dîner (même si elles ne se substituent pas à une alimentation variée), tant il est vrai qu'un bébé prend non seulement beaucoup de place mais aussi beaucoup de temps. Il faudra donc penser économie de moyens mais aussi de temps.

Rien de mieux alors que la crème « Budwig » ou encore le guacamole !

La crème « Budwig »

Voilà une merveilleuse mixture facile et rapide à préparer : elle vous tient au ventre sans vous surcharger, vous donne de quoi stimuler votre système hépatique (donc l'allaitement) et celui de bébé, et nourrit vos cellules et celles de bébés (le cerveau notamment)… Que demander de plus ?

Recette de la crème « Budwig »

Dans un moulin électrique (type petit moulin à café ou blender ayant une option « graines »), broyez :

- 1 ou 2 cuillerées à café de graines oléagineuses (au choix : lin, tournesol, sésame, amandes, noix ou noisettes) ;
- 2 cuillerées à café de céréales complètes (au choix : avoine, orge mondé, riz complet, sarrasin, millet).

Versez le contenu dans une assiette creuse et écrasez par-dessus 1 banane bien mûre à l'aide d'une fourchette.

Incorporez et fouettez en crème jusqu'à complète absorption et dilution de l'huile :

- 4 cuillerées à café de fromage blanc (ou yaourt) maigre à 0 % ;
- 2 cuillerées à café d'huile de lin (qualité biologique première pression à froid) ou, à défaut, d'huile de noix, de cameline, de chanvre ou de colza (biologique de première pression à froid).

Enfin, ajoutez :

- le jus d'½ citron et son zeste râpé ;
- 1 assortiment de fruits frais de saison (pomme, poire, kiwi, mangue, fraises, framboises, myrtilles – hormis les fruits acides : orange, ananas, pamplemousse…).

- Vous pouvez vous passer de fromage blanc si vous n'aimez pas les laitages !
- N'utilisez jamais de blé cru ni de dérivés de blé (épeautre, etc.), ni de seigle.
- Utilisez une seule céréale et un seul oléagineux, et variez-en chaque jour. Vous pourrez cependant aussi vous régaler du « miam-ô-fruits » de France Guillain, qui fait la part belle aux graines oléagineuses.
- L'idéal est de moudre fraîchement les graines mais vous pourrez moudre à l'avance une bonne quantité de graines que vous pourrez conserver une semaine maximum (au-delà, la mixture s'oxyde, notamment les graines de lin) afin de pouvoir réaliser rapidement et à n'importe quelle heure ces savoureux petits encas.
- À ces merveilleux et délicieux petits déjeuners, vous pourrez ajouter, suivant vos goûts, du gingembre frais râpé ou du jus de curcuma frais, de la cannelle, de la vanille, ou encore des graines de fenouil que vous aurez moulues en même temps que les autres graines…
- Pour rendre ce petit déjeuner chaud, plus digeste et savoureux, vous pourrez préparer les fruits légèrement cuits additionnés des épices précitées et d'un sachet de tisane d'allaitement : vous ferez ainsi d'une pierre deux coups !

Le guacamole : salé et épicé à toute heure, midi ou soir

Le guacamole est une recette aux multiples bienfaits, associant de bonnes graisses poly-insaturées, des vitamines bénéfiques pour la maman (E, B, C, anti-oxydantes et régénérantes pour les cheveux, la peau, les intestins). À consommer avec du pain semi-complet au levain et non des chips ! Conservez le guacamole au réfrigérateur dans un bol à fermeture hermétique.

Recette du guacamole

Dans un mixer, mélangez :

- ½ verre d'huile d'olive (noix, colza, chanvre, cameline, lin, etc.) ;
- le jus d'1 citron et son zeste ;
- 1 à 2 gousses d'ail frais, selon votre tolérance ;
- un peu de coriandre fraîche coupée ou du basilic et des épices (graines de fenouil, cumin, carvi, etc.) ;
- un peu de sel.

Une fois la mixture bien homogène et lisse, vous la mélangerez à trois avocats écrasés à la fourchette (et non mixés).

Ce qui est intéressant, dans cette recette, c'est que chaque pays l'a mise à son goût ! Inspirez-vous de ces différentes interprétations pour varier les plaisirs :

- du chèvre frais ou du parmesan associé à du vinaigre de vin, des tomates séchées et des olives broyées, pour une version méditerranéenne ;
- l'association ananas, noix de coco, mangue et citron vert, pour une version exotique ;
- un mélange de sauce soya, algues séchées, vinaigre de riz, wasabi et graines de sésame à la mode japonaise.

S'impliquer dans la diversification alimentaire

Une étape essentielle

Le moment de la diversification est une étape essentielle et extraordinaire dans le développement de votre bébé. Autour de 6 mois, votre enfant est prêt à prendre autre chose que le lait maternel (ou artificiel). C'est en effet une étape nécessaire de son développement, à la fois sur les plans nutritionnel (le lait ne permet plus de couvrir l'ensemble de ses besoins), psychomoteur, et symbolique (l'apparition des premières dents, autour de 6 mois, signe en effet un pas supplémentaire vers l'autonomie). Cependant, il y a quand même quelques variantes, et il ne faut pas bousculer la nature : **il est prêt s'il avale un aliment quand on lui présente dans une petite cuillère et qu'il ne tète plus la cuillère**. S'il tète, son système digestif dans son ensemble n'est pas assez mature, et la digestion sera mauvaise. Il faudra alors attendre une semaine supplémentaire puis réessayer. Et, dans la mesure du possible, même si cela complique un peu la tâche, essayez de faire manger votre enfant pendant le repas familial plutôt que tout seul ! Le caractère convivial a un rôle non négligeable pour inciter votre bébé à s'intéresser à la nourriture solide.

La gamme alimentaire

Il n'existe en réalité aucune règle scientifiquement prouvée concernant le mode d'introduction des aliments : elle dépend autant des convictions personnelles, de l'enfant lui-même que des habitudes socio-familiales ou culturelles ! La liberté vous est donnée à ce sujet, à ceci près que certains principes fondamentaux doivent être respectés, comme nous le verrons ci-après. Les conseils qui suivent concernent la façon dont la diversification est proposée en France.

Lorsqu'il est prêt, il est prêt à manger pratiquement tout : fruits (non re-sucrés et à l'exception des fruits exotiques, qu'il faut introduire avec prudence, plutôt à partir de un an, ainsi que des fruits à coque, de l'arachide et du kiwi, en raison de leur très fort pouvoir allergisant – encore que les allergologues ont tendance maintenant à conseiller leur introduction assez précocément, légumes (non salés, à l'exception du céleri), viande et poisson (maigre, de préférence), œuf entier, fines herbes.

Risques d'allergies

Attention aux charcuteries, à éviter avant 3 ans, sauf le jambon blanc (sans gras) : ces aliments, très salés et gras, peuvent provoquer des réactions allergiques fortes du fait de leur composition.

Les légumineuses et les épices (avec modération !) s'introduisent un peu plus tard, vers 9-12 mois, à l'exception des lentilles, qui peuvent être proposées un peu plus tôt. Vous pouvez prélever les légumes pour votre enfant dans votre propre plat, à la condition expresse, toutefois, de ne pas saler, car le rein de votre enfant n'est pas capable, avant 2 ans, de filtrer trop de sodium. Vous n'aurez qu'à mettre la salière sur la table et saler dans votre assiette ensuite. Quant au sucre, n'en rajoutez pas, c'est une habitude qui peut attendre !

Le planning d'introduction

Commencez d'abord par les pommes de terre, carottes, blancs de poireau, haricots verts, pommes et poires (cuites au départ), bananes (considérées comme un fruit non exotique !) puis introduisez l'artichaut, le fenouil, la courgette, l'oignon et, dans un troisième temps, la tomate et les épinards. Tout ceci introduit, bébé peut manger tout le reste !

Veillez à proposer des légumes de saison plutôt que de suivre à la lettre cet ordre d'introduction. Par exemple, si votre enfant commence à manger au printemps, les petits pois, les carottes et les pommes de terre seront de la fête tout de suite. Pour les fraises, il faut être attentif, car certains enfants font des réactions « allergiques » : il s'agit en fait d'une libération d'histamine, favorisée directement par le fruit. Ce n'est pas une vraie allergie, en réalité (la même chose peut se produire avec le thon, autre aliment dit histamino-libérateur).

Introduisez un seul nouvel aliment chaque jour afin de pouvoir repérer celui qui serait éventuellement responsable d'une réaction allergique (troubles digestifs ou éruption cutanée). Il n'est pas toujours nécessaire d'attendre une semaine entre chaque nouvel aliment : ce serait trop monotone et bien trop long !

Les modes de cuisson et de préparation

Si vous en avez le temps et le courage, l'idéal, bien sûr, est de mitonner vous-même les repas de votre enfant. Mais soyez simple : faites cuire un repas pour toute la famille (sauf si vous mangez un steak-frites !), sans saler, et mettez-en une part de côté pour bébé !

Les légumes seront cuits plutôt à la vapeur, à l'étouffée ou à l'eau (un pot-au-feu est parfait, par exemple).

Il est également préférable d'écraser les aliments qui peuvent l'être à la fourchette, afin d'habituer votre enfant aux petits morceaux et aux textures, ce qui vous évitera plus sûrement les problèmes de refus des morceaux ensuite.

La viande est mixée à part et donnée dans la cuillère avec ou sans légumes.

LE MOT DU PÉDIATRE

Les morceaux favorisent **une bonne mastication**, indispensable au développement de la mâchoire inférieure : vous serez bien contente lorsque votre petit ira voir l'orthodontiste et que celui-ci vous dira qu'il y a la place pour chaque dent définitive, sans traitement trop lourd !

On peut ajouter un filet d'huile d'olive ou de colza (apport d'acides gras essentiels) ou, parfois, un petit morceau de beurre (apport de vitamine A) sur les aliments cuits.

N'hésitez pas à ajouter des fines herbes : elles relèvent le goût d'aliments un peu fades.

Attention, certains bébés n'aiment pas les peaux (tomate, notamment) ou feuilles qui resteraient collées au fond du palais ! D'où leur aversion pour certains légumes ou plantes vertes à feuilles !

Pour les crudités, il est préférable d'attendre l'âge d'un an environ à cause du caractère un peu irritant pour l'intestin des fibres crues. Pour les fruits, s'ils sont bien mûrs, ils peuvent être proposés crus dès 6 mois si on peut les écraser finement à la fourchette. Dans les autres cas, proposez-les en compote tant que l'enfant n'est pas encore capable de croquer.

Les rations et les modes d'introduction

Commencez par l'équivalent d'un « petit pot » de légumes du commerce, soit environ 125 g, pour les adeptes de la pesée. La viande est introduite très vite, dès que l'on voit que les repas se passent bien (cela peut être dans les 15 jours suivant le début de la diversification, si votre bébé n'attendait que cela !), à la dose de 2 cuillerées à café (10 g) au début.

Si votre enfant ne prend qu'une ou deux bouchées de ce premier repas, il prend son biberon ou le sein ensuite, comme si de rien n'était.

S'il a dévoré les aliments à la cuillère, alors on peut proposer ensuite un yaourt ou une compote et ne plus donner de lait lors de ce repas.

Une fois un premier repas quotidien bien installé, on propose une compote ou un fruit frais au goûter suivi de lait ou d'un yaourt (avec ou sans un biscuit bébé, peu sucré). Une autre idée, donnée par une maman du Sud : la navette provençale (intéressante aussi à mâchouiller pour la dentition !) et que l'on peut fabriquer soi-même à l'occasion (en diminuant la dose de sucre).

Pas de boudoir !

Attention ! Le boudoir est fortement déconseillé par les gastroentérologues car le sucre cristallisé qui recouvre ce biscuit est agressif pour l'œsophage du bébé, qu'il peut léser.

Dans la foulée, on introduit un repas le soir, composé de légumes, sans viande.

Vers 8 mois, on passe au « grand pot » (environ 200 g) et on ajoute des féculents (semoules de blé ou de riz, petites pâtes à potage) pour le repas du soir (les féculents permettent une bonne réplétion gastrique et une bonne nuit, d'où leur intérêt le soir chez le petit).

Vers 9 mois, l'adjonction de fromage fera la joie de certains. Attention, toutefois, aux fromages trop salés, à ne donner qu'avec parcimonie.

Vers 12 mois, la ration de protéines pourra passer à 30 g par jour (viande, œuf, poisson).

Votre enfant conserve du lait le matin et le soir au coucher, soit environ 500 ml par jour (apport indispensable pour un taux de calcium et de fer corrects, mais qui peut se décliner en laitages également, ou en produits de substitution dont les apports en calcium et fer ont été adaptés).

Mais pour le petit déjeuner, pourquoi ne pas proposer à bébé, dès 9 mois, de partager votre crème « Budwig » (voir recette p. 193) ? Une ou deux cuillerées au début, puis plus, selon son appétit ? Il faudra veiller à faire cuire la pomme ou la poire au tout début.

N'oubliez pas de proposer de l'eau en fin de repas lorsqu'il n'y a plus de lait. Vous pourrez proposer aussi de l'eau en dehors des repas en laissant une bouteille d'eau avec embout à capuchon à la vue de bébé. Les autres boissons sont inutiles et peuvent être un piège lorsqu'elles sont sucrées (c'est le plus grand facteur de risque d'obésité, avec les bonbons). Un jus de fruits frais par jour est tout à fait bienvenu, mais les jus de fruits en bouteille n'ont pas les mêmes vertus nutritives et ne doivent être donnés qu'occasionnellement.

Laits végétaux

La plupart des laits végétaux du commerce ont perdu les valeurs nutritives de la céréale dont ils portent le nom ! Lait de riz, d'avoine, etc., en brique, passez votre chemin. Si vous recherchez des laits végétaux pour votre enfant, il existe des laits végétaux en poudre (La Mandorle uniquement) conçus suivant un procédé breveté et qui conserve une grande part des nutriments initiaux. Recommandés par la naturopathe Candice Levy, ils offrent une palette intéressante dès lors qu'on veut passer à la diversification en douceur. De même pour les bouillies, vous privilégierez les crèmes de riz complet, millet, quinoa, petit épeautre ou amarante.

Si jamais il vous arrivait de sucrer, n'utilisez jamais de sucre blanc mais du sucre complet (rapadura ou autre, mais jamais de cassonade), du sirop d'agave, du sucre de coco, des coulis de myrtilles ou de framboises, toujours à petites doses.

La diversification menée par l'enfant (DME)

Il s'agit d'un mode d'introduction où l'enfant est autonome (ou presque), développé et décrit par un anglais, Gill Rapley. À partir du moment où il commence à picorer dans votre assiette et mettre les mains dans le plat, souvent lorsqu'il se tient assis à table avec vous, sur vos genoux, alors vous pouvez commencer à lui proposer de quoi assouvir sa curiosité et son besoin naturel de mâcher.

En pratique

Dans cette méthode, c'est bébé qui décide ce qu'il mange et comment il mange, c'est-à-dire avec ses mains, ses dents ou ses gencives, avec ou sans cuillère : la seule chose à faire est de lui proposer la nourriture sous forme de bâtonnets faciles à attraper et à mastiquer (cuisson à la vapeur ou à l'étouffée, par exemple), ou de semoule : carottes cuites en bâtonnets, pommes de terre morcelées, tranches de banane crue, tranches de pomme ou poire à peine cuites, lamelles de poulet ou de jambon, par exemple. Voici quelques principes et astuces utiles :

- Suivez le planning d'introduction des aliments : bien sûr, vous ne donnerez que des aliments « mous », qui se mastiquent facilement.
- Il faut respecter les goûts parfois saugrenus de votre enfant : certains aiment le jambon le matin, d'autres préfèrent commencer par le dessert (fruit ou yaourt) avant le plat (les légumes). Pourquoi pas ?

Mastication et digestion

Si bébé met tout à sa bouche, c'est non seulement parce qu'il veut goûter mais aussi parce que ses gencives le démangent avec l'apparition des dents et que le fait de mastiquer le soulage : la nature est très bien faite… Non seulement la mastication naturelle aide au bon développement de la mâchoire, à l'instar de l'allaitement maternel, mais elle permet aussi de bien insaliver les aliments et envoyer des informations gustatives et qualitatives au cerveau : deux actions indispensables à une bonne digestion !

• Il faudrait introduire une viande à partir du moment où, coupée en petits morceaux mais pas hachée, il peut la mâcher sans encombre : ainsi, plus elle est tendre et fondante, plus tôt il pourra la goûter ; les viandes plus coriaces et filandreuses viendront plus tardivement.
• Il vous arrivera sans doute de faire comme les animaux et, face à un morceau un peu trop gros et coriace, vous vous mettrez à le premâcher avant de le réintroduire dans la bouche de votre enfant, au grand dam de votre dentiste, qui redoute l'introduction de bactéries sur une dentition toute neuve… Mais les études scientifiques démontrent cependant que c'est bon contre les allergies… Qu'il est dur de bien choisir !
• Il faut protéger la table et aussi… le sol (une idée : une grande nappe à placer sous la chaise haute de bébé, à ramasser en fin de repas, secouer et mettre au lavage…).
• Restez auprès de votre enfant pendant ses expériences, même si vous ne mangez pas la même chose que lui !

La nourriture n'est pas un enjeu mais un jeu

La nourriture ne doit pas être un enjeu, sauf si vous constatiez que le poids de bébé stagne et souvent c'est votre pédiatre qui tirera la sonnette d'alarme (inutile de peser et mesurer en permanence votre enfant), auquel cas, une carence s'est peut-être installée. Cependant, jusqu'à un an, votre bébé prendra souvent beaucoup de poids (une mauvaise prise de poids ainsi qu'une difficulté à manger correctement doit vous faire craindre une intolérance) mais dès qu'il se mettra à crapahuter et marcher, son poids va très souvent se stabiliser brusquement en ligne presque horizontale : c'est normal.

La bouche de bébé est un sanctuaire : ne le forcez jamais à manger ou à garder dans sa bouche un aliment qu'il recrache. Ne tentez pas non plus de l'amadouer pour qu'il mange à grand renfort de sucre, de sel ou d'eau.

Toutes les techniques de « C'est bon, ça », de « Une cuillère pour grand-mère » ou encore de l'avion, se retrouvent aux oubliettes, bien sûr !

Faire du brossage de dents un plaisir, c'est possible

En même temps que la diversification alimentaire et la dentition, bébé découvre le brossage. Voici une petite technique pour l'aider à se brosser les dents régulièrement. Brossez-vous les dents en même temps, c'est une première étape, et lorsqu'il tient bien une brosse à dents, proposez-lui un échange : il vous brosse les dents et vous lui brossez les dents : fous rires garantis et hygiène dentaire à l'arrivée ! Deux bonnes habitudes en un seul rituel !

C'est bébé qui choisit quelle quantité il mange et ce qu'il mange. Parfois, il aura un appétit d'ogre ; parfois, il mangera à peine… Ce n'est pas grave, il se rattrapera le soir ou le lendemain. À moins qu'il n'essaie de vous dire quelque chose ou peut-être y a-t-il un problème avec un aliment particulier.

Lorsque bébé se met à jouer avec la nourriture, c'est qu'il n'a plus faim, inutile de le maintenir à table ! Et si bébé réclame à manger entre les repas ? Donnez-lui un fruit ou une compote, mais jamais son repas réchauffé : c'est vous mener à une vie d'esclave et votre bébé à un avenir de grignoteur ! Bien sûr, vous l'aurez prévenu lorsqu'il sera sorti de table !

Inutile donc de forcer bébé à finir son assiette que vous aurez choisie de la taille de bébé, soit deux fois plus petite que la vôtre. Un petit bol bien stable ou une petite assiette à soupe fera d'ailleurs très bien l'affaire !

Lorsque bébé veut recracher un morceau pour une raison ou une autre, surtout ne jamais lui dire de le ravaler, même si vous êtes au restaurant, mais lui saisir immédiatement sans autre forme de procès.

Astuce

Lorsque bébé tousse et qu'un morceau a du mal à passer, surtout ne vous crispez pas et toussez en même temps que lui en exagérant afin de détendre l'atmosphère, car plus bébé sera détendu, plus vite le morceau sortira ! Bien sûr, vous serez sur vos gardes et réagirez en conséquence !

Rendre bébé autonome dans son rapport à la nourriture, c'est non seulement l'aider dans ses gestes et sa motricité mais aussi, et c'est important, dans sa capacité à gérer seul les morceaux d'aliments qui passent dans sa gorge.

Bien sûr, ne soyez pas extrémiste et alternez les propositions : mixé ou entier, cru ou cuit, en petits pots (même du commerce : les compotes à boire – quelle facilité dans le sac à main ! – et compagnie), la paille (les enfants en raffolent), le biberon ou la cuillère lorsque vous êtes pressée ou que vous n'avez pas envie de passer la serpillière pour la énième fois… Qu'il est difficile de trouver l'équilibre !

5

Accompagner l'éveil de bébé

L'éveil de bébé n'est pas qu'une juxtaposition de capacités visuelles, auditives, tactiles, vestibulaires, gustatives ou olfactives. Bébé exerce ses capacités de façon multimodale et tout est relié, entremêlé, de façon subtile et complexe, en particulier au niveau du cortex cérébral. Et si une faculté manquait à l'appel (vision ou audition), les autres sens auraient vite fait de combler les vides et de se substituer, du moins partiellement, à la partie manquante : le cerveau a une modularité et une plasticité étonnantes, à la manière d'un jongleur virtuose.

Un dernier facteur intervient, et pas des moindres : la relation affective entre l'enfant et ses parents. Liberté de mouvement et sécurité, confiance et bienveillance seront aussi les piliers de son développement psychomoteur fulgurant !

La vision

Bébé est un architecte en herbe, adepte des larges espaces et des belles perspectives, pensez-y : il aime déjà la symétrie et l'équilibre.

Un sens primordial

Lorsque le petit enfant naît, ses capacités visuelles ne sont pas entièrement développées. Elles atteindront leur potentiel maximum par la stimulation. Pour cela, le bon fonctionnement des deux yeux est nécessaire. La surveillance de la vue est donc essentielle car, après 6 ans, tout défaut passé inaperçu auparavant devient définitif.

S'il existe un problème de vue chez l'un des parents, en cas de prématurité ou dans certaines pathologies néonatales, l'examen spécialisé est impératif car le risque de pathologie ophtalmologique est plus élevé. Les autres enfants sont

Vision et marche profondément liées

Certaines zones corticales, dédiées à la vision binoculaire notamment, se développent essentiellement durant la première année : la stimulation de la vision est reliée à celle de la marche bipède et ce lien est tellement vital pour notre espèce qu'il est présent dès la naissance (voir Un futur marcheur !, p. 78).

surveillés par le pédiatre. Le traitement d'un défaut visuel est toujours une urgence chez le petit, car l'avenir de sa vision en dépend.

À chaque âge ses capacités

Le développement des structures oculaires et visuelles se met en place entre le dix-neuvième jour après la conception et le quatrième mois après la naissance. Ce développement dépend de facteurs génétiques.

La rétine est constituée de cellules nerveuses photosensibles, les bâtonnets (pour la vision du noir et du blanc et les mouvements) et les cônes, beaucoup moins nombreux (pour la vision des détails et des couleurs). Les cônes ont besoin de lumière pour fonctionner. Il est donc nécessaire d'avoir un très bon éclairage si l'on veut voir un détail, a fortiori s'il s'agit de contrôler la vision d'un enfant.

À la naissance, les cônes ne sont pas connectés au système nerveux central. Il n'y a donc pas de vision des couleurs chez le nouveau-né. Ce qu'il voit, c'est le noir et le blanc (grâce aux bâtonnets déjà en place), le gris, le contraste, celui de vos yeux, de vos dents quand vous lui faites un grand sourire, et le mouvement de ceux-ci. Il perçoit votre visage en analysant les contrastes. Ce n'est pas le moment de changer de coupe ou de couleur de cheveux ! Peu à peu, les cônes vont se mettre en place, d'abord ceux permettant de voir les couleurs, au fur et à mesure : rouge (vers 1 mois), puis le vert et l'orange et, un peu plus tard, le jaune (vers 3-4 mois) et le bleu (vers 9 mois). La vision des détails (acuité visuelle) s'installe très lentement.

Vers 3 mois, bébé peut suivre du regard un doigt mais son champ visuel est plus étroit, même si cela est compensé par une mobilité de la tête et des cervicales étonnante. Il est donc nécessaire d'être bien en face de votre enfant pour échanger avec lui, votre visage est alors son spectacle favori. Ce champ visuel va s'élargir progressivement jusqu'à l'âge de… 16 ans ! Les petits enfants n'ont de ce fait pas du tout la perception de quelque chose qui arriverait sur le côté. Il faut, par exemple, leur apprendre à tourner la tête pour traverser une rue lorsqu'ils grandissent.

Les goûts et les couleurs

Quand bébé commence à voir les couleurs, vers 3 mois, il ne voit initialement que les couleurs vives. Les couleurs pastel ne commencent à être perçues que vers un an mais surtout à partir de 18 mois. C'est alors seulement qu'il est intéressant d'augmenter la palette de couleurs, en entrant dans les subtilités pour améliorer sa capacité de discrimination.

Que cela ne vous empêche pas de choisir de jolies couleurs dans des teintes variées et contrastées et pas seulement monochromes comme on peut le voir tristement parfois proposé pour les nouveau-nés (noir, blanc et rouge). En effet, bébé les découvrira petit à petit, tel un tableau évolutif qui se colorerait comme par magie et se préciserait au fil du temps !

Dès que bébé peut s'asseoir sur vos genoux, son dos contre votre ventre, les livres d'images reproduisant des œuvres d'art ou mieux, des photographies de visages (bébé adore) ou de jolis imagiers seront également de bons supports pour aider bébé à travailler sa vision tout en vous permettant de passer un excellent moment et partager, vous cultiver, apprendre grâce à bébé ! Refusez d'acheter un imagier qui ne vous plairait pas !

Décoration

Décorez en fonction de vos goûts : plaids et patchworks, tapis multicolores aux détails multiples, et même reproduction de jolies œuvres d'art ou encore belles affiches : il n'y a pas d'âge pour apprécier les jolies choses. Vous pouvez aussi fabriquer ou acheter des mobiles légers (à suspendre au-dessus des pieds de bébé et pas au-dessus de sa tête) ou encore fabriquer un pêle-mêle de photos glanées dans vos archives. Pour la crèche, une feuille avec patchwork de vos photos, plastifiée, sera la référence de bébé et saura le tranquilliser. Si vous avez une table basse avec un plateau en verre, vous pourrez glisser sous le verre différentes photos qui changeront au fil des mois : bébé pourra alors admirer tous ces visages !

En trois dimensions : ce n'est pas du cinéma !

L'accommodation, c'est-à-dire la capacité à mettre au point quand on passe de la vision de loin à la vision de près, n'est mature que vers 4 mois. C'est également vers 4 mois que la vision binoculaire (formation d'une image à partir de la synthèse des images envoyées au cerveau par les deux yeux en même temps), qui permet de voir les reliefs, s'installe. Pour cela, votre petit va travailler sa convergence. Votre enfant pourra alors saisir un objet de façon intentionnelle. C'est le moment où il peut fixer ses mains, les éloigner, les rapprocher, car cela nécessite une bonne accommodation et une bonne convergence. Auparavant, les deux yeux fonctionnaient de façon indépendante, alternativement, et indifféremment œil droit ou gauche. C'était la période pendant laquelle on pouvait le voir « loucher » par intermittence. Ce strabisme intermittent existe de façon physiologique jusqu'à 6 mois.

Libérer le champ visuel de bébé

À partir de 3 mois, enlevez les tours de lit qui prennent trop de place et, si la disposition de la pièce le permet sans que votre enfant ne se retrouve dos à la porte, alternez la position du lit (ou de bébé dans son lit) afin que la lumière de la fenêtre ne vienne pas toujours du même côté. Bébé doit pouvoir voir à 360° sans obstacle. Placez régulièrement bébé sur un tapis d'éveil sur le dos dès 2-3 mois : il pourra ainsi tourner la tête sans rencontrer d'obstacles visuels trop rapprochés. Pensez que son meilleur mobile, vers 4 mois, sont ses mains et ses pieds dont il peut modifier la position à volonté ! Libérer le champ visuel, c'est aussi lui permettre de voir loin, c'est-à-dire en extérieur, à la lumière naturelle, ce qui garantira un bon développement de ses capacités visuelles.

Entre 2 et 4 mois, bébé a un besoin physiologique d'exercer sa vision binoculaire : cette capacité, qui correspond à la vision en relief, va lui donner à terme une bonne coordination motrice, qui va lui permettre non seulement de bien se saisir des objets, mais aussi de ne pas se cogner ni trébucher sur un obstacle, de recevoir et lancer une balle au bon endroit. Plus tard, il pourra alors faire un travail de précision (tel l'horloger) ou encore bien s'orienter parfaitement dans l'espace (tel le pilote d'avion). À court terme, la vision binoculaire lui permettra surtout d'avoir un bon équilibre pour l'acquisition de la marche bipède puis de la course. On peut d'ailleurs constater qu'à ce stade précoce, bébé ne cesse de fixer son regard partout où il le peut, tourne la tête à droite et à gauche comme s'il cherchait des objets à regarder à la manière d'un chat qui chercherait des souris : le bon développement de la vision binoculaire, qui se forme avant un an, requiert qu'il voie librement en limitant les obstacles ou les situations asymétriques qui obligeraient à tourner la tête de côté. Lorsqu'il prend le sein ou le biberon par exemple, vous placerez bébé afin d'éviter cet inconvénient. Un torticolis est aussi un obstacle et peut ainsi avoir des répercussions sur la vision : c'est pour cela que votre pédiatre vous prescrira une visite chez un ostéopathe !

Vous veillerez aussi et surtout à mettre bébé face au monde dans l'axe de son corps, dans vos bras ou sur vos genoux : ce conseil n'est pas à appliquer systématiquement, bien sûr, mais plus particulièrement lorsque vous vous déplacez avec bébé. Attention, le portage systématique sur la hanche comporte un risque, celui de développer une asymétrie visuelle : vous veillerez à alterner hanche droite et gauche ou prendrez le parti de mettre bébé face au monde lors de vos déplacements et réserverez le portage hanche pour les activités statiques. En effet, lorsque vous marchez avec bébé éveillé dans les bras ou en écharpe, son travail oculaire est alors démultiplié, faisant appel en flux tendu à l'accommodation et la coordination des deux yeux, et la symétrie de position dans le sens du déplacement devient alors primordiale ! Si les yeux de bébé n'ont pas été stimulés symétriquement, les voies visuelles ne se développent pas non plus symétriquement et l'œil moins stimulé deviendra amblyope, ce qui, à terme, peut créer des problèmes de coordination et une maladresse corporelle.

Le portage et le transport de bébé à partir de 3 mois

Vous avez appris le portage en écharpe et apprécié cette technique qui consiste à porter bébé face à vous les premières semaines, façon kangourou. À partir de 3 mois environ, les choses changent et d'autres modes de portage pourront être utilisés, même la poussette !

Porter dans le sens de la marche

C'est **entre 2 et 4 mois** que bébé commence à vouloir regarder dans le sens de la marche. Il vous repousse de ses deux bras, lorsque vous le portez face à vous, comme s'il avait besoin de prendre de la distance visuelle, tournant la tête à droite et à gauche (essayez vous-même de vous faire guider à l'envers et vous comprendrez l'inconfort et l'angoisse de ne pas voir où vous allez !). Écoutez votre bébé, il sait ce qui est bon pour lui ! Vous pourrez alors le mettre dans le bon sens, par un portage en écharpe adapté, face au monde.

Bébé veut voir du pays

Il est dommage de voir des bébés portés encore face à la mère à 8 mois, le dos rond (si cette courbure est physiologique durant les quatre premiers mois, elle ne l'est plus par la suite !), la tête penchée sur le côté pour tenter de voir le spectacle. De nombreux systèmes existent pour le portage face à l'adulte ou dans son dos mais peu malheureusement proposent un portage face à la route dans la période critique de 3 à 8 mois. Seul le « Porte-moi » de Wilkinet® propose un portage physiologique dans tous les sens même face au monde. Évitez par ailleurs les systèmes de portage où bébé se retrouve « suspendu » entre les jambes, nocif pour son dos comme pour le vôtre la plupart du temps !

Vous veillerez à ce que la stimulation soit graduelle : portage en statique à la maison dans les bras face au monde, un bras sous les fesses, un autre devant le sternum, puis en mouvement, à la maison toujours, d'une pièce à l'autre, dans les bras. Puis portage en écharpe à la maison face au monde et enfin portage à l'extérieur.

Après 7-8 mois, si le portage de face devient plus compliqué (bébé plus lourd), vous pourrez alterner avec le portage face au monde et porter bébé dans le dos, très en hauteur, afin qu'il puisse au moins voir par-dessus votre épaule ce que vous faites et où vous allez ! S'il est dans un système de portage, vous veillerez à ce que le haut de son dos et ses bras dépassent de la bande supérieure afin qu'il soit libre de se redresser et ne s'affale pas, dos rond, sauf lorsqu'il dort (dans ce cas, attention à la tête : qu'elle ne tombe pas en arrière et soit soutenue d'une manière ou d'une autre).

L'autre possibilité (ne vous sentez pas coupable) est de mettre bébé dans une poussette face au monde dès qu'il se tient assis par lui-même. Son dos est ainsi libre, comme le vôtre !

Vers 1 an, lorsque bébé est plus grand et tient bien son dos et sa tête, vous pourrez l'installer sur vos épaules. De là-haut, il voit à 360° (un peu comme le portage eskimo où le bébé est porté dans une capuche en haut du dos du porteur).

Portage vs poussette

Si le portage corps à corps est excellent pour les huit premiers mois, il ne doit pas devenir une obligation jusqu'aux 3 ans de bébé. Pensez à vous ainsi qu'à votre bébé qui a besoin, à ce stade, de liberté de mouvement. La poussette pourra libérer favorablement votre dos, mais aussi celui de bébé pour peu que vous l'utilisiez à bon escient et dans les bonnes conditions (voir Poussettes et compagnie, p. 216). À vous de choisir et d'alterner en fonction de votre dos mais aussi des situations, car niveau encombrement, il est certain que le portage l'emporte haut la main !

En écharpe, un portage face au monde

Il est à pratiquer dès que bébé commence à tenir son dos et sa tête, pas avant 2-3 mois. Ce nouage est facile à mettre en œuvre, à garder sur soi, à ajuster et, enfin, il permet d'installer ou sortir bébé très facilement sans manœuvre complexe (notamment le laisser glisser délicatement et sans problème dans son lit). On peut mettre bébé face au monde mais aussi face au porteur si besoin !

- Placez le milieu de l'écharpe sur votre plexus et serrez très fort sous les seins (sous les bras pour les papas), cette bande doit toujours rester très serrée. Croisez les pans dans le dos puis ramenez-les sur le devant. Faites glisser chaque pan en les croisant par-devant sous la bande que vous avez serrée précédemment, par-dessus puis par-dessous de chaque côté.

- Pour porter bébé face à la route, il suffit de glisser les jambes et les bras du bébé dans chaque pan de tissu (qui ressortent en croix de chaque côté) et de bien basculer son bassin régulièrement pour qu'il ne cambre pas, comme s'il était assis. On termine par un nœud devant.

Chaque bébé est différent !

Sachez que certains bébés sont plus fatigables que d'autres et que la stimulation visuelle face à la route peut être très énergivore les premières fois ! Évitez les rues trop bondées et les grosses avenues où les voitures vont trop vite. Ne marchez pas non plus trop rapidement, l'idée n'est pas de faire de bébé un futur pilote d'avion mais avant toute chose, un futur bipède, car ce portage face au monde l'exerce à la marche avant l'heure sans crier gare, sachez-le ! Certains vous diront sans doute que porter bébé face au monde risque de le surstimuler mais il n'en est rien. Bébé est le seul juge et son comportement est le seul bon indicateur, soyez à son écoute, tout simplement. Les bons signes sont un bébé qui sourit et fait sourire les passants et qui agite ses jambes avec entrain comme s'il galopait ! Par contre, si bébé se tord et se cambre, alors pas de doute, il fatigue et demande à changer de position !

• Pour porter bébé face à vous lorsqu'il veut dormir ou lorsqu'il est fatigué, faites glisser les jambes du bébé dans chaque pan, puis refermez en étalant chaque pan sur le dos et les fesses de bébé, l'un par-dessus l'autre, en les croisant bien : c'est le serrage de la bande initiale et le poids du bébé qui font qu'on n'a pas besoin de nœud théoriquement, mais c'est mieux avec pour éviter que le bébé ne glisse sur le côté ou sur le devant. Pour ajuster l'écharpe, il suffit de tirer plus ou moins sur chaque pan… Et lorsque le bébé dort, il suffit de glisser sa tête dans l'un des deux pans.

En voiture, dans un siège adapté

Pour les trajets en voiture, vous pourrez utiliser un siège type Maxi-Cosi® pour les petits trajets : pour les grands trajets, un siège auto 0+1, s'inclinant suffisamment pour que bébé dorme bien installé, c'est l'idéal. Pourquoi 0+1 ? Car il est important que ce siège puisse vous servir longtemps, jusqu'aux 4 ans de votre enfant environ, car que font les bébés en voiture, en règle générale ? Ils dorment ! Ils doivent impérativement pouvoir s'allonger sans que cela ne tasse leur colonne vertébrale et sans que leur tête ne vienne peser trop lourdement sur les cervicales ! Le siège doit donc pouvoir s'incliner de 60° minimum ! Ce n'est pas parce qu'un enfant se tient assis qu'un rehausseur de siège lui suffira : certes votre enfant est attaché, mais il est également plié en accordéon lorsqu'il dort !

Il est à noter que, jusqu'à 6 mois, certains bébés n'aiment pas les trajets en voiture et vous feront vivre les affres de pleurs à rallonge impossibles à calmer malgré de nombreux arrêts en rase campagne, malgré « Frère Jacques », « Pierrot » et autres chants même entonnés en canon à quatre voix… Pourquoi ? Sans doute parce que son système vestibulaire ne se fait pas au mouvement rapide de la voiture et lui indique que quelque chose ne tourne pas rond, du moins trop rapidement ! Petite technique à tenter (mais là encore, aucune garantie : tapotez son siège auto en rythme (je n'ai pas dit secouer !) et peut-être que bébé se laissera leurrer par la vibration !

Poussettes et compagnie

Du landau à la poussette

Jusqu'à 3-4 mois, vous veillerez à ce que bébé soit face à vous, bien couché sur le dos, à 20° maximum par rapport à l'horizontale, le landau étant l'idéal. Inutile de relever bébé au-delà de 20° par rapport à l'horizontale, cela lui donnerait l'habitude d'être assis un peu trop tôt et sa position serait trop tassée. Protégez-le bien du soleil afin que ses yeux soient toujours à l'ombre.

Dès que bébé aime regarder, mettez-le dans l'autre sens, face au monde.

Dès qu'il se tient assis par lui-même, installez-le assis dans sa poussette lorsqu'il est bien éveillé, mais en évitant de l'installer collé contre le dossier que vous pourrez abaisser complètement si cela est possible tout en gardant une attache ventrale (voir Du quatre-pattes à la position assise, p. 223) et face au monde. Lorsque bébé dort, il doit être impérativement à l'horizontale ou presque.

Quels critères pour une bonne poussette ?

Une bonne poussette possède ces caractéristiques :

• une bonne longueur d'assise pour les jambes de bébé (qui ne doivent pas se retrouver dans le vide lorsqu'il dort !). Un bébé est toujours mieux en tailleur ou les jambes étirées vers l'avant qu'en position assise comme un adulte sur une chaise (antiphysiologique car cela raccourcit, à long terme, les muscles arrière des jambes et diminue la souplesse générale) ! Il faudrait, dans l'idéal, que cette assise soit parfaitement horizontale car même avec une inclinaison faible (comme le proposent certaines poussettes faites pour que bébé s'appuie sur un dossier), la posture assise dos droit devient difficile, essayez vous-même de vous tenir droite, assise sur un plan incliné vers l'arrière, c'est impossible !) ;

• une assise pas « au ras des pâquerettes », c'est-à-dire le moins proche possible des gaz d'échappement ;

Quelle poussette choisir ?

Les poussettes les plus chères ne sont pas forcément les meilleures ! D'ailleurs, des poussettes cannes basiques feront souvent aussi bien l'affaire qu'une poussette dernière mode formule 1. Il sera bien difficile de rassembler tous les bons critères, mais vous ferez de votre mieux !

- un dossier qui s'incline complètement ou à 30° maximum pour que bébé dorme à l'horizontale ou presque, même à 1, 2 voire 4 ans : les poussettes servent encore longtemps, pensez-y !
- il faudrait que le dossier ne soit pas solidaire de l'assise car il faut éviter que bébé se mette contre le dossier (le dossier est baissé au maximum) lorsqu'il est assis sans la contrainte d'un harnais qui le « scotche » au dossier et l'empêcherait de se tenir assis le dos droit !
- des attaches bien lâches au niveau des épaules (qui peuvent passer sous les bras devant le thorax), une attache ventrale ou, mieux, un arceau de protection à l'avant pour parer les chutes éventuelles ;
- la poussette doit être stable, c'est-à-dire que même si vous y avez suspendu des sacs de provisions et le cartable du grand (à éviter dans la mesure du possible), elle ne bascule pas en arrière avec bébé dedans (ça arrive plus souvent qu'on ne le croit).

Parent attentif, bébé en liberté

En plus de tout cela, il est nécessaire d'être une maman (ou un papa !) attentive qui saura prévenir son bébé qu'on va passer un obstacle et qui manipule la poussette en douceur dès qu'il s'agit de monter un trottoir, descendre d'un bus, surtout si bébé est assis sans dossier comme indiqué précédemment. Jamais un harnais cinq points ne remplacera un parent attentif : dans notre société hypersécuritaire, on préfère sacrifier la liberté de mouvement de bébé plutôt que de le laisser muscler son dos librement ! Et vous, quelle solution choisirez-vous ?

Une attache au niveau du ventre et de l'entrejambe est cependant un minimum à respecter pour éviter une chute malencontreuse !

La poussette ne doit pas être une camisole de force ni un mode de transport systématique (et encore moins une punition, comme j'ai pu le voir à de nombreuses reprises !) : dès que bébé exprime sa volonté de marcher ou de descendre, il doit pouvoir être entendu et seuls des déplacements dangereux (on traverse une rue) ou urgents (on doit aller chercher le plus grand à l'école) devraient vous inciter à attacher fermement votre petit à la poussette.

Laissez bébé décider

La liberté de mouvement est primordiale pour bébé. Certes, c'est éreintant et cela demande une grande attention et une grande disponibilité, mais plus vous laisserez votre bambin décider du moment où il veut se déplacer tout seul, plus il sera enclin à vous écouter lorsque vous lui demanderez de rester assis dans sa poussette, mais aussi plus vite vous pourrez vous passer de ladite poussette !

La motricité

Les bébés développent à leur rythme une motricité unique. Laissez-leur du temps, de la liberté de mouvement, de l'espace et surtout faites-leur confiance. Seul un handicap moteur devrait vous amener à intervenir car toute intervention, dusse-t-elle provenir d'une bonne intention, pourrait entraver la bonne marche des choses. Les âges indiqués dans les étapes de développement ne sont qu'une approximation, certains bébés aventureux vont plus vite ; d'autres, heureux d'observer autour d'eux sans pour autant vouloir se déplacer, prendront tout leur temps ! À chacun son rythme et sa façon de faire.

Quelle attitude adopter avec bébé ?

Ne pas trop intervenir et être (un peu) paresseuse : le plus important est d'aller dans le sens que vous indique votre bébé. Essayez également de ne pas projeter votre propre vision d'adulte sur ce que voit bébé : « Il doit s'ennuyer, couché par terre. » Eh bien non, sans doute ne s'ennuie-t-il pas du tout !

Faut-il encourager bébé ? Lorsque bébé est en train de réaliser un exploit (selon vos critères), faut-il lui dire « Bravo ! » ? Là encore, on pourrait dire que c'est une projection d'adulte… Bébé effectue un geste mais n'a pas forcément l'impression que cela est extraordinaire. Félicitez-vous votre bébé lorsqu'il se met à voir les couleurs ? Non, vous n'en savez rien et c'est tant mieux !

La marche peut le remplir de joie, car se tenir en équilibre sur ses deux pieds et se déplacer peut être véritablement jubilatoire. Mais il est

C'est du vécu !

Une de mes filles, un jour, m'a fait comprendre qu'il ne fallait pas s'extasier sur tout. La plus âgée était en train de bâiller et la plus jeune s'exclame : « Bravo, tu bâilles très bien, tu es une vraie balayeuse. » C'était à la fois comique et saugrenu car elle imitait les adultes et me renvoyait à mes propres façons de faire : pourquoi féliciter sur un geste aussi physiologique que bâiller ?

important de remettre les choses à leur place : laissez à bébé la joie de ses exploits. Bien sûr, vous avez le droit de vous réjouir, de participer à ses exclamations et d'être très fier de votre progéniture, mais restez discret, comme un spectateur qui n'applaudirait qu'à la fin du spectacle, pas toutes les cinq minutes ! L'énergie de l'enfant doit venir de l'intérieur, pas de l'extérieur !

• Peut-être peut-on trouver une autre manière de faire qui remette l'enfant au centre du jeu ? La méthode Faber et Mazlish propose de remplacer les compliments (qui ne sont rien d'autre que des récompenses, des bonbons affectifs) par des remarques descriptives, ce qui évite l'emphase et l'exagération. Au lieu de « Bravo, c'est très bien », dites ce que vous ressentez : « Quel rythme, quels pas bien balancés ! Ça c'est de l'équilibre, je suis impressionnée ! » Mettez-vous à la place de bébé et voyez si c'est ridicule ou au contraire si votre remarque tombe juste ! Frapper dans vos mains, lever les bras au ciel si bébé le fait aussi, c'est par exemple un très beau moment de partage !

Besoin de vous avant tout

Nous imaginons à tort que les enfants en général et les bébés en particulier ont besoin d'encouragements et de compliments pour avancer et progresser, c'est faux : ils ont besoin avant tout de notre présence (et même parfois de notre absence), de notre regard bienveillant, de nos bras, de notre sourire, nos rires et nos exclamations, mais point trop n'en faut : « Qui trop complimente mal étreint. »

De nombreux ateliers d'éveil existent (méthode Montessori, éveil sensoriel, parcours ludique) mais sachez que c'est chez vous que bébé trouvera matière à recherche !

Rouler, ramper et se redresser

Ce qui se passe pour bébé

Progressivement, surtout **après 3 mois**, bébé semble s'ouvrir au monde grâce à une maturité du système nerveux et cortico-spinal (digestion, sommeil, posture, respiration).

Vers 3-5 mois, bébé découvre normalement son premier mouvement, la roulade sur le côté, grâce à la torsion. Ses premières fois seront souvent obtenues par hasard : il va alors affiner son geste, se mettre en torsion parfaite (il désolidarise pour cela le thorax du bassin), ou laisser tomber ses jambes sur le côté et, dans le même élan, se retourner sur le ventre. Dans l'autre sens, c'est plus compliqué et il est fort possible qu'il vous demandera de l'aide, car les épaules coincent !

Dans vos bras ou en portage, il commence à se redresser franchement en prenant appui à partir du bassin et du sternum, à se mettre en torsion dans vos bras, à se retourner en torsion. Alors qu'après la naissance, la courbure en C de la colonne vertébrale était physiologique, cela devient de moins en moins vrai au fil des semaines et l'âge de 4-5 mois semble sonner le glas de cette courbure lorsque bébé est éveillé et qu'il entame le redressement du dos.

Vers 4-6 mois (voir 7-8 mois pour les moins pressés), une fois qu'il est assez à l'aise avec la position ventrale, bébé tentera de se déplacer, soit en poursuivant ses roulades sur le côté, soit en rampant, soit en faisant l'horloge (il tourne sur le ventre). C'est une phase d'intense frustration : lorsqu'il va se retourner sur le ventre, il ne parviendra plus à se remettre sur le dos ou, lorsqu'il voudra ramper et avancer, il reculera car ses bras le poussent mais ses pieds n'arrivent pas à prendre appui. L'objet qu'il convoite s'éloigne au lieu de se rapprocher, déjouant tous ses calculs.

Par contre, sur le ventre, bébé est capable de faire l'avion mais aussi de saisir des objets des deux mains, ou encore de se soulever façon cobra : quel exploit… essayez vous-même ! Dans ces deux postures, c'est le début de la courbure lombaire qu'on voit se mettre en place.

Comment favoriser ses mouvements

- **Favoriser la torsion :** entre 3 et 5 mois, bébé a besoin de libérer ses mouvements latéraux et celui de sa tête lorsqu'il est sur le dos. Évitez alors les transats, les lits cocons, les sièges type Maxi-Cosi®, trop enveloppants et restreignant les mouvements qui vont favoriser son redressement type « abdos » (qui est à éviter à ce stade). Le transat, à la rigueur, peut être utilisé très incliné pour la sieste ou le repas. Préférez les plaids épais molletonnés posés à même le sol. Vous pouvez installer des mobiles au-dessus de ses pieds mais aussi, autour de lui, des objets de différentes textures et poids. Préférez également un surpyjama (plus de gigoteuse si possible), car il aura besoin de désolidariser ses deux jambes afin de se retourner sur le ventre !

Pas bête la guêpe !

Voici une petite astuce pour l'inciter à rouler du dos sur le ventre : positionnez son objet préféré (un livre, un doudou, ou vous-même !) près de lui, mais suffisamment loin pour qu'il ne puisse pas les attraper sans se retourner : attiré, il ne résistera pas !

- **Pour prendre votre bébé dans vos bras,** vous ne lui ferez toujours pas faire d'abdos (prise de face) mais vous appliquerez consciencieusement l'enroulade (voir illustration, p. 90) pour le soulever du sol ou d'une table à langer. Il apprendra ainsi très rapidement à le faire par lui-même !
- **Lorsque bébé essaie de ramper,** trichez un peu et mettez vos deux mains derrière ses deux pieds pour lui donner un appui !
- **Libérer le dos et la vision :** vous lui permettrez de sortir le haut de son dos et ses bras hors de l'écharpe ou par-dessus vos bras quelle que soit la façon de le porter, afin qu'il muscle son dos et se redresse en prenant appui sur son bassin ou sur son sternum via votre bras ou l'écharpe. Cela libérera les mouvements de sa tête qui pourra alors tourner dans l'axe de la colonne vertébrale. Vous veillerez en même temps à libérer son champ visuel en statique ou en déplacement. Bébé aura alors une vision à 360° au presque !

Ce qu'il faut éviter

- **Se redresser oui, mais pas n'importe comment :** bébé a tendance à se redresser fièrement sur ses jambes hypertendues lorsqu'il est sur vos genoux, dans vos bras, faisant votre admiration : les ostéopathes déconseillent cependant de jouer avec ce réflexe car cela peut créer des tensions dans sa musculature dorsale : pour éviter ce mouvement, soit vous repliez les jambes de bébé franchement, genoux au-dessus des hanches et il ne pourra plus se redresser, soit vous le laissez faire mais en le soutenant autour du ventre et sous les fesses (éviter les dessous-de-bras) pour qu'il ne supporte pas son propre poids. Par ailleurs, veillez à ne pas lui mettre de pyjama trop petit qui favoriserait ce réflexe. Il existe des pyjamas sans pieds qui permettront à bébé de les attraper et de jouer avec de surcroît !
- **Vous éviterez de mettre volontairement bébé à plat ventre** tant que sa

musculature n'est pas encore prête. Pour l'aider, vous pourrez en revanche le laisser sur le dos en attendant qu'il veuille bien se mettre sur le ventre par lui-même ou mettre un boudin ou un coussin sous ses bras et son thorax ! Il pourra alors admirer le monde bien positionné et sans tension dans la nuque !

Du quatre-pattes à la position assise

> **Précautions à prendre**
> La position verticale, assise ou semi-assise, sera essentiellement pratiquée dans vos bras, le dos contre votre ventre par exemple, un bras soutenant le sternum, jamais seul sur un tapis, même avec des coussins !

Ce qui se passe pour bébé

Après les premiers « rouler-ramper », entre 5 et 10 mois, bébé va comprendre que se déplacer va nécessiter de décoller du sol : il commence à prendre de la force et à se soulever du sol d'une manière ou d'une autre, soit en cobra (bras uniquement, le dos en cambrure), soit en planche (bras et jambes tendues). Puis, il comprendra petit à petit que plier et ramener les jambes sous le corps est une position très stable et demande moins de force : une belle table à quatre pattes, en quelque sorte !

Presque simultanément à cette position « table », bébé commence à s'asseoir (contrairement à ce qu'on croit, la position assise ne vient **naturellement** qu'après la position à quatre pattes pour une simple question de sécurité : bébé a besoin de ses bras pour se retenir en cas de chute). Soit il va se soulever avec les bras sur le côté façon sirène, soit à partir du quatre-pattes, une jambe pliée devant, une autre à l'arrière. Bébé est alors capable de libérer ses deux mains, le dos parfaitement droit, la tête bien positionnée. Quel bonheur de jouer à la verticale cette fois !

De la position « table » à quatre pattes, bébé va commencer à osciller, en avant, en arrière, cherchant le moyen désespéré de progresser : eh oui, avancer la jambe droite pendant que le bras gauche avance, c'est un véritable exploit que le corps calleux (interface entre les deux hémisphères du cerveau) doit parvenir à effectuer… Cela va demander quelques atterrissages difficiles pendant plus d'un mois mais souvent sans danger pour un bébé persévérant ! Certains marchent même à la façon des ours, sur les pieds et les mains, les fesses en l'air !

Attention, il va tout mettre à sa bouche, afin de « saisir » chaque objet aussi bien sur le plan gustatif que sur le plan volumique ! Surveillance et vigilance s'imposent ! Attention aux petits objets qui traînent (voir Bébé met tout à la bouche, quels sont les risques ?, p. 308) !

Maintenant qu'il peut être assis avec vous à table, il ne va pas se priver de faire quelques expériences de « lâcher prise »… Ainsi va-t-il laisser tomber sa cuillère par terre pour étudier le bruit qu'elle fait et mesurer ainsi la distance au sol ; mais aussi parce qu'il apprend la persistance de l'objet malgré sa disparition. Non, croyez-moi, ce n'est pas pour vous rendre folle qu'il répète cette expérience ô combien amusante ! Pour faciliter les choses, attachez la cuillère ou l'objet à sa chaise avec un fil : ainsi bébé pourra remonter l'objet sans peine et sera autonome !

Comment favoriser son développement

Ne rien faire et laisser bébé chercher par lui-même : prévoyez simplement des couvertures molletonnées afin que votre apprenti aviateur atterrisse en douceur.

Faux quatre-pattes

Aucun animal ne se déplace à quatre pattes comme un bébé (mains-genoux). Cette locomotion totalement inédite dans le monde animal ne pourra perdurer : les genoux ne sont pas fait pour marcher et les pieds prendront bientôt le relais !

Dans le bain, dès 3 mois et lorsque bébé se montre à l'aise avec la position ventrale, vous pourrez le mettre sur le ventre, la tête relevée, ses bras au-dessus de vos bras. Il va s'amuser à plier puis tendre les jambes inlassablement et se propulser d'arrière en avant : ces mouvements sont les précurseurs de la marche à quatre pattes. Regardez un bébé nager, il est à quatre pattes, mais dans l'eau !

Utilisez des ballons et des petites balles : bébé va adorer les pousser pour les poursuivre !

Dès que bébé sait se mettre assis seul, il faudra l'installer assis dans sa poussette lorsqu'il est réveillé, mais sans dossier (avec des précautions, bien entendu, voir Poussettes et compagnie, p. 216). Ainsi installé, il va muscler son dos régulièrement et sans contrainte, comme un cavalier sur sa monture.

Vous pouvez aussi l'installer seul, sur une chaise à double niveau type Tripp Trapp®, afin qu'il puisse trouver un appui sous ses pieds et avoir les jambes bien positionnées.

Ce qu'il faut éviter

Mettre bébé en position assise avant qu'il ne le fasse de lui-même est déconseillé car certains bébés peuvent oublier la marche à quatre pattes et lui préférer la marche… sur les fesses ! Cet apprentissage est primordial pour le développement de la latéralité et l'alternance gauche-droite. D'autre part, mettre bébé assis façon « trépied », c'est risquer des chutes en arrière sur la tête, car cette position n'est pas assez stable et bébé n'aura pas encore appris à se servir de ses bras pour éviter les chutes en arrière : on ne met pas bébé dans une position qu'il n'a pas appris à maîtriser de lui-même car c'est le mettre en insécurité. C'est une période d'intense frustration où votre bébé va souvent demander votre aide, vos bras, puis triompher et parvenir à ses fins : faites-lui confiance, il va trouver par lui-même !

Ne croyez pas les marchands de poussettes qui vous prédisent que le dossier va aider bébé à bien s'asseoir droit, c'est le contraire qui va se produire, donc méfiance (voir Poussettes et compagnie, p. 216 et une bonne assise… sans dossier).

Si vous portez bébé en écharpe ou avec un autre système, il faut qu'il puisse sortir ses bras et avoir le haut du dos libre, hors de l'écharpe, sauf lorsqu'il dort bien sûr. Garder un bébé en portage dos rond de manière permanente l'empêche de muscler son dos et sa sangle abdominale. C'est le moment de le libérer et de passer éventuellement à la poussette dos libre de temps en temps !

La grimpette

Ce qui se passe pour bébé

Dès que bébé commence à marcher à quatre pattes, il veut explorer toutes les surfaces et tous les reliefs aussi. Avis à bon entendeur : moquette, parquet (avec essuie-poussière intégré !), mais aussi coussins et escaliers (et même porte de lave-vaisselle ouverte !), tout est bon pour tester ses nouvelles compétences d'explorateur déambulateur. Il va visiter toutes les pièces, tous les placards et tiroirs à sa hauteur. Bébé possède alors le don d'ubiquité et, si vous habitez une grande maison, vous aurez parfois la surprise de le retrouver dans une pièce éloignée, voire… à un autre étage.

Comment favoriser son développement

Laissez bébé grimper quand il veut mais réservez-vous des moments spéciaux où vous pourrez être à ses côtés dans les escaliers. Dès qu'il grimpe l'escalier, apprenez-lui à le redescendre, à reculons. En dehors de ces moments, mettez une barrière.

LE MOT DU PÉDIATRE

Le **parc**, oui, mais avec bébé le plus souvent à l'extérieur ! Sauf cas exceptionnel où votre enfant doit être en lieu sûr pour un petit moment, l'intérêt du parc réside surtout dans son aspect « coin de jeu », pour rassembler les jouets de votre enfant au cours de la journée. Les barreaux deviennent une sorte d'échelle d'exercice l'aidant à se redresser, afin de pouvoir ensuite aller explorer le reste de la maison. Croire votre enfant à l'abri des dangers grâce au parc est une erreur, car s'il échappe un jour à votre vigilance et réussit à sortir de celui-ci, il se dirigera avant tout vers des lieux inconnus, qu'il n'a pas appris à appréhender.

Faites attention : lorsqu'il passe du matelas au sol, beaucoup de bébés veulent descendre tête la première et du coup se tordent parfois le cou méchamment, idem pour les escaliers ! Vous pourrez montrer à votre apprenti cascadeur la meilleure façon de descendre d'une marche ou d'un matelas : passer ses jambes en premier en position ventrale, plutôt que foncer par-devant.

De temps à autre, transformez votre pièce de vie en parcours du combattant : matelas, coussins à escalader… Mais le meilleur matelas de jeu… c'est vous ! Couchez-vous ou asseyez-vous sur le sol, votre bébé adorera vous grimper dessus. Et là, pas de danger, il sait qu'il peut compter sur vous en cas de chute et venir se blottir contre vous dès qu'il est fatigué ! Si vous êtes sur la plage, le sable amortira ses chutes et vous pourrez paresser en même temps que vous surveillez bébé cascadeur ! Pour attraper bébé qui marche à quatre pattes, rien de plus facile : un bras sous son sternum, un bras sous ses fesses, et en avant l'avion !

Conscience du danger

Lorsque le sol est dur et que bébé doit le rejoindre à partir d'une marche ou d'un matelas, toquez trois fois sur le sol pour indiquer à bébé la dureté (en particulier la pierre ou le carrelage), puis toquez doucement trois fois sur son crâne en disant « aïe, aïe, aïe ! », afin de lui signifier que sa tête est plus fragile. Cela le renseignera mieux que tout autre chose sur le danger !

À ce stade, très souvent, il vous arrivera de trouver votre bébé endormi dans une position particulière, soit dans son lit, soit au milieu de la pièce comme s'il avait été immobilisé en plein milieu de ses activités ou de ses rêves : c'est la posture de l'enfant, fesses en l'air, jambes repliées sous le corps. Cette posture est physiologique et très confortable pour bébé : lorsqu'il se positionne ainsi au milieu de la nuit, inutile de le retourner sur le dos car il vous sera vain de le surveiller 24 heures sur 24.

Ce qu'il faut éviter

Attention au canapé !

Veillez à ne pas poser bébé sur un canapé en hauteur, pensant qu'il peut en redescendre tout seul. Ce n'est que lorsqu'il montera de lui-même qu'il saura en redescendre, pas avant ! En revanche, n'hésitez pas à positionner des coussins au pied du canapé dès qu'il sera capable de grimper dessus !

Retenez-vous de lui dire sans cesse « Attention, tu vas te faire mal » ou « Non, pas là ! Ne fais pas ci, ne fais pas ça ! ». L'exploration, c'est son métier, c'est sa mission du moment, alors sécurisez votre intérieur. Au besoin, interdisez certaines pièces à certains moments en fermant la porte. Vous pouvez ajouter des matelas, des coussins, des couvertures molletonnées au sol, mais laissez-le bouger, tomber un peu aussi (vous verrez, il maîtrise très bien la roulade sur le côté) sans chercher systématiquement à le retenir ou le protéger. On apprend aussi par l'erreur ! Mieux vaut lui montrer le danger que lui interdire l'accès à certains lieux, sauf cas exceptionnel.

Lorsque bébé s'approche des prises électriques dans un lieu non protégé (chez vous, vous mettrez des cache-prises) ou de tout autre objet dangereux mais impossible à éviter, ne poussez pas des cris d'orfraie. Approchez-vous doucement de lui en lui proposant de jouer à l'autre bout de la pièce, pour détourner son attention l'air de rien.

Bref, lorsque vous voulez épargner à votre bébé une mauvaise expérience ou un danger bien réel, n'employez pas le négatif mais le positif. Au lieu de « N'avance pas », dites « Recule ». Au lieu de « Ne fais pas ça », dites « Essaye de faire ça ». Au lieu de « Ne touche pas ça », dites « Regarde ça ». Mieux vaut détourner et nourrir positivement l'attention de bébé que de vouloir la réprimer… car c'est mission impossible ! Par ailleurs, certains bébés s'aperçoivent que c'est lorsqu'ils font des bêtises qu'ils attirent l'attention de leurs parents… C'est leur façon (maladroite mais efficace) à eux de dire « Fais attention à moi, regarde-moi ! ». Si votre enfant cherche ainsi à vous attirer, ne relevez pas sans cesse ses écarts ; au contraire, valorisez chacun de ses gestes « positifs » (remerciez-le sans exagérer pour autant) et il y a de fortes chances pour que votre adepte des bêtises devienne un enfant attentif et volontaire, dans le bon sens du terme !

Les premiers pas et… les premières chutes

Ce qui se passe pour bébé

À partir du quatre-pattes et de la position assise, bébé va partout et commence à décoller du sol en posant ses pieds à plat, les fesses en l'air ou les mains posées sur un coussin ou un pouf. Puis, il passe par la phase accroupie qui garantit sa sécurité. Il peut y passer des heures, libérant ses mains et jouant près du sol. Petit à petit, il va se redresser, avec appui tout d'abord (table basse, pouf, chaise, canapé, jambes) puis sans appui, musclant ses cuisses afin de s'ériger, tout droit en équilibre à partir de l'accroupi. C'est un moment précieux et rare que de voir bébé s'équilibrer ainsi sur ses jambes. Quel exploit quand on pense à la surface étroite de ses pieds comparée à celle de son crâne volumineux et lourd !

À ce stade, bébé va très souvent alterner les positions : au sol, debout, assise, quatre-pattes avec une facilité déconcertante, se servant de sa couche moelleuse comme amortisseur. Il longera aussi les meubles et les murs avec une grande persévérance. Bébé va probablement tester la posture du chien tête en bas, afin de relâcher sa musculature arrière, très sollicitée par la posture verticale : les deux mains et deux pieds au sol, jambes et bras tendus, tête en bas, fesses en haut, dos parfaitement droit. Quel acrobate et, surtout, quelle intelligence posturale de bébé qui applique ainsi la contre-posture du yoga : lorsqu'on a fait un étirement, on fait juste après une posture inverse pour équilibrer le tout !

Comment favoriser son développement

Mettez bébé pieds nus afin qu'il sente bien le sol (ou l'herbe, ou le sable) et puisse y prendre appui solidement en musclant sa cheville et ses pieds sans aucun artifice et surtout sans risque de glissade. Si bébé veut se mettre pieds nus dans le sable et si la température le permet, enlevez-lui ses chaussures : quel bonheur que d'évoluer sans contraintes à 1, 2 ou même 4 ans !

LE MOT DU PÉDIATRE

L'enfant forme sa voûte plantaire en marchant pieds nus. Si les conditions ne le permettent pas (sol froid, par exemple), on peut lui mettre des **chaussons ou chaussures** mais il faut les choisir en cuir très souple, sans semelle renforcée. Avec ce type de chaussures, l'enfant est libre de ses mouvements. Si le temps est sec, il peut aussi sortir avec ces chaussures. C'est seulement lorsque la marche est bien installée et que l'enfant risque de se mouiller les pieds en marchant dehors que l'on peut lui mettre une paire de chaussures en cuir un peu plus épais, plus imperméable. Il faut cependant les choisir en cuir le plus souple possible afin de ne pas blesser son pied fragile (le petit enfant se plaint rarement). Cette chaussure sera plus montante car sa rigidité, même modérée, ne permet pas de suivre autant les mouvements du pied, et le risque de se tordre la cheville devient réel.

Placez des tabourets bas stables afin qu'il se redresse sans danger. Montrez-lui les éléments d'appui qui peuvent être dangereux pour lui : une chaise qui bascule et le fait tomber, par exemple. Au lieu de lui dire « Attention, ça va tomber, tu vois, je te l'avais bien dit », devancez la chute et montrez-lui par l'exemple le risque encouru. Si bébé s'est accroché à une chaise instable, placez votre bras solidement derrière son dos et sa nuque ; de l'autre main, faites basculer la chaise vers lui et mimez sa chute presque jusqu'au sol, mais en douceur, en retenant bien sa tête. Bébé n'est pas masochiste, il comprendra à force d'exemples.

Si un tabouret est devenu son trotteur favori, faites bien sentir à bébé le risque de bascule en arrière, mais laissez-le explorer : il est fort probable qu'il s'amuse à balancer légèrement le tabouret pour tester son équilibre.

Un pilier solide !

Son accroche favorite, ce sera vos mains, vos bras, vos jambes, votre pantalon : l'idéal est de se mettre à sa hauteur, assis sur un canapé ou, mieux, un tabouret bas ou au sol : votre corps est d'une très grande stabilité pour lui !

Comment réagir en cas de chute ?

Lorsque bébé tombe, n'en faites pas un drame. Restez calme et jugez rapidement de la gravité ou non de la chute :

- si bébé se redresse immédiatement après une chute, n'intervenez surtout pas et ne dites rien !
- si bébé pleure un peu puis reprend ses activités au bout de dix secondes, là non plus n'intervenez pas et laissez-le se débrouiller ;
- si bébé s'est fait très mal et qu'il l'exprime manifestement, intervenez bien sûr rapidement, mais sans précipitation. Prenez-le doucement dans vos bras sans rien dire, sans crier surtout. Laissez bébé s'apaiser tranquillement et, petit à petit, il est fort possible qu'au bout d'une minute bébé se redresse et reparte de plus belle.

Bien sûr, si c'est une chute grave, n'attendez pas que cela s'aggrave et prenez les mesures nécessaires rapidement, mais toujours calmement. Bébé ressent votre stress et cela accroît le sien d'autant ! Respirez amplement et contenez votre angoisse, parlez calmement et doucement : « Je suis là, je suis avec toi. » Certains bébés se « pâment » lorsqu'ils tombent et se cognent la tête : leurs yeux partent en arrière et ils deviennent tout rigides avant de tomber dans les pommes (dans vos bras, si possible). C'est très impressionnant. Bébé, en général, se réveille quelques secondes plus tard en pleurant.

Contactez de toute façon toujours votre médecin en cas de malaise.

Ce qu'il faut éviter

C'est du vécu !

Un papa me raconte qu'il a réussi à rattraper sa fille à temps alors qu'elle grimpait les escaliers. Je lui demande des précisions : en fait, il s'était précipité en criant et sa fille avait alors basculé en arrière, sans doute effrayée par son appel !

Ne soyez pas sans cesse derrière bébé de peur qu'il ne tombe : il saura très bien se retenir et mettre les fesses en premier en cas de chute. Si vous êtes toujours à ses côtés, il pensera qu'il y a danger pour lui et votre peur risque d'être contagieuse !

Si bébé reste souvent au sol ou y retourne dès que possible, refusant de se redresser ou de marcher, ne le traitez pas de paresseux comme j'ai pu l'entendre : il est prudent, tout simplement. Il sent bien que sa tête est fragile et il n'aime pas se faire mal et prendre des risques inconsidérés, vous devriez en être fière ! Il y a aussi des petits casse-cou, c'est vrai, qui n'ont peur de rien et qui auront plus de bosses que les autres ! Chacun son style !

Lorsque bébé se redresse dans le vide, sans appui, ne soyez surtout pas tentée de lui venir en aide ou pire, de le faire marcher. Le plus dur pour les parents, à ce stade, c'est de mettre les mains derrière le dos et d'attendre patiemment, d'observer et d'admirer bébé en pleine recherche.

Faire marcher bébé : une fausse bonne idée

Lorsque vous faites marcher votre bébé, il est penché en avant et prend appui sur vos bras, ce qui n'est bon ni pour votre dos ni pour sa posture. Cette attitude peut même retarder l'acquisition de la marche : j'en ai fait moi-même l'expérience avec mes enfants. Mon aîné s'est mis sur ses deux pieds relativement tôt. Nous pensions qu'il marcherait rapidement et… nous l'avons aidé en le faisant marcher. Sa sœur s'est redressée plus tardivement que lui, mais elle a marché plus tôt que lui, car nous ne l'avons jamais aidée !

Quant au matériel, proscrivez les youpalas et les trotteurs assis, qui sont un danger public pour les enfants en âge de marcher : utilisés avant que la station debout ne soit bien acquise, ils forcent sur une musculature qui n'est pas prête à la verticalité ! Aucun gadget de marche, c'est inutile, voire néfaste ! Quant aux casques de protection, c'est simplement reculer pour mieux sauter ! Plus bébé sera habitué à ces protections, plus il risque de se faire mal, une fois le casque enlevé, car il n'aura pas pris la mesure du danger de façon graduelle !

Quand la marche est acquise

Ce qui se passe pour bébé

Bébé va bien sûr continuer ses apprentissages moteurs et les affiner. À partir des premiers pas, il ne va cesser de progresser en vitesse et en équilibre, mais il va aussi rechercher la difficulté : monter un petit trottoir, passer par-dessus un obstacle sans tomber, grimper une pente douce, ramasser un objet depuis la position debout et faire de l'escalade. Il devient très difficile d'empêcher pour vous ce mouvement, d'autant qu'au parc, c'est quelque chose que vous encouragez !

Comment favoriser son développement

Il faut que vous vous sentiez tranquille pour que bébé se sente tranquille, pensez-y : tout objet contendant ou potentiellement cassant (couteau, fourchette, verre), précieux (cd, livres, bijoux, vaisselle fragile, hi-fi, téléphones portables et autres écrans, clés), chimique (produits d'entretien, médicaments) ou électrique (sèche-cheveux, lampes, prises…) doit être hors de portée ou protégé de votre bambin chercheur. C'est à cette période que vos placards du haut vont enfin servir à quelque chose et que des cadenas seront utiles !

Afin de ne pas frustrer votre chercheur d'or, vous veillerez à laisser à sa portée dans les placards et tiroirs bas des casseroles ou ustensiles non dangereux (en bois ou en métal), des boîtes ou assiettes en plastique, mais aussi des vêtements, magazines sans valeur.

Les balles de toutes sortes deviendront un jeu merveilleux pour bébé et il (garçon ou fille !) s'amusera à essayer de faire avancer la balle avec le pied tout en restant debout !

Si bébé veut remonter un toboggan à l'envers, laissez-le faire, sauf si trois grands veulent descendre dans l'autre sens au même moment : il n'y a pas de « bon sens » pour grimper quelque part ! Soyez vigilante mais n'intervenez pas systématiquement : plus vous laisserez bébé faire, plus bébé prendra confiance en lui et plus vous pourrez vous reposer sur le banc d'à côté !

Ce qu'il faut éviter

Au lieu d'interdire systématiquement et, par exemple, d'enlever brutalement un couteau de la main de bébé, préférez remplacer discrètement l'objet du délit par une cuillère, par exemple. Bébé ne comprend pas pourquoi ce serait interdit, il n'est pas capable de comprendre le non dans ce cas-là !

Lorsque bébé a réussi à grimper sur le lave-linge, ne vous précipitez pas en criant, mais avancez doucement comme si de rien n'était. Entourez votre bébé de vos deux bras, embrassez le tendrement et… emmenez-le discrètement vers une autre activité plus proche du sol !

Attention, danger !

Attention aux fenêtres ouvertes : bébé a la tête lourde. Il ne se rend pas forcément compte du danger en penchant la tête par-dessus une rambarde. Vous pouvez laisser une fenêtre entrouverte mais bloquée par un système, car bébé est curieux ! Ne l'habituez jamais à regarder par la fenêtre, même dans vos bras. Lorsque vous êtes avec lui face à la fenêtre, ne lui posez jamais les pieds sur le radiateur (ça lui donnerait des idées d'escalade) ! Si vous avez un doute, fermez les fenêtres en présence de bébé !

Rien ne sert d'interdire : bébé ne comprendra pas pourquoi c'est autorisé au parc, voire fortement encouragé, alors qu'à la maison, ce n'est pas possible ! Si votre aîné a une mezzanine et que bébé adore grimper tout en haut, essayez de rester auprès de lui lorsque c'est possible et sinon, fermez la porte !

Pour vous rassurer, sachez qu'il est fort probable que bébé vous appelle s'il a besoin de votre aide, s'il est coincé ou s'il se sent en danger (par exemple pour redescendre d'un endroit sur lequel il est monté alors que vous aviez le dos tourné). Ne le grondez surtout pas mais, une fois bébé redescendu à terre, dites-lui ce que vous avez ressenti (peur, mais jamais de colère). Ainsi, bébé vous fera confiance car, dans le cas contraire, au lieu de risquer votre courroux, il préférera essayer de se débrouiller tout seul et c'est là qu'il se fera mal !

Il ne faut jamais forcer ou pousser un enfant qui ne voudrait pas glisser sur un toboggan, par exemple. S'il ne le fait pas, ce n'est pas qu'il est peureux, c'est qu'il est prudent : une excellente qualité ! Dans l'autre sens, vouloir aider un enfant qui grimpe une échelle en le soulevant littéralement, c'est lui signifier qu'il a besoin de vous à 80 %. Mettez-vous simplement derrière lui s'il vous appelle ou si vous avez peur (vous aussi avez droit à des sentiments d'alerte et avez le droit et même le devoir de les écouter). Une toute petite aide peut être bienvenue en haut de l'échelle, avec quelques indications pour bien positionner ses mains et ses pieds, mais pas plus : une aide à 20 %, c'est bien suffisant. Et s'il n'y arrive pas, eh bien tant pis, c'est que c'est trop tôt : la frustration, cela fait partie du jeu !

Au fil de l'eau

Les ateliers « bébés nageurs » sont une occasion merveilleuse de développer un contact apaisé avec l'eau, pour peu qu'on ne force jamais bébé ! Méfiance cependant : certains bébés à la peau fragile peuvent développer un eczéma ; renseignez-vous sur la qualité et le traitement de l'eau, c'est important ! Bébé doit bien boire et aussi prendre un bain après chaque séance, avec massage hydratant à la clé, afin d'apaiser le dessèchement de sa peau dû aux produits utilisés dans la piscine !

L'été sera une occasion merveilleuse pour voir bébé développer ses belles compétences dans l'eau, à une seule condition : LA SÉCURITÉ. En effet, toutes les bouées, flotteurs du monde, barrières de sécurité, ne remplaceront jamais la vigilance des parents, et je dis bien, des parents (ou d'un adulte), jamais d'un frère ou d'une sœur ! Car rien n'est plus traître que l'eau et ce, dès que bébé sait se déplacer (quatre-pattes) : attention danger ! On imagine souvent qu'un enfant qui tombe à l'eau va se débattre et crier, mais non, jamais ! Sachez qu'une noyade se fait dans le silence le plus total et des parents comme moi qui ont vu tomber leur enfant dans l'eau par inadvertance (ou volontairement) savent que tout se passe sans aucun bruit et qu'il faut agir dans la seconde ! En plus des mesures classiques de sécurité (flotteurs, flotteurs intégrés au maillot), voici quelques idées de prévention :

- **Ne laissez jamais votre enfant seul près de l'eau** (bain, piscine, mer) et lorsque vous gardez votre enfant, partagez-vous la journée en deux : le matin, ce sera madame ; l'après-midi, ce sera monsieur. Pourquoi ? Parce que dès que la responsabilité est partagée, sa charge se divise, non pas par deux mais par dix : il est démontré que c'est au milieu d'une foule nombreuse qu'on risque de mourir d'un infarctus, parce que tout le monde se renvoie la responsabilité.
- **De temps en temps, habituez aussi votre enfant à évoluer dans l'eau sans flotteur et sans bouée,** mais toujours avec votre présence vigilante très proche (< 30 cm), soit dans vos bras, soit dans le bain lorsqu'il marche à quatre pattes, soit devant vous lorsqu'il a pied et qu'il marche. Si, par mégarde, votre enfant passait sa tête sous l'eau, surtout ne paniquez pas, ne criez pas, ses réflexes d'apnée sont en général encore bien présents. Sortez-le de l'eau calmement, sans attendre mais sans précipitation non plus, ce qui risquerait de lui faire boire la tasse pour de bon ! Certes, il doit apprendre le danger de l'eau mais pas de manière brutale !

LE MOT DU PÉDIATRE

La **noyade** ne résulte pas toujours d'une immersion totale sous l'eau, elle se caractérise avant tout par l'inhalation de liquide, créant un œdème pulmonaire qui peut être gravissime. Ainsi, même dans une pataugeoire avec 10 cm d'eau, il n'est pas question de laisser votre enfant sans surveillance « parce qu'il a pied ». S'il trébuche et tombe la face dans l'eau sans réussir à se relever, cela peut être très grave.

Le développement du langage

Des sons et des mots

Le langage se met en place progressivement, dès la naissance. La reconnaissance vocale se coordonne avec la vision : votre enfant observe le mouvement des lèvres qui prononcent la phrase qu'il entend. Ce qui sous-entend que le développement du langage nécessite l'intégrité et la bonne coordination des sens.

Tous les bébés ont à la naissance un bagage de phonèmes (de sons) universel. Ce qui veut dire qu'ils ont tous les mêmes aptitudes, quelle que soit la langue de leurs parents biologiques, pour parler n'importe quelle langue. C'est vous, parents, qui allez l'orienter, en quelques mois, vers les caractéristiques de sa langue natale, y compris les intonations, et lui faire oublier ses aptitudes pour les langues étrangères (pas totalement cependant : jusqu'à 9 ans, les enfants gardent de très belles compétences d'adaptation aux langues étrangères).

Deux phases sont à distinguer pour le développement du langage :
- la phase prélinguistique : de la naissance à 8-9 mois ;
- la phase linguistique : à partir de 9 mois environ.

De 0 à 9 mois

À la naissance, la première expression du bébé, son premier langage, ce sont les cris et les pleurs ! C'est bien un langage, puisque vous, maman, êtes bientôt capable de savoir si votre enfant est fatigué, s'il a faim, s'il a mal. C'est le premier code de communication familial. Ces pleurs sont une étape indispensable (ouf !) à la construction du langage. Peu à peu, bébé va apprendre à moduler ses pleurs : pleurs grognons, pleurs d'impatience, pleurs de colère… Il ajoute des sons gutturaux, puis des vocalises de plus en plus prolongées, diversifiées et modulées, ainsi que des « sourires-réponses ».

Progressivement, **jusqu'à 5 mois environ**, s'installent les gazouillis (ou jasis) puis babil (ou babillage) qui vous feront fondre, avec des « aaaeuu arrrheu » modulés, variés et prolongés : même si certains bébé communiquent par les gestes avec vous et savent même vous imiter dès la naissance, c'est à ce stade que de véritables discussions sonores et musicales apparaissent, avec des questions-réponses de plus en plus sophistiquées. Il y a des exercices de répétition et un début de contrôle par l'audition. Ce babillage s'affine avec le temps. Une meilleure maîtrise de la voix et de la respiration enrichit ce babil de consonnes. Le ton est modulé, le volume sonore et le débit sont variés en fonction des circonstances. Votre enfant comprend certaines intonations : joie, tristesse, exclamation, interrogation.

À 7-8 mois, il prononce des syllabes : « pa- », « ma- », « di- », « da- », « do- ». Une discussion de plus en plus riche se met en place : votre bébé émettra des sons différents selon les situations, avec un code qui lui sera spécifique. C'est le début de la phase linguistique.

De 9 mois à 18 mois

À 9 mois, bébé comprend ce que vous dites… Eh bien oui ! les murs ont des oreilles !

À 10-12 mois environ, il prononce un premier mot, que ses parents reconnaissent comme « papa » ou « mama », ou même « tata ». C'est la phase di-syllabique. Les comportements linguistiques se renforcent, d'autant plus qu'il y a encouragement de l'entourage. Peu à peu, bébé va enrichir son vocabulaire de mots polyvalents : le même mot peut désigner un certain nombre d'objets, selon les circonstances. C'est l'époque du mot unique, du mot-valise, pouvant exprimer à lui seul tout ce qu'on pourrait dire dans une phrase et expliciter par l'intonation ou le geste qui l'accompagne. On parle de jargon. En parallèle débute un apprentissage par mimétisme : mouvement de dénégation de la tête, imitation des gestes de « Au revoir », « Bravo », apprentissage du baiser.

Il est courant de penser que c'est bébé qui imite son entourage pour ses premiers mots. C'est en fait le contraire qui se passe !

Lorsque bébé semble prononcer ses premiers mots, vous jouerez avec lui en modulant votre manière de parler et en répétant le même mot de différentes manières en séparant bien les syllabes. Par exemple, maman devient : « MAAa » (grave long) « -MAN » (aigu court) puis, juste après : « ma » (aigu long) « -man » (grave court). C'est le même mode de prononciation qu'on utilise dans les transports en commun des grandes villes : le nom de la station est répétée deux fois mais de deux manières différentes afin que les étrangers puissent bien saisir ce qui est dit. N'hésitez pas à utiliser les centaines de modulations possibles qui existent en musique (crescendo, piano, vibrato…) pour aider bébé à distinguer les sons ! Sinon, imitez-le : rien de plus simple puisque c'est un grand compositeur !

Inventeur de mots

Ce sont les parents, nous apprend Caleb Gattegno, qui, en reprenant ce que prononce bébé, l'amènent à se rendre compte que ce qu'il dit a un sens : « PAPA, tu as dit PAPA ! » Bébé sent que ce qu'il vient de prononcer, par hasard, a un impact très fort, un pouvoir incroyable sur son entourage ! Certains bébés vont ainsi inventer des mots-syllabes pour désigner certains objets et, plus particulièrement, les animaux qui retiennent toute leur attention car ils bougent : les poules vont devenir des « PAS », les chiens, des « TAINS », les chats des « TA »… Des petits mots qui vont rester à vie !

19 mois, l'explosion du langage

Ce n'est qu'entre 18 mois et 2 ans (voire un peu plus pour certains) qu'apparaissent les premières juxtapositions de mots, sans construction grammaticale, mais assemblés dans une intention significative (« moi dodo »), formant ainsi ses premières phrases. Peu à peu, l'émission vocale est de plus en plus signifiante, associée à un langage gestuel enrichi.

Des moments précieux

Notez soigneusement dans un carnet ces petits moments de création et ces mots bien à eux. J'ai une vidéo de ma fille à 20 mois qui s'amuse à répéter « potame » au lieu de tomate, et joue de notre insistance (de notre arrogance !) à vouloir lui apprendre le bon ordre. Elle obtempère tout en s'amusant gentiment de nous et s'exclame « TO-MA-TE, bravo ! », pour nous faire plaisir. Elle avait également inventé la « pâte à poteler » ! Quand à mon fils, devant le spectacle d'une mante religieuse, il avait inventé la « montreligieuse » !

C'est vers cet âge que bébé devient poète : il s'amuse avec les syllabes comme il s'amuse avec le sable, il modèle, invente, répète inlassablement, recommence, teste de nouveaux assemblages. Vous vous apercevrez parfois qu'il transforme les mots volontairement pour en former d'autres, plus rigolos à son goût.

Les bébés sont des artistes, des inventeurs, vouloir les reprendre à chaque erreur (encore qu'il ne s'agisse pas toujours d'erreurs mais de jeu), c'est non seulement impoli, mais c'est une insulte à leur magnifique créativité et leur incroyable rapidité d'apprentissage. Ne corrigez pas sans cesse vos petits.

Pour lui indiquer discrètement la bonne manière de dire, vous pouvez simplement répéter sa phrase en la prononçant de façon exacte, c'est aussi de cette façon qu'il peut apprendre la syntaxe. Par exemple : à « Montre-moi les cheval », répondez : « Tu veux que je te montre les chevaux ? » Soyez naturelle : l'important est d'être bienveillante.

C'est **dans la troisième année** que les progrès du langage deviennent spectaculaires, d'autant plus s'ils sont encouragés par l'entourage et la fréquentation d'autres enfants. Les progrès dans la désignation des objets et des images sont importants ; le vocabulaire s'enrichit. Au début, de petites phrases apparaissent, avec une construction grammaticale, mais l'enfant se désigne encore à la troisième personne du singulier. Vers 3 ans survient le « je », en même temps qu'une conscience plus aiguë de son individualité. Ainsi s'est mis en place, en une phase si courte, ce véritable instrument de communication qu'est le langage !

Si à 3 ans votre enfant continuait à s'exprimer comme un bébé de 2 ans, bien sûr, vous vous poseriez des questions sur son audition ! Des otites séreuses (non détectables car souvent indolores) peuvent avoir un impact sur ses capacités auditives ! Donc méfiez-vous si sa prononciation reste trop syllabique ou « bébé » !

Parler bébé ou parler à bébé ?

Depuis 30 ans, un grand débat fait rage : faut-il parler bébé, c'est-à-dire avec des « arheu » ou des « agheu » divers et variés, ou bien parler à bébé normalement avec des phrases bien compréhensibles et sans raccourcis ni onomatopées ? Eh bien, il est fort possible qu'il faille faire les deux !

Parler bébé est un ajustement naturel, vieux comme le monde. Le but est de se mettre à sa hauteur, de l'imiter sans en avoir l'air et d'interagir grâce à des allers-retours entre l'interlocuteur et l'apprenti, comme lors d'une partie de cache-cache. Bébé adore et sent que sa façon de faire a toute sa valeur. Cette modulation ressemble au discours entre deux instruments de musique, comme dans la musique de chambre. La comparaison avec l'harmonie musicale a été poussée au point de repérer des problèmes psychologiques lorsque l'interaction perd de son rythme et de sa mélodie. Bébé est musicien, jouez avec lui et alternez les façons de faire. Lorsqu'il vous parle avec des « arheu », répondez-lui. Au fur et à mesure de son développement, vous allez vous ajuster à son niveau, vous ne régressez pas, vous grandissez avec lui, quel bonheur ! Bébé ne va pas être attardé parce que vous parlez bébé ; au contraire, cela l'aide et le soutient !

LE MOT DU PÉDIATRE

Instinctivement, la maman parle presque toujours à son bébé à la troisième personne du singulier, même si elle utilise un vocabulaire riche. Le **langage bébé** est un langage simplifié, modulé pour s'adapter à son enfant. Il n'est pas démontré qu'il soit préjudiciable à l'enfant. En effet, sans s'en rendre compte, la maman enrichit peu à peu ce langage au fur et à mesure des étapes de développement de son bébé avec, en principe, une légère anticipation de ses capacités. Ce langage n'est finalement qu'un processus éducatif. Laissez-vous guider par ce qui vous vient le plus naturellement, l'essentiel étant de ne pas rester dans un langage mais de le faire évoluer.

Parler normalement avec bébé est un second mode d'interaction qui lui permet d'apprendre la langue telle qu'elle est et de comprendre qu'on lui explique les choses comme une personne de valeur. Sachez qu'il comprend beaucoup plus que ce qu'il sait dire : parlez-lui simplement comme vous parleriez à quelqu'un que vous guidez, un ami étranger à qui vous décrivez où vous l'emmenez (voir Parler vrai, p. 40). En effet, votre enfant est tout à fait capable qu'on lui parle comme à une autre personne et si le langage « maman aime bébé » peut convenir pour un tout-petit pour l'aider à saisir les personnages et les mots distinctement, très vite, le « je » entrera en jeu pour le plus grand bienfait de tous. Votre communication gagnera en sincérité mais surtout en efficacité : par exemple, lorsque vous êtes en colère, dire « Maman est en colère » aura nettement moins de force que « Je suis en colère ».

Raconter des histoires

La meilleure manière d'aider bébé à développer son langage, c'est de lui lire des histoires régulièrement (cela peut devenir un rituel du soir, par exemple, dès les premières semaines). À vous de piocher dans l'immense catalogue de contes (mais aussi de poésies) ceux qui vous parlent, car le plus important, c'est que l'histoire vous plaise aussi, pour transmettre à votre enfant la joie de vous sentir vous aussi captivée. Bébé apprendra ainsi que lire est un plaisir et non une contrainte d'apprentissage.

Si jamais bébé vous apportait le même livre pour la dixième fois et que vous n'aviez plus envie de la lui lire, dites-le lui, tout simplement. Vous serez étonnée de retrouver bébé installé dans le canapé en train de feuilleter son histoire fétiche par lui-même !

Lecture en trio

Pourquoi ne pas faire d'une pierre deux coups en lisant une histoire à votre plus grand et à votre bébé en même temps ? Pour vous décharger (un peu mais pas toujours), et si votre aîné vient d'apprendre à lire, laissez-le lire l'histoire à bébé : comme il va lentement en prononçant bien toutes les syllabes, bébé va adorer l'écouter (et le corriger !) !

La musique et l'enfant

Depuis un certain nombre d'années, les chercheurs en sciences cognitives et en neurosciences s'intéressent à l'influence de la musique sur l'enfant. On sait grâce à ces études que la musique est le propre de l'homme depuis la nuit des temps puisqu'on a découvert que l'homme de Cro-Magnon, il y a 35 000 ans, jouait déjà d'une flûte pentatonique !

Une étude récente a montré que la formation musicale avant l'âge de 7 ans exerce une influence considérable sur le développement du cerveau. Les enfants initiés très tôt à la musique instrumentale présentent des connexions plus fortes entre les régions motrices de leur cerveau (zones de la planification et de l'exécution des mouvements).

Partant de là, les chercheurs se sont demandé s'il pouvait exister d'autres interactions cognitives. Il apparaît que l'influence de la musique sur le langage existe à un âge précoce. Par exemple, la musique favorise la reconnaissance d'une comptine, mais les paroles facilitent la reconnaissance des sons. Les enfants présentent donc de meilleures capacités de mémorisation lorsque les items sont chantés. Il a également été démontré l'influence positive de la musique sur l'apprentissage de la lecture et de l'écriture, y compris dans les dyslexies. Si l'on ajoute que les bébés de 6 mois préfèrent entendre leur mère chanter plutôt que parler, alors plus rien ne devrait vous retenir de chanter !

LE MOT DU PÉDIATRE

On sait que le fœtus a précocement des facultés de perception des sons ou des vibrations, qui s'affinent au cours du temps. Le **traitement de la musique par le cerveau** fait intervenir les régions qui participent au traitement du langage (aires de Broca et Wernicke) et des régions impliquées dans la mémoire (hippocampe et certaines zones du cortex frontal). Le système limbique et l'amygdale, qui sont les structures participant aux émotions, sont également stimulés. Il existe une latéralisation cérébrale du traitement de la musique (traitement du contour mélodique par l'hémisphère droit et traitement des intervalles – tons et demi-tons – par l'hémisphère gauche).

Mais le plus important dans la musique est de se faire plaisir et de communiquer ce plaisir à son bébé. Si vous n'aimez pas chanter ou si vous n'aimez pas Mozart, ne vous forcez pas ! On ne transmet bien que ce qu'on aime vraiment… Il existe des ateliers d'éveil musical, mais là encore, c'est le plaisir de partager de bons moments avec votre bébé et avec d'autres parents qui doivent vous guider, pas l'objectif d'éveiller votre bébé, qui l'est déjà, ne l'oubliez pas. Chez vous, une bonne musique, votre corps dansant en rythme (bébé dans les bras ou non !), des casseroles et des cuillères, des grelots, un grand frère musicien, feront très bien l'affaire !

Les jouets et le petit enfant

Jouer, c'est quoi au juste ?

Le jeu tient une place primordiale dans le développement de l'enfant. Il en fait partie intégrante.

Qu'est-ce que le jeu, pour le petit enfant ? Pierre Bercut nous en livre une définition simple et concise : « Jouer, pour le petit enfant, c'est *imiter* tout ce qu'il perçoit, non pas comme un petit perroquet, mais d'une façon éminemment active, en recréant à chaque fois intérieurement ce qu'il a perçu à l'extérieur. » Tout ce qu'il rencontre est sujet d'imitation et de re-création. Une passoire devient un casque, une table le toit d'une maison, etc. Il n'a finalement besoin que « d'être en contact avec la réalité du monde ».

Mais alors, que penser de tout ce déluge de jouets colorés, musicaux, animés, qui peuvent envahir l'espace du bébé ? On est bien loin du monde réel ! La plupart des jouets à la disposition des petits sont le plus souvent au mieux des caricatures d'animaux ou objets réels et, depuis quelque temps, malheureusement, souvent même d'hideux personnages informes, qui n'ont aucun rapport, de près ou de loin, avec une quelconque réalité.

Le petit enfant est malléable et tel une éponge face au monde qui l'entoure. C'est par ce monde qu'il se façonne. Il imite extérieurement et intérieurement ce qui lui est donné à voir. Ne laissons pas n'importe quelle image falsifier sa perception de la réalité.

Stimuler n'est pas jouer

La stimulation est plutôt une excitation, surtout si elle passe par un jouet comme on en voit tant actuellement. Le but recherché dans l'éveil et la stimulation ne peut être le même. Les seules stimulations dont votre enfant a besoin sont l'attention, les soins, l'écoute, les échanges avec un être humain – sa mère ou son père avant tout –, pas l'excitation par un objet ! Attention, alors, à tous ces jeux dont la « vertu » première est la stimulation de votre enfant.

Ne vous imposez pas !

Il est important de trouver un équilibre dans votre présence avec votre enfant : lorsqu'il joue seul à empiler des cubes, pourquoi intervenir et lui « montrer » ? Lorsqu'il cherche à mettre un couvercle sur un bocal, pourquoi l'aider s'il ne vous appelle pas ? Apprenez à vous tenir à l'écart, et observez votre enfant comme un spectateur admire en silence un artiste. Ne soyez pas toujours sur son dos à vouloir montrer votre savoir-faire ! Faites-lui confiance : il est primordial qu'il ait des moments rien qu'à lui.

On pourrait penser que cette stimulation, si elle n'est pas profitable à l'éveil du petit enfant, n'est pas néfaste pour autant. Bien au contraire : l'enfant s'habitue à être stimulé artificiellement, et sa capacité d'éveil se trouve alors inhibée. Plus l'enfant est habitué aux excitations sensorielles, plus il aura besoin de ces stimuli, de plus en plus fréquemment et de plus en plus puissamment.

Comme pour le tout petit enfant, l'enfant plus grand ne devrait pas être exposé à ces jouets surexcitants, qui ne font qu'exacerber le besoin de sensations, le laissant retomber dans un vide intérieur, et bloquant totalement son imagination. L'adulte a trop tendance à prendre l'enfant pour un adulte en miniature.

Choisir des jouets adaptés au tout-petit

À vrai dire, aucun jouet n'est à strictement parler nécessaire. Mais comme vous risquez de passer pour des parents bien sévères si vous n'acceptez rien de tous les amis et parents qui se penchent sur le berceau de votre enfant, voici quand même quelques orientations.

Des hochets simples, pas trop bruyants (et surtout pas ces modèles qui s'accrochent aux pieds ou aux doigts, et que l'enfant ne peut pas ôter lui-même !), des maracas, des clochettes, de petites balles à suspendre pour le tout-petit et à prendre en main pour le bébé de 5-6 mois, feront la joie de votre enfant en lui permettant d'explorer des sons, des formes et des couleurs simples. À cet âge, il est primordial de protéger les sens, et notamment l'ouïe. Plus les sons seront légers et subtils, plus il développera son ouïe avec finesse.

Les pires cadeaux sont sans doute les jouets « bruyants » avec clignotants, pin-pon, klaxons et musiques électroniques sans âme : reléguez-les à la cave, rapportez-les au magasin ou, au pire, attendez que la pile s'use. Ils ne sont ni souhaitables pour l'éveil de bébé, ni bons pour vos oreilles. Certaines boutiques proposent, parfois même en ligne, de très belles choses. Si vous en avez le temps, il existe des livres montrant de beaux jouets à fabriquer très facilement soi-même.

Enfin, ne donnez à votre enfant que quelques jouets à la fois. Il ne peut être sur tous les fronts en même temps, et son attention se trouve dispersée s'il est entouré de trop d'objets.

Parlez, chantez, dansez, racontez des histoires pour et avec votre enfant : ces jeux tout simples laissent la porte ouverte aux capacités d'imagination et de créativité de l'enfant. Ce sera un tremplin pour toute sa vie !

C'est à vous de décider !

Osez « récupérer » votre droit d'éduquer votre enfant à votre façon et ne le soumettez pas à des jeux que vous pensez néfastes pour lui, sous prétexte de ne pas déplaire à sa marraine ou à son oncle.

Piocher quelques idées pour les petits

Le mieux est de choisir des matériaux nobles, comme le bois ou certains tissus. Ils sont généralement plus solides que leurs homologues en plastique, et leurs décorations le plus souvent non toxiques.

Des matériaux solides

Pensez à des jouets « basiques » adaptés, bien sûr, à l'âge de votre enfant, comme les kaplas, les cubes, les formes à assembler, empiler et surtout démolir, à construire et surtout déconstruire. Sachez que si votre bébé adore défaire les empilages que vous faites, il ne fait pas ça pour vous embêter et encore moins pour déranger sa grande sœur, c'est un comportement tout à fait normal ! Il fait des tests de chute avant de faire des tests d'équilibre, des tests qualité en quelque sorte : bébé est un Newton en herbe.

Dans le bain

Optez pour des jouets en plastique, légers et incassables, façon dînette, afin que bébé puisse s'amuser, une fois assis, à transvaser l'eau d'un objet à l'autre. L'eau fait partie de ces éléments qui déclenchent chez bébé une véritable vénération : celle qui sort du pommeau de douche en fins filets est un objet absolument extraordinaire pour lui, des fils qu'il n'arrive pas à attraper mais qui glissent sur la peau, lui font des chatouilles et des frissons au passage, quelle magie ! Taper sur l'eau du bain fera partie de ces jeux sans fin qui inondent la salle de bains mais aussi, et c'est très précieux, la remplissent de nombreux éclats de rire !

Dans le vent, dans l'air

Plus que tout, ce qu'adore bébé sur sa peau, c'est la caresse du vent ou de votre souffle. Il aime l'air car c'est vital pour lui, et c'est magique ! Le vent dans ses cheveux sera un véritable délice : attention, pas dans les yeux, bébé craint les courants d'air !

Souffler dans une paille et faire des bulles dans son verre, c'est tellement amusant ! Faire des bulles dans l'eau aussi, avec des récipients posés à l'envers : quel miracle ! Il adorera en particulier les appareils à bulles : il ne s'en lasse jamais et va en réclamer encore et encore !

Sa première bougie sera aussi l'occasion de découvrir la flamme et son fort pouvoir d'attraction, mais c'est souvent vers 2 ans qu'il parviendra à la souffler !

Récup'

Cependant, bébé peut jouer avec de simples bouteilles (vides) d'eau minérale en plastique, parce qu'elles sont légères. Proposez-lui aussi des récipients en plastique avec des couvercles. Veillez à ce qu'ils soient suffisamment grands pour qu'il ne puisse pas les mettre dans sa bouche. Bébé adore fermer, visser, ouvrir, dévisser, ré-ouvrir, essayer, se tromper, ne pas y arriver (surtout ne l'aidez pas, sauf s'il vous le demande), puis enfin réussir ! Quant aux casseroles, cuillères en bois, couvercles en tout genre, ils feront autant de percussions naturelles et peu onéreuses (avis aux oreilles sensibles !).

Dans la nature

Le contact avec la nature fournit de multiples occasions de jeux, et il n'y a qu'à observer la joie des enfants quand ils sautent dans les flaques d'eau, courent après une feuille dans le vent ou enfoncent leurs mains dans le sable fin ! Rien de tel pour le développement des sens de votre enfant ! Et c'est l'occasion de collecter quelques trésors (petits bouts de bois, glands, feuilles, coquillages, etc.) qui pourront servir de base à d'autres jeux ou à la fabrication de jouets.

Attention danger !

Vous prendrez garde aux bâtons en bois. Si les enfants jouent à plusieurs, cela peut être très dangereux, il peut se produire des accidents irréversibles pour les yeux. Pensez-y et remplacez ces bâtons ou branches par de longs ballons gonflables ou des épées en plastique mou. On peut faire de l'escrime sans danger !

Favoriser l'imagination

Le contact avec la nature ou les animaux en bois ou en peluche, les poupées, ces jouets vieux comme le monde, presque archétypiques, sont un bon support à son imagination. Ils lui donnent l'occasion d'être celui qui prodigue des soins, qui enseigne, qui amuse, imitant ainsi l'adulte. Il créera à l'infini des histoires, aventures ou mésaventures, dont ses peluches, poupées ou animaux de ferme seront les héros. Des jouets simples permettront à l'enfant de développer sa créativité, de les animer comme il l'entend et le souhaite : « Plus simple est le jouet, moins son imagination sera limitée dans le jeu, et plus il aura tendance à l'impliquer souvent dans ses activités, bien plus qu'un jouet qui ne laisse pas de place à son imagination » (Pierre Bercut).

Ranger les jouets

Si vous ne voulez pas que l'aire de jeu de votre enfant se change en champ de bataille, même en admettant que vous ayez réussi à maîtriser la quantité de jouets au profit de la qualité, il est bon d'avoir quelques principes de base : ils ont été empruntés à Maria Montessori et résumés par un vieux dicton : « Une place pour chaque chose et chaque chose à sa place. »

Une place pour chaque chose : il faut donc prévoir suffisamment d'étagères, crochets aux murs, pochettes… et si possible pas de coffres, pratiques en apparence, mais qui compliquent la recherche d'un jouet car ils sont le lieu d'un vrai méli-mélo. Mettez si possible les étagères au niveau de l'enfant, ou facilement accessibles grâce à un petit marchepied.

Et chaque chose à sa place : l'ordre extérieur est le reflet de l'ordre intérieur et libère l'esprit. Ceci n'est donc pas un détail. Il facilitera la vie de votre enfant, qui pourra ainsi ranger lui-même ses jouets ; il simplifiera du même coup la vôtre (vous n'aurez plus à ranger !). Qui plus est, votre enfant, ayant appris à ranger, le fera aisément, librement, sans prendre cette tâche pour un asservissement.

Pour plus d'idées, vous pourrez également consulter l'ouvrage de Jeannette Toulemonde qui a repris, dans un livre très pédagogique, quelques grands principes de Maria Montessori.

Partager : un défi ?

Bébé va au bac à sable et un autre bébé vient lui dérober sa pelle : focalisez-vous simplement sur ce que dit bébé.

- S'il ne dit rien, pourquoi intervenir ? D'ailleurs, bébé va sans doute se débrouiller tout seul et arriver à récupérer son jouet par ses propres moyens, c'est le meilleur scénario !

- Si votre enfant réagit et souhaite voir l'objet du délit revenir entre ses mains, même s'il ne joue pas avec, alors approchez-vous sans vous précipiter : si votre présence ne règle rien, demandez très poliment la restitution de l'objet !

Combien de parents ai-je vu demander à leur enfant de prêter, parce que l'autre enfant est plus petit ou tout simplement parce qu'« il faut partager » ? On s'imagine que parce que ces objets, seau, pelle, n'ont aucune valeur pour nous adultes, qu'ils n'ont aucune valeur pour l'enfant : bien sûr que non ! Bébé s'attache aux objets comme nous pouvons le faire nous-même, essayez de ne pas minimiser ces attaches : plus on respectera les affaires de bébé, plus il sera enclin non seulement à respecter celles des autres mais aussi à, un jour (peut-être), les prêter gracieusement.

Et si c'est votre bébé qui prend un jouet à un autre enfant ? Même principe : demandez s'il peut le prendre et sinon, demandez du temps pour rendre l'objet, si possible en dehors du regard des autres adultes, c'est plus facile et ça fait moins « tribunal ». Autre astuce : proposez-lui un échange avec un autre objet similaire de votre sac à jouets. Mais bébé n'est pas toujours dupe et il faudra en passer par des larmes de déception ! C'est aussi ainsi qu'il apprendra que l'espace des autres est aussi respectable que le sien, c'est un apprentissage très précieux, en particulier s'il partage sa chambre avec un frère ou une sœur ! Ce n'est pas parce que bébé est plus petit qu'il a tous les droits. Protégez votre grand, il vous remerciera plus tard ! Faites de même pour vos affaires précieuses : vous aussi avez droit à vos trésors !

Attention aux écrans !

Le petit écran sous les projecteurs

Des études scientifiques récentes ont montré la toxicité de la télé sur le développement cognitif de bébé : les enfants ayant regardé la télévision régulièrement (2 à 3 heures par jour) dans leurs trois premières années accusent un retard cognitif notable de une à deux années (graphisme, motricité, manipulation et attention : ainsi, un enfant de 6 ans dessinera comme un enfant de 4 ans). Bref, pas de télé avant 3 ans si possible (c'est dur avec des plus grands !), car elle va accaparer bébé et absorber du temps qu'il aurait dû consacrer à jouer, manipuler, dessiner. Le développement cognitif harmonieux de bébé demande qu'il utilise ses cinq sens, mais, comme nous le dit Serge Tisseron, auteur d'un livre sur le sujet, non seulement la télé ne sollicite que l'ouïe et la vision, mais elle « scotche » bébé dans un fauteuil : s'il vous arrive de mettre bébé devant un DVD, ne vous tracassez pas si cela ne se produit qu'une fois par semaine ou ponctuellement, mais le moins possible ! Préférez un petit qui ne fait rien et s'ennuie (en réalité, il trouvera toujours autre chose à faire, ne vous inquiétez pas pour lui) plutôt qu'un bébé immobilisé devant un écran : et si vous-même aviez l'habitude de regarder la télé, baissez le son au maximum (eh oui, il est démontré que même en fond sonore, la télé est nocive) et mettez l'écran éloigné du sol, en hauteur, loin du regard de bébé, afin qu'il ne soit pas « capté » par l'image ! Pourquoi ne pas en profiter pour mettre la télé à la cave ?

LE MOT DU PÉDIATRE

Attention ! Certaines **histoires sur CD** correspondent à des histoires écrites initialement pour des enfants plus grands, sachant lire, c'est-à-dire ayant entre 6 et 7 ans, et ayant potentiellement acquis un début d'esprit critique. Le tout-petit, lui, prend à la lettre ce qu'il entend.

Comme alternative à la télévision, vous pouvez opter pour la musique et les histoires racontées sur CD, que votre bébé pourra écouter tranquillement tout en regardant le livre correspondant (voir La musique et l'enfant, p. 243). Attention, cependant, à ce que ces belles histoires ne deviennent pas non plus la nourrice qui endort votre enfant tous les jours ! Un CD ne remplacera jamais les parents !

Les jeux sur tablettes ou ordinateurs

Les tablettes et autres ordinateurs « pédagogiques » pour bébés proposent un système de questions-réponses destiné à apprendre des choses à votre petit enfant. Mais quel sens cela peut-il avoir pour un enfant jusqu'à 2 ans (et même plus) ? Emmagasiner des notions, qui plus est, le plus souvent sans lien les unes avec les autres, n'a rien à voir avec la vraie connaissance.

Celle-ci se fait par un apprentissage en lien étroit avec la réalité, par des observations et des apprentissages graduels, et également en lien étroit avec le parent, et plus largement l'être humain. Et que penser de ce substitut au parent, qui « sait » répondre à la question ?

Le petit enfant ne fait pas la distinction entre le virtuel et le réel. Mais à la différence du monde réel, qui permet à l'enfant d'utiliser tous ses sens et de les affiner, le monde virtuel place l'enfant en position de spectateur.

Nombre de psychologues et de médecins montrent une certaine réserve vis-à-vis des jeux interactifs pour tout-petits, mais certains conseillent leur utilisation avec un parent, voyant là une bonne occasion d'échange entre l'enfant et son père ou sa mère. Mais il est essentiel de se demander où réside véritablement l'échange. Si la mère ne parle à son enfant que par ordinateur interposé, est-ce réellement un échange ? L'« interlocuteur », c'est alors plutôt l'ordinateur ou la tablette tactile… À vous de voir ce que vous en pensez !

·6·

Une famille en chantier

L'autonomie de l'enfant

Doudou et compagnie

Souvent, on imagine que le doudou est un passage obligatoire pour un petit, l'objet transitionnel pour que l'enfant arrive à vivre sans sa mère dans ses périodes de garde. Si un doudou peut être une aide précieuse pour certains enfants, en particulier lorsqu'ils sont nourrissons et sont confiés à une nourrice ou une crèche, il ne faut pas le considérer comme systématique dans d'autres cas. Et si vous n'avez confié votre enfant qu'à partir de 6 ou 7 mois, il se peut qu'il n'ait jamais besoin d'un doudou ! Sachez que c'est une habitude très française que d'autres pays ne connaissent pas ou très peu. Tout dépend de vos habitudes et votre manière de fonctionner. Laissez l'enfant vous dire ce dont il a besoin !

L'avantage de se passer de doudou est qu'il n'est pas nécessaire d'en retrouver un autre en cas de perte, n'importe quelle peluche peut faire office de doudou temporaire. L'autre bonne chose est que l'enfant arrive finalement à se séparer de son doudou, sa mère, totalement dès qu'elle n'est pas là, il n'y a pas d'intermédiaire, ce qui oblige l'enfant à devenir autonome sans objet maternel permanent : il doit vraiment apprendre à faire sans. Il existe également un avantage hygiénique non négligeable. Qui n'a jamais vu un doudou en lambeaux, de forme et de couleur indéfinissables, coincé entre le pouce et la joue d'un enfant endormi ?

C'est du vécu !

Mes trois enfants n'ont jamais eu de doudou malgré mes propositions variées et le nombre de peluches aptes à remplir leur cœur. L'un s'est attaché à son index et ses propres cheveux, l'autre à mes cheveux, et la dernière à mon bras : aucun risque d'égarer ces doudous, quelle chance ! Et si cela a été possible parce que j'étais assez disponible les huit premiers mois, mes enfants n'ont jamais eu de problèmes pour s'adapter, qui à une nounou, qui à une crèche, qui à une halte-garderie. Et s'ils emmenaient parfois une peluche, c'était pour faire comme les copains !

Sachez que si, un beau jour, votre enfant, à 2 ans, 4 ans ou 6 ans perd son doudou, c'est peut-être le moment de sauter sur l'occasion et ne pas aller le chercher à tout prix. Vous serez souvent surprise de voir que votre enfant arrive, contre toute attente, au bout de quelques jours, avec votre aide compatissante et quelques pleurs libérateurs, à vivre sans ! Un séjour en vacances, un voyage en famille pourra être parfois l'occasion de passer à autre chose. Doudou étant resté à la maison, souvent par un acte manqué !

C'est un peu la même chose pour la tétine. Il est vain de mettre dix tétines dans le lit de l'enfant la nuit afin qu'il puisse en trouver au moins une au milieu de la nuit en cas de réveil, cela ne le rend pas autonome. À vous de ne pas en faire un objet systématique. Par exemple, la tétine reste à côté du lit et ne sert que pour le soir ou au moment de la sieste. Pensez aussi à l'enlever avant que l'enfant ne s'endorme complètement. Le reste du temps, pas de tétine, sauf exception (voir Tétine or not tétine ?, p. 166).

Quel que soit l'objet fétiche (un jouet, une peluche, une assiette, un biberon…), faites toujours confiance à votre enfant pour savoir s'en passer si, par mégarde, vous l'aviez oublié : cela allégera grandement votre sac ou votre valise… Un peu de bon sens et de simplicité, bébé sait s'adapter et vous aussi !

Moi tout seul !

Ce qu'aiment la plupart des bébés, c'est arriver à faire tout seul une opération compliquée et, plus il avance en âge, plus c'est vrai. Un enfant peut rentrer dans une colère noire parce que vous avez voulu l'aider à terminer un puzzle, monter une marche, couper sa nourriture alors qu'il ne vous demandait rien du tout !

L'idéal est donc de ne pas devancer les faits et gestes de bébé mais d'observer sans rien faire dans un premier temps, même si bébé s'énerve et semble ne pas y arriver. Laissez-le essayer, quoi qu'il fasse : ramper, empiler, verser, visser ou dévisser, porter, manger… La liste est interminable des erreurs nécessaires à l'apprentissage. Et si vraiment l'envie de l'aider vous tenaillait face à un petit qui semble sortir de ses gonds, proposez-lui votre aide : non pas « Est-ce que tu as besoin de mon aide ? », qui est une question fermée et lui indique la réponse à fournir pour vous faire plaisir (ce que bébé adore par ailleurs !), mais « Si tu as besoin de moi, alors dis-le-moi ».

L'apprentissage du danger urbain est sans doute le plus long et le plus périlleux : prévenez votre enfant du danger de façon permanente lorsque vous vous promenez, félicitez-le lorsqu'il s'arrête de lui-même avant une rue, montrez-lui les bonshommes verts ou rouges et ce, dès qu'il se tient assis dans sa poussette ! Faites-le participer et anticiper le danger !

Dans la rue...

Si un jour votre enfant se précipite un peu vite, qu'il se met à courir (les élans sont naturels chez le jeune enfant) et donc en danger dans une rue, et que vous l'avez arrêté brusquement soit par le bras, soit en criant, prenez-le dans vos bras et serrez-le très très fort, qu'il ressente votre peur et le battement de votre cœur, mais pas votre colère : dites-lui à quel point vous avez eu peur et à quel point vous tenez à lui : c'est la seule « bonne peur » que vous pouvez lui transmettre !

L'apprentissage de la propreté

S'il existe un apprentissage complexe, c'est celui de la propreté, car il demande une participation active de l'enfant et sa bonne volonté. À la clé, un abaissement significatif du nombre de couches usagées mais aussi et surtout du nombre de changes, de nuit comme de jour.

Cependant, si vous avez appliqué les principes d'un change à chaque selle, alliant réactivité et remerciements (plutôt que des félicitations), bébé ne devrait pas tarder à comprendre l'avantage immense de faire ailleurs que dans une couche ! Il est par ailleurs étonnant de voir que les bébés sont souvent propres la nuit avant le jour car la production baisse la nuit : foie et intestins, reins et vessie fonctionnent au ralenti si le repas du soir est peu chargé et que l'allaitement s'est raréfié la nuit (pour le rein, la filtration nocturne diminue plutôt vers 18 mois, mais parfois avant) ! Vous pourrez tenter alors d'ôter la couche de nuit si, après plusieurs nuits d'affilée, vous aviez retrouvé la couche sèche. Mais dès que votre enfant se réveille, remettez-lui rapidement car il ne va pas tarder à faire pipi ou, mieux, tentez le pot.

La grosse commission

La selle, quant à elle, arrivera très souvent après le biberon (ou le sein, ou le petit déjeuner) du matin. Mettez le pot en évidence et ne soyez pas trop pressée : avis à ceux qui changent et habillent bébé trop vite !

• **Lorsqu'il débutera le biberon ou la diversification vers 5-6 mois**, ses selles commenceront à être solides, certes, mais aussi plus odorantes ! Si vous avez réagi rapidement après l'émission, vous pourrez constater que la selle est entière et qu'elle peut facilement être versée dans les toilettes. Dans un premier temps, lorsque, par hasard, vous arrivez à détecter que bébé est en pleine action, dites-lui ce qu'il fait. Vous changerez bébé debout, si possible (et non plus couché sur une table à langer, ce qui est une position passive). Vous montrerez à bébé où va sa production et pourrez appeler la cuvette des toilettes « La maison du caca et du pipi », par exemple. Vous lui apprendrez que sa selle ne se sent vraiment pas bien dans la couche (d'ailleurs, il est fort probable que bébé ressente la même chose). Utilisez l'imagination fertile des enfants : ça fonctionne !

• **Lorsque bébé commence à s'accroupir de lui-même, entre 10 mois et 14 mois**, vous pourrez tenter d'enlever sa couche pour voir ce qui se passe dans la journée en dehors de la sieste ! Si bébé fait pipi toutes les 5 minutes dès qu'il change de position ou dès qu'il rit, n'insistez pas et remettez-lui une couche, il n'est visiblement pas prêt ! Si au contraire, vous arrivez à compter une heure entre deux pipis, il y a fort à parier que ses sphincters sont prêts. Essayez par le jeu, après lui avoir expliqué, de l'installer sur le pot au bout d'une heure ou deux et voyez ce qui se passe. S'il fait pipi, banco ; sinon, tant pis, ce sera pour la prochaine fois : l'idée n'est pas de laisser bébé assis pendant une heure sur le pot ni d'insister lourdement mais de laisser le pot en évidence, tout simplement. Un jour, c'est sûr, la position accroupie va l'inciter à faire pipi dans le pot : s'il s'assoit à l'envers sur le pot, surtout laissez-le faire, c'est plus simple pour lui pour s'asseoir et se relever avec l'appui du dossier. Et s'il fait pipi sur le sol, ne le grondez pas mais dites-lui bien que la destination finale du pipi, c'est le pot, ou encore les WC : vous rajouterez à cet effet un petit tabouret devant la cuvette des toilettes afin de l'aider à s'installer sans encombre, grimper étant son activité favorite du moment. Mais l'été sera l'idéal pour cet apprentissage et bébé pourra s'entraîner directement dans l'herbe, si possible, et arroser les coccinelles ! Soyez réactive lorsque bébé vous demande d'aller aux toilettes ou sur le pot, faites-en un jeu et surtout pas un enjeu, c'est la garantie du succès !

Mais ce n'est pas simple, surtout si bébé va à la crèche ou en garderie durant la semaine ! Il peut y avoir confusion ! L'idée qu'il faille attendre que bébé rentre à l'école pour lui apprendre la propreté, c'est dommage, et c'est perdre parfois 18 mois d'autonomie et de couches ! Il ne faut jamais forcer ni culpabiliser un bébé qui n'est pas prêt mais il ne faut pas non plus refuser l'autonomie de propreté à un enfant qui est prêt et n'attend peut-être que cela !

Le non et l'opposition

Au départ, si le non semble être émis par pur principe, juste pour le plaisir de dire non et voir l'effet que cela fait, bébé aura vite fait d'étendre ses compétences aux choses courantes de la vie : mettre un pull, une robe, un manteau, une couche, refuser d'aller se coucher, d'aller au bain puis d'en sortir (même s'il a mis 30 minutes pour accepter d'y aller), s'habiller après le bain : c'est si amusant de courir tout nu dans la maison, surtout en plein hiver ! Sachez que vous faites partie d'une expérimentation : ce que bébé guette avec le non, c'est essentiellement votre réaction et la souplesse avec laquelle vous accueillez ses propositions. L'idée n'est pas d'avoir une réponse toute faite (ce serait cependant si simple !) à chaque non, mais d'écouter votre voix intérieure. Car s'il est bon de ne pas brimer outre mesure le désir d'indépendance du tout-petit, il n'est pas souhaitable non plus de lui laisser totalement le champ libre.

Quel âge ? Quelle durée ?

Force est de constater que si la plupart des parents sont heureux de voir grandir l'autonomie de leur enfant, peu s'attendent à une opposition virulente. Les Anglais appellent cette période « terrible twos », qui va couvrir plus précisément les deuxième et troisième années et qui débute aux alentours des 18 mois, lorsque bébé découvre le pouvoir du NON. Il faut dire que c'est aussi à cette période que vous commencez à répondre non à certaines de ses demandes impossibles. Alors évidemment, il vous imite.

Donner des limites à l'enfant, c'est en quelque sorte donner un cadre sécurisé à ses expérimentations. C'est, à proprement parler, Éduquer l'enfant, avec un grand E. Dans le chapitre suivant, vous trouverez une certaine manière d'aborder l'opposition de votre enfant avec sérénité (enfin presque !).

Une éducation respectueuse de tous

Pratiquer l'éducation bienveillante

Voici ce dont a besoin un enfant qui entre en phase d'opposition :

- Une écoute active : être en face de l'enfant et le regarder vraiment, se connecter à ce qu'il tente de vous dire (faites preuve de patience).
- Un respect absolu de ses sentiments : tu es jaloux, en colère, fâché, boudeur, tu as mal, tu as le droit de ressentir cela, comme tu peux aussi ressentir de l'amour, de l'affection et de la douceur.
- Votre authenticité : ne vous montrez pas douce si vous êtes en colère, ne vous pliez pas à toutes les demandes impossibles, sachez dire non si vous le ressentez comme tel.
- Être pris au sérieux : ne soyez pas sarcastique et ne vous moquez pas, même pour rire. Ne l'infantilisez pas, ne le ridiculisez pas : ne lui dites pas ce que vous n'aimeriez pas qu'on vous dise : rappelez-vous votre propre enfance !
- Être contenu dans ses pleurs : on le prend dans nos bras tendrement quand c'est possible et approprié.
- Être contenu dans ses excès : on l'empêche de faire mal ou de se faire mal.
- Votre légèreté : n'en faites pas une affaire d'état, n'insistez pas trop lourdement sur des détails ou des principes et dès que votre enfant est sorti de sa colère, ne le condamnez pas à une double peine, soyez zen et accueillante.
- Votre amour inconditionnel et votre bienveillance : tu ressens de la colère, je ne t'en veux pas, je sais que c'est passager, je t'aime tel que tu es mais aussi selon ce que je suis (nous sommes tous imparfaits).

Quelques exercices de diplomatie

Lorsque l'enfant dit non, s'oppose ou convoite une chose que vous lui avez interdit, voici quelques pistes non exhaustives d'attitudes à adopter, sachant que l'efficacité viendra essentiellement de votre sincérité et non pas d'une application « à la lettre » de telle ou telle méthode ! Écoutez vos tripes et votre enfant avec bienveillance, distance et prévenance, c'est sans doute la chose la plus difficile à faire mais aussi la plus efficace !

Prenez du recul

Lorsque votre enfant refuse, ne le prenez pas personnellement comme une opposition à votre autorité mais un processus positif (bien que pénible parfois) de prise d'autonomie nécessaire. Tentez de contourner l'obstacle de différentes manières !

- **Le lâcher-prise :** si la chose n'est pas importante, laissez couler et dites « Ah bon, tu n'es pas d'accord, très bien ». Par exemple, prendre un bain ce soir. Dites alors : « Ce n'est pas grave, tu peux le prendre demain. »)
- **Détournez l'attention :** si la chose est plus importante (tenir la main en traversant, mettre un manteau alors qu'il fait – 10 °C), détournez discrètement l'attention de l'enfant en lui proposant de choisir : « D'accord, alors je te tiens la main droite ou la main gauche », « Tu prends le manteau rose ou la doudoune ». Il est important que l'enfant ne perde pas la face !
- **Essayez l'humour bienveillant** et jamais sarcastique : « Mais oui, une montagne de doudous et de peluches sur ton lit, ce serait extraordinaire… Le problème : où vas-tu dormir alors ? »

Informez bébé en amont

Une bonne idée (encore faut-il y penser, mais le jeu en vaut la chandelle) est de prévenir bébé sur le déroulé des opérations bien avant leur début.

- **Être clair :** « Oui, nous allons au supermarché, mais nous n'achèterons pas de bonbons ni de peluche, mais cette liste de course » (que vous décrivez tout en demandant à bébé s'il voudrait choisir une chose en plus, mais pas dix).

- **Décrire la situation et impliquer bébé dans la décision :** « Nous allons dehors et le problème est qu'il fait froid. » Vous ouvrez la fenêtre, demandez à bébé ce qu'il en pense : double pull ou pull et manteau ?
- **Être ponctuel et précis :** dans 10 minutes, « Nous partons du parc » ou « Tu prends ton bain » ou « Je te lis une histoire »… « Tu descends trois fois du toboggan et nous partons » (et pas « une dernière fois » qui, pour bébé, est un terme très vague et potentiellement extensible grâce à un don de persuasion hors du commun).

Si l'enfant insiste et qu'aucune issue n'est trouvée, alors renoncez à votre projet momentanément si c'est possible (sortie, traversée de rue) et demandez-lui ce qu'il propose… Temporisez et reproposez plus tard. Sinon, passez au chapitre suivant !

Lorsque bébé fait une colère

Il arrivera parfois que vous soyez dans une impasse : votre enfant de 2 ans hurle et se roule par terre devant une foule de spectateurs médusés et vous avez le choix entre être une mère laxiste ou une mère bourreau. Sachez que vous serez jugée quoi que vous fassiez, alors prenez l'option la plus juste selon vous…

- **Essayez la discussion,** parlementez mais soyez précise sur ce que vous ressentez (colère, chagrin, malaise). Souvent, si vous êtes sincère et n'essayez pas d'être faussement calme et zen, bébé finira par se calmer… mais rien n'est moins sûr !
- **Si vous êtes épuisée, fatiguée,** que vos bras sont chargés de courses, et que vous n'avez qu'une envie, c'est de rentrer chez vous au plus vite, alors craquez et promettez à votre enfant qu'il aura une sucette s'il se calme mais de retour à la maison. Cela est arrivé à tout le monde, et cela ne fait pas des névrosés ni des obèses (sauf si cela devenait systématique).
- **Si vous avez encore un peu de force et un peu de répondant,** alors prenez votre enfant – aussi délicatement que possible – dans vos bras ou sous le bras (pour éviter les coups de pieds). Expliquez-lui ce que vous allez faire et pourquoi vous allez le faire, dites-lui vos sentiments : « Je suis en

colère, vraiment, je ne suis pas contente » (ne le dites pas d'une voix douce mais expressive, sans pour autant crier). Votre enfant va se débattre mais vous le retiendrez fermement. Il va sans doute accroître ses hurlements, et alors ? Dans certains cas, rares, vous serez peut-être amenée à l'attacher fermement dans sa poussette jusqu'à une arrivée tonitruante en bas de votre immeuble. Vous pourrez alors avoir une explication au calme, en dehors des regards et des jugements hâtifs. Souvent, votre enfant se mettra à pleurer pour de bon et se calmera la plupart du temps.

Sachez que si vous cédez trop souvent, votre enfant repoussera encore et encore les limites… Mais de petits écarts montrent aussi à votre petit que vous êtes humaine, et donc imparfaite… ce qui l'autorise aussi à l'être !

Le syndrome du biscuit cassé

Parfois, votre enfant va vous sembler insupportable comme s'il tentait de vous pousser à bout. C'est ainsi qu'au retour de la crèche, alors que vous lui proposez un biscuit cassé en deux, il va se mettre à en réclamer un « entier » (mais cela peut être tout autre demande incongrue). Bien sûr, c'était le dernier de la boîte… Eh bien tant mieux ! Souvent, les parents bien intentionnés (comme nous le sommes tous) veulent combler leur petit et, lorsqu'il est mécontent, vont chercher à lui offrir ce qu'il souhaite. Et c'est souvent dans des situations kafkaïennes que certains parents se retrouvent un jour. Car dans certains cas, l'enfant cherche à exprimer une colère (une frustration à la crèche, par exemple) qui n'a rien à voir avec l'objet en question mais ne sait pas comment la faire sortir : le biscuit n'est alors qu'un prétexte. Plus vous tenterez de trouver le bon biscuit, plus votre petit va faire monter les enchères et tenter de trouver un moyen de vous faire craquer et pouvoir ainsi faire sortir sa colère.

Dès que vous repérez une attitude comme celle-ci, une exigence excessive, sachez qu'il y a derrière un chagrin qui veut s'exprimer. Dites alors simplement à votre enfant qu'il n'y a pas d'autre biscuit (ou solution), que non, il n'aura pas ce paquet de bonbons, ce n'est pas la peine d'insister. Il va probablement entrer dans une colère noire (appliquez alors les solutions précédemment proposées) et se mettra à pleurer tout de go pour le bien-être de tout le monde. Très vite, il s'en remettra et sera joyeux comme un pinson ou s'endormira du sommeil du juste dans l'heure qui suit, preuve qu'il avait simplement besoin de « lâcher prise ». Peut-être cherchait-il simplement son sommeil !

Sachez que, parfois, il est impossible de combler son enfant et que c'est même nocif lorsque ce n'est pas ce qu'il demande. Lui donner un bonbon pour qu'il se calme systématiquement, c'est comme lui mettre une tétine dans la bouche à chacun de ses pleurs et lui dire « Tais-toi ». Votre enfant vous cherche, mais oui, et il doit trouver vos épaules solides et votre bienveillance : « Oui j'accepte que tu sois en colère ; non tu ne peux pas casser tout autour de toi. »

En revanche, n'en faites pas une affaire d'état, n'en rajoutez pas. Dix minutes plus tard, il sera passé à autre chose. Il saura qu'il peut trouver une aide compatissante et qu'exprimer sa colère ou ses pleurs n'est pas mal vu et qu'il peut vous faire confiance pour le contenir dans tous les sens du terme.

Halte à la fessée !

Quoiqu'il arrive, vous devez considérer le corps de votre enfant comme un sanctuaire, une zone de frappe interdite, que toute atteinte à son corps l'est aussi à son psychisme, même une simple fessée. C'est compliqué à expliquer lorsque les habitudes culturelles sont bien ancrées, il n'y a qu'à lire les commentaires des articles qui proposent une sanction pénale contre les fessées pour voir le chemin à parcourir. Pourtant c'est possible : dans les pays nordiques, ils l'ont fait et ne s'en portent pas plus mal, au contraire ! Certains vous démontreront qu'une bonne fessée ne leur aura jamais fait de mal,

Des effets néfastes

De nombreux auteurs, Alice Miller en premier lieu (*C'est pour ton bien*), ont décrit les effets toxiques et délétères des châtiments corporels quels qu'ils soient sur les enfants dans une période où leur cerveau est en pleine formation. Jusqu'à 3-4 ans, l'enfant n'aura non seulement pas accès à la mémoire des coups qu'il aura reçus mais, par loyauté envers des parents dont il est totalement dépendant, refoulera ce qu'il aura vécu.

mais rien n'est moins vrai : ces personnes ont simplement intériorisé que ce qu'ils avaient reçu était bien mérité.

Il y a 50 ans, les hommes trouvaient normal de donner une claque à une femme pour « la remettre à sa place » : il n'y a qu'à regarder les James Bond de l'époque. Aujourd'hui, un tel comportement est vivement réprimandé à juste titre ! Espérons qu'il en sera de même pour les enfants et qu'il ne faudra pas attendre autant de temps !

Si jamais un jour vous en veniez aux mains et qu'une claque ou une fessée vous échappait, cela doit rester exceptionnel et ne jamais devenir une habitude. Interrogez-vous alors sur ce qui vous fait agir car, malgré les apparences (l'enfant qui vous pousse à bout), seul le parent est responsable des coups qu'il donne, aucun comportement d'enfant ne saurait justifier la violence d'un adulte. Sachez toujours reconnaître devant l'enfant que vous avez eu tort, que c'était une erreur dont il n'est pas responsable et que vous étiez fatiguée. Car l'autorité par la violence est toujours un échec et le signe que vous êtes en *burn-out*, en particulier les mamans débordées avec deux enfants en bas âge ! Votre petit n'a pas besoin de fessée, mais par contre, vous avez besoin d'aide et lorsque votre petit vous met à bout, c'est sans doute qu'il veut vous le signifier (voir Maman (et papa) au bord de la crise de nerfs, p. 285). Les alternatives à une violence soudaine qui vous assaille sont la respiration profonde, la méditation, la relaxation et l'introspection : l'enfant est venu toucher une corde sensible. À vous de la laisser vibrer en vous sans la laisser exploser à l'extérieur ! Se mettre au même niveau que l'enfant, s'asseoir pour avoir vos yeux au même niveau que ses yeux, soupirer, crier et même frapper dans un coussin de colère, ou encore pleurer un bon coup peuvent sauver un instant de débordement (voir le chapitre Outils et ateliers pour mieux vivre en famille, p. 271 ainsi que le chapitre S'occuper de soi et se ressourcer, p. 287).

Halte à la violence !

Et lorsque l'enfant casse ou lance des objets, hurle, mord, tape, fait mal à son parent ou à un autre enfant ? C'est la colère qui s'exprime là mais de façon inappropriée, parfois aussi un besoin mal compris. Il est alors important, dans un premier temps, d'essayer de comprendre ce que veut exprimer votre enfant (que se passe-t-il ?) puis de lui rappeler les règles d'usage et les limites corporelles à ne pas dépasser sans le culpabiliser ni utiliser des termes tels que « C'est bien », « C'est mal ». Le plus important est d'être exemplaire et de ne pas taper votre enfant pour lui montrer ce que ça fait ! Quelle idée saugrenue d'employer une attitude négative pour réprimer une autre attitude négative !

- **S'il hurle**, amenez votre enfant dans sa chambre en lui précisant que vous avez besoin d'être au calme et que ses cris vous transpercent les oreilles (parlez de vos sentiments et ne criez pas) : laissez la porte entrouverte (ne fermez pas à clé) et dites-lui de revenir quand il aura terminé et recommencez l'expérience (car il va revenir probablement en pleurant de plus belle) jusqu'à ce qu'il cesse.
- **S'il vous mord ou vous tape** (ou mord le sein lorsqu'il tète), dites-lui clairement que ça vous a fait mal et qu'il n'est pas question de recommencer, ne faites semblant de rien, ce serait pire ! Prenez fermement, mais doucement, la main fautive, ou écartez votre enfant de vous, protégez-vous.
- **S'il frappe ou mord un autre enfant**, là encore, aucune concession. Il faut intervenir très clairement. Une fois, j'ai vu un enfant pousser un autre enfant sans raison : la maman arrive et accuse la victime étalée par terre en lui demandant ce qu'elle a bien pu dire pour que son fils la pousse ! Nous ne sommes pas toujours objectives sur nos enfants et ne voyons pas leurs comportements inappropriés. Il faut un peu d'humilité et d'ouverture d'esprit pour comprendre que, parfois, nos enfants recherchent des limites salvatrices ! S'ils ont besoin de confiance et d'écoute, ils ont aussi besoin qu'on soit un tant soit peu objective sur leurs agissements ! Pas si simple !

C'est du vécu !

Une fois, j'ai vu un frère et une sœur (presque du même âge) se disputer physiquement dans un jardin public : le frère maintenait sa sœur au sol de force. La grande sœur qui les surveillait disait à la petite sœur de se tenir un peu mieux et de ne pas se rouler dans le sable !!! Je suis intervenue fermement devant un parterre de dix adultes immobiles et muets ! La violence, elle ne s'arrête parfois que lorsqu'on intervient ; la lâcheté est la meilleure alliée de la violence, sachez-le.

Être à l'écoute

L'idée est avant tout d'être à leur écoute, mais une écoute active (voir la méthode Faber et Mazlish, la discipline positive ou encore le *familylab*, de Jesper Juul). Si un petit frappe, c'est peut-être parce qu'un autre l'a frappé à la crèche ou que le grand frère s'exerce sur lui (parfois, ce sont des bisous trop appuyés ou permanents et invasifs, soyez très fermes avec les plus grands avant toute chose).

À l'écoute de ses sentiments

Il est précieux de respecter non seulement le corps de l'enfant mais ses sentiments lorsqu'il ne veut pas qu'on le touche, qu'on l'embrasse, qu'on le coiffe même… Ainsi, si votre enfant ne veut pas s'asseoir dans le bus sur les genoux d'une grand-mère bien intentionnée, ne le forcez pas. Il ne veut pas embrasser votre voisine ou même son grand-père ? N'insistez surtout pas et dites « Tant pis, une autre fois peut-être ! ». Respect total doit être donné aux décisions corporelles de votre enfant, c'est à cette seule condition qu'il saura se protéger plus tard et dire non à une sollicitation, bonne ou mauvaise, lorsque vous ne serez pas à ses côtés !

Souvent, on pense qu'un enfant doit se défendre tout seul. Mais si personne ne l'a défendu dans sa toute petite enfance, alors il restera probablement prostré lorsqu'on l'attaquera plus tard. Croyez toujours votre enfant, prenez-le au sérieux et défendez-le, en premier lieu dans le cercle familial. Ne mettez pas en doute ce qu'un enfant vous dit, sans le victimiser pour autant : écouter et reformuler ne veut pas dire extrapoler ni exagérer. Observez s'il y a répétition et intervenez dès que vous le pouvez, le plus tôt étant le mieux ! Si un enfant a reçu suffisamment d'amour et de tendresse, de contacts physiques positifs et bienveillants (massages ou câlins) alors il y a fort à parier qu'il saura se défendre d'un contact malveillant.

Aider les plus grands

Si vous avez un (ou des) aîné(s), le choc sera incroyable : bébé va jouer à chamboule-tout. L'aîné n'est plus enfant unique et c'est une épreuve. Il va tout à coup vous paraître immense, même s'il n'a que 2 ans. Si c'est un troisième qui arrive, le deuxième va être rudement ébranlé, entre un plus grand qui prend une place physique plus importante et ce plus petit qui, lui, prend une place inversement proportionnelle à sa taille ! Difficile de s'y retrouver, parfois : attention, certains enfants ne montrent rien et souffrent intérieurement. Il faudra bien veiller à conserver une place suffisante au deuxième qui vient de perdre sa place de petit dernier sans pour autant avoir le statut d'aîné !

Ne forcez pas l'amour fraternel avec des phrases du type : « N'est-ce pas que tu l'aimes, ton petit frère ? Fais-lui un bisou. » Plus vous accepterez les sentiments ambivalents de vos grands (haine, jalousie...), plus ils pourront grandir, accepter, aimer leur petit frère ou sœur à leur manière. Cela ne veut pas dire accepter les comportements brusques vis-à-vis de bébé, soyez très claire là-dessus.

Évitez toute projection hâtive et toute explication définitive, les enfants ont parfois des comportements soudains qu'ils oublient la minute d'après. Parfois, le plus grand sera extrêmement gentil avec bébé mais sera terrible avec vous et passera sur vous toute sa colère !

Interrogez-vous aussi sur la place que vous aviez en tant qu'enfant dans votre famille et comment vous l'avez vécue. Attention à ne pas reproduire des schémas ni à régler vos comptes par générations interposées, l'inconscient nous joue de sacrés tours parfois !

Quelques astuces

Si vous sentez que votre aîné garde en lui sa colère ou sa peine, vous pouvez proposer un coussin de colère sur lequel il pourra se lâcher et se fâcher, ou bien, par exemple, singer une partie de judo, en version « douce », en faisant semblant de le faire vaciller tout en l'enlaçant avec vos bras. Déposez-le doucement sur le tapis ou sur un coussin. Cela suffira parfois à déclencher des pleurs salutaires.

Sachez enfin qu'on élève jamais nos enfants de la même manière car leur place dans la fratrie est différente : aucune place n'est bonne ou mauvaise, mais une place va se combiner plus ou moins bien avec la personnalité de l'enfant.

Outils et ateliers pour mieux vivre en famille

La communication au sein du couple et de la famille va être mise à rude épreuve ! Apprendre à communiquer peut être salvateur pour passer un cap difficile pour le couple ou pour mettre à distance les réflexions désagréables de votre mère ou belle-mère ou, mieux, comprendre votre aîné ou le papa qui peuvent passer par un stade très difficile !

- **La communication non violente** vous apprend à écouter et vous faire comprendre sans laisser ni la colère ni le ressentiment s'installer. Elle peut vous amener à une façon de voir les autres et vous-même totalement rafraîchie. Voilà un merveilleux programme qui vous ouvrira de nombreuses portes !
- Pour ceux qui ont déjà des enfants plus grands, **les ateliers Faber et Mazlish** sont une vraie bouffée d'air frais qui va vous faire replonger dans votre propre enfance, comprendre que la punition ou la récompense ne sont que des outils de manipulation et que seule la véritable écoute et la bonne communication peuvent amener un climat familial apaisé. Il existe même un module « Jalousie et rivalités entre frère et sœur » : tout un programme !
- **La discipline positive** est un nom un peu extrême pour une méthode douce ! Cette forme d'éducation insiste sur le fait que les méthodes classiques ne fonctionnent qu'en surface. En effet, on pense parfois que, pour qu'un enfant se comporte bien, il faut qu'il se sente mal (punition, critique, culpabilisation). Or, si l'on obtient un résultat de cette manière, il sera bien moins efficace que si l'on essaie de comprendre l'enfant et de le faire agir positivement. Cette méthode évoque également le sujet des rangs de naissance, sujet passionnant !
- **La pédagogie positive** vous donnera des clés pour vous-même (organisation familiale, personnelle et professionnelle grâce au *mind mapping*) ainsi que pour aider vos plus grands dans leurs apprentissages. Une belle découverte du cerveau humain et de ses facultés extraordinaires !
- **Les ateliers « bébé yogi »** vous feront comprendre à quel point les bébés sont des maîtres de yoga et combien il est inutile, arrogant, voire néfaste de trop intervenir dans leur motricité et leurs apprentissages. Non seulement vous apprendrez à économiser votre énergie, mais vous ferez de nombreuses économies !
- Il existe également des ateliers originaux sur l'éducation, par exemple « **Élever son enfant autrement** » : une façon alternative de concevoir sa relation aux enfants afin de les respecter tout en se respectant soi-même, un atelier proposé par Catherine Dumonteil-Kremer.

- Jesper Juul a lancé le ***familylab***, des ateliers qui permettent de mieux comprendre nos enfants au travers de leurs comportements et décrypter ce qu'ils disent aussi de nous et de nos dysfonctionnements, et développer ainsi ce qu'il appelle l'équi-dignité, une forme de bienveillance qui éclaire toute la famille.
- Faites **un stage de premiers secours**, ça vous servira en cas d'accident avec votre bébé ! Très utile, que dis-je ? indispensable pour toute la famille !

Un couple chamboulé

Vous avez dit « vie de couple » ?

Inutile de dire que la cellule familiale est mise à rude épreuve avec l'arrivée d'un tout-petit. Nuits sans sommeil, corps chamboulé, bébé présent de jour comme de nuit. Les trois premiers mois risquent fort de ressembler à une épreuve sportive d'endurance. Et à ce rythme-là, la libido sera bien loin derrière. Pour peu que vous allaitiez, les hormones, certes, réveillent vos capacités d'attachement et d'amour mais les dirigent exclusivement vers bébé : évidemment on n'est pas censé retomber enceinte immédiatement après un accouchement et la nature fait bien les choses !

Il sera donc difficile de se retrouver sur le plan amoureux. Quant au fameux délai de 6 semaines pour reprendre une vie sexuelle, il pourra paraître vraiment trop court pour certaines, même si certains voudraient bien y voir le retour à la normale : or à 6 semaines, rien n'est normal et votre corps, votre tête comme le rythme de bébé ressemblent plus à un grand capharnaüm qu'à une gondole à Venise glissant voluptueusement vers une chambre nuptiale ! C'est aussi souvent vers 6 semaines que certains bébés bien inspirés se mettent à pleurer de toute leur âme entre 18 et 22 heures, quand ils ne jouent pas carrément les prolongations au-delà du minuit réglementaire, ignorant tout couvre-feu et surtout toute trêve de la Saint-Valentin.

Quant à l'arrivée d'un deuxième, troisième, voire plus si affinités, cela risque de ralentir très nettement vos relations sexuelles au fur et à mesure du nombre qui augmente. Il faudra peut-être appeler une baby-sitter, les amis et la famille à la rescousse, afin de trouver du temps pour votre couple ! Et pourquoi pas une soirée de 2 heures en amoureux dès que vous en ressentez le besoin ? Commencez par petit (une heure) puis de plus en plus longtemps suivant ce que vous renverront votre petit et la personne qui l'a gardé !

Comment retrouver la sexualité du couple ?

Il est fort possible que la meilleure solution soit l'attente et la patience. Pour peu qu'une épisiotomie mal cicatrisée, un hématome récalcitrant ou des hémorroïdes soient passés par là, le temps de récupération sera d'autant plus long ! Certaines, qui auront subi une césarienne, seront freinées à l'idée d'une cicatrice encore tendue et fragile ! L'idéal est d'interroger ceux qui sont concernés au premier chef : votre corps, votre mental et votre envie !

Après une rééducation périnéale, une meilleure connaissance de cette zone érogène peut vous permettre de mieux gérer vos doutes et vos appréhensions et, pourquoi pas, de découvrir tout un monde auquel vous n'aviez accès que partiellement avant votre accouchement. D'autre part, c'est vers deux mois et demi, trois mois que bébé semble trouver son rythme de croisière et c'est donc à ce moment-là que vos nuits vous seront rendues intactes (ou presque). Donc tablez sur un délai de douze semaines plutôt que six pour retrouver votre compagnon.

Avoir une relation sexuelle après ce temps de pause et après ce passage initiatique pourra peut-être ressembler à une « première fois ». C'est une information très importante à faire passer à votre homme : un peu de débat avant les ébats amoureux ne fera pas de mal ! Avant de franchir ce cap, pensez à toutes les étapes précédentes : délicatesse, tendresse, caresses. Ne pensez pas au but et revenez à l'essentiel : le sexe ne doit pas être une obligation mais un cheminement à deux dans lequel l'attente joue un grand rôle !

Joindre l'utile à l'agréable

Pourquoi ne pas faire d'une pierre deux coups (rééducation périnéale et retrouvailles) en pratiquant des massages doux avec des huiles adaptées ou un travail préalable avec des boules de geisha (voir p. 121) ?

Fertilité, le retour !

L'allaitement, un moyen contraceptif ?

On prête à l'allaitement un pouvoir contraceptif important : ce n'est pas si évident. Tant que vous allaitez à 100 % et minimum toutes les trois heures, de jour comme de nuit, ça peut être le cas. Après, même si vous avez l'impression d'allaiter très régulièrement, cette contraception liée à l'allaitement ne fonctionnera que très très partiellement. Prudence, donc, si vous ne souhaitez pas enchaîner les grossesses.

Le retour de couches

Certaines mamans allaitantes attendront peut-être le premier anniversaire de leur bébé pour avoir leur retour de couches. Pour d'autres, plus fertiles, le retour de couches ne se fait pas forcément remarquer (pertes inexistantes) et c'est là que les choses peuvent se gâter : vous êtes alors fertile sans vous en rendre compte ! Retomber enceinte alors que cela n'est pas prévu et que votre bébé n'a que quelques mois, cela peut être très très dur à vivre et à gérer alors que vous avez encore un tout-petit dans les bras. Demandez conseil à votre gynécologue ou même votre sage-femme qui sauront vous conseiller sur toutes les méthodes de contraception chimiques (attention ! la pilule favorise le tarissement de la lactation), mécaniques mais aussi naturelles. Et pourquoi ne pas impliquer votre partenaire dans cette discussion ? Une boîte de préservatifs facile d'accès dans la chambre parentale n'est pas de trop dans cette période transitoire et vous évitera les lendemains qui déchantent !

Mais certaines auront peut-être pris la décision de concevoir un autre enfant sans trop attendre, en conscience, par rapport à leur âge ou à leur organisation. Il faut savoir que le corps est plus fertile dans l'année qui suit un accouchement, il est en effet encore imprégné des hormones de la grossesse, le ventre est encore tout « chaud », vous pouvez en profiter ! Tâchez cependant de garder un écart minimum de neuf mois entre deux bébés afin que votre corps ait bien récupéré et que votre premier marche bien quand son frère ou sa sœur débarquera ! Mais, là encore, nous ne sommes pas égales !

Le week-end en amoureux, c'est pour quand ?

Refusez tout week-end en amoureux avant les 3 mois de bébé, en particulier si vous allaitez et que vous souhaitez continuer. À moins de faire des réserves pour trois jours et là c'est compliqué ! Un bébé de 2 mois a besoin de ses parents, pas 24 heures sur 24, mais il a besoin de repères pour construire sa sécurité intérieure. On fait bien sûr du mieux qu'on peut, mais vous risqueriez de regretter amèrement ce moment, d'autant que vous ne vous sentiriez sans doute pas l'esprit tranquille loin de votre petit. On pourrait très bien imaginer qu'à la naissance, un délai d'une nuit corresponde pour bébé à une éternité, et que pour un tout-petit de 3 mois, trois jours correspondent à trois mois de séparation à notre échelle adulte. Certains sont même capables de vous faire la tête à votre retour, vous ignorant royalement pendant 24 heures, histoire de vous faire ressentir ce qu'ils ont vécu. Peut-être, d'ailleurs, ne fait-il que vous renvoyer en miroir ce que vous avez-vous-même ressenti pendant ces trois jours, sans vous l'avouer ?

C'est souvent lorsque bébé a le pouvoir de se déplacer de lui-même dans un espace qu'il connaît de mieux en mieux, et donc qu'il a un certain pouvoir sur le monde qui l'entoure et la faculté de se projeter dans un autre lieu par la pensée et le corps, qu'il sera

LE MOT DU PÉDIATRE

Certains futurs papas prévenants programment dès avant la naissance **un week-end ou une semaine de vacances** à deux, pour le premier ou le second mois suivant l'arrivée de bébé. Avant la naissance, l'idée peut sembler géniale à la future maman. Mais c'est sans compter l'attachement qui s'instaure et se renforce dès l'arrivée de bébé. C'est ainsi que je vois parfois de pauvres mamans partir au loin la mort dans l'âme de laisser leur enfant « entre de bonnes mains » qui ne sont pas les leurs ! Au retour, il ne faut pas s'étonner du désordre dans les nuits de bébé ou de pleurs « inexpliqués ». La maman sait, au fond d'elle-même, que son bébé a ressenti ce qu'elle-même a ressenti : une sensation d'abandon. Cependant, il est des cas où ces vacances sont vécues comme salutaires pour la maman, qui n'en peut plus. Il est probable alors que le petit ne montrera aucun signe de désarroi.

davantage prêt à vous voir partir plus d'une journée. Mais là encore, aucune règle, chaque bébé est unique et chaque relation se construit suivant un schéma particulier qui reste un mystère, parfois même pour ceux qui en sont les piliers !

Ainsi, comme pour l'allaitement, c'est bien le ressenti de la maman qui importe, et il faut le respecter.

Une organisation familiale optimale

Liberté, égalité, maternité, paternité !

Beaucoup de mamans choisissent (ou souhaiteraient choisir) un congé parental dans les premiers mois qui suivent le congé maternité. Cette période permet d'amortir un peu le retour au travail qui, lorsque le bébé n'a que deux mois et demi, peut paraître un peu brutal, surtout si l'allaitement est bien en place (certains pays l'ont compris et donnent parfois jusqu'à un an de congés payés à la maman comme au papa !). Sachez négocier avec votre employeur un retour en douceur avec cumulation de vos vacances, quand c'est possible. Cependant, beaucoup trop de femmes paient très cher cette liberté, soyez vigilante même si la loi est là ! Renseignez-vous également sur les allocations familiales lorsque vous réduisez votre temps de travail, en particulier au deuxième et troisième enfant : cela peut arrondir vos fins de mois !

La crèche ou l'assistante maternelle ne sont en rien une solution de socialisation indispensable. Un bébé se socialise essentiellement en famille. Contrairement à ce qu'on pense, il n'y a urgence ni pour lui ni pour vous, sauf si vous vouliez retourner au travail rapidement pour des raisons personnelles ou financières. Et si vous avez le choix, ce qui n'est pas toujours le cas, il est idéal d'attendre les 7-8 mois de bébé afin qu'il soit autonome dans ses déplacements (quatre-pattes), en particulier lorsque vous avez choisi la crèche.

LE MOT DU PÉDIATRE

De toute évidence, **plus votre bébé est petit, plus son rythme devrait être respecté**. Il a besoin de calme, d'attention bienveillante. Il n'a que faire, au moins jusqu'à 18 mois, des « copains et copines », et se construit très bien dans son univers familial, première et essentielle cellule de base de la société. Qui, en effet, mieux que vous, parent, est en mesure d'élever, d'éduquer, de choyer votre enfant à l'aube de sa vie ?

Le « métier de maternage », bon pour la maman mais aussi pour le papa, exige une attention, une abnégation relativement dévalorisées de nos jours. Pourtant, elles sont aussi source de joie et permettent de donner des bases de sécurité très importantes pour l'enfant en devenir ! La maternité devrait être tout autant valorisée que le métier de P.-D.G., car ayant un réel impact sur la société : un enfant sécurisé, c'est un futur adulte équilibré.

Si vous avez choisi de rester à la maison, sachez cependant garder des projets vivants sans vous couper du monde. Un bébé a besoin d'une maman présente mais aussi « vivante ».

La véritable liberté est la possibilité de choisir en pesant le pour et le contre de chaque alternative et de faire le deuil de ce qui n'est pas possible. Le cliché de la *working girl* ou celui, non moins étouffant, de la mère parfaite, sont des pièges à éviter à tout prix. Quant à l'idée d'arriver à tout mener de front, mieux vaut vous prévenir, c'est au *burn-out* qu'il faut vous attendre !

Papa poule

Aujourd'hui, la plupart des papas participent à la préparation à l'accouchement et assistent aux premiers cris de leur petit, alors pourquoi pas aux premières semaines de bébé ? La chercheuse Sarah Blaffer Hrdy nous apprend d'ailleurs que cette participation active augmente son taux de prolactine (capacités d'attachement) et abaisse son taux de testostérone (agressivité). C'est non seulement une bonne chose, mais parfois une nécessité lorsque la famille est éclatée et qu'il n'y a dans les parages aucun grand-parent ou personne proche pour aider la maman. Cela n'a rien à voir avec la politique mais plutôt avec le pragmatisme.

C'est à vous de trouver un équilibre entre ce dont vous avez vraiment envie et les contraintes de la vie. Parlez-en à votre compagnon qui pourra peut-être vous soutenir et vous proposer des solutions alternatives ou encore vous donner du mou avant la reprise de votre activité. Qui sait s'il ne voudra pas prendre part à ces premiers mois intenses grâce à de nouvelles formules de congé parental.

Mais vous n'aurez pas forcément le choix et il vous faudra bien en passer par un mode de garde pour votre petit, même éventuellement après une période de congé parental. Alors, que choisir, parmi ces différents moyens existants ? Deux critères guident le plus souvent les parents dans leur choix : le prix et la réassurance.

Faire garder bébé à la maison

Si cela vous est possible, la meilleure solution pour un tout-petit est le domicile, avec une nourrice dédiée à deux ou trois enfants (pas cinq !). En ce sens, la garde partagée est un mode qui se développe et présente bien des avantages : partage des frais, enfant gardé dans sa propre maison au moins la moitié du temps (ce qui lui permet de ne pas être réveillé tous les matins). Il nécessite cependant de bien s'entendre avec une seconde famille sur ce que vous voulez demander à la nourrice, et d'accepter la présence d'autres personnes chez vous, même en votre absence.

Bien sûr, la nourrice pour une seule famille est une excellente solution si vous en avez la possibilité financière. N'hésitez pas à être ferme, pendant la période d'essai, sur ce que vous voulez et ne voulez pas pour votre enfant. Il peut être trop tard ensuite pour vous faire entendre, surtout si la nourrice a déjà beaucoup d'expérience et pense n'avoir plus rien à apprendre d'une jeune maman. N'oubliez pas que c'est vous la mère et l'employeur ! Il peut être utile de faire intervenir le papa en cas de petite difficulté, car il est bien souvent plus persuasif !

La nourrice (ou assistante maternelle) qui garde les enfants chez elle est une alternative à la garde à domicile. Vous pourrez, lors de la première visite, vous faire une idée de la propreté en allant aux toilettes, par exemple. Les principes sont les mêmes que pour la nourrice à domicile. Le petit

Venez à l'improviste !

Dans tous ces cas de garde individuelle (ou presque), n'hésitez pas, pendant le premier mois (et même au-delà !), à venir à l'improviste, à la maison mais aussi au jardin public si vous le pouvez. Cela vous permettra de vérifier que les choses se passent bien, et que la nourrice de votre enfant ne fait pas de la sortie au square le lieu de rendez-vous avec ses amies, délaissant alors les enfants dont elle a la garde pour tailler une bavette avec celles-ci ! Il est ainsi triste de voir des enfants, certes sortis au parc, mais laissés dans la poussette, attachés sans pouvoir s'échapper !

inconvénient de ce mode de garde est que, comme pour la crèche, vous devez souvent réveiller votre enfant le matin au lieu de pouvoir le laisser dormir. Les gros avantages sont ceux de la garde à la maison : attention toute particulière à l'enfant, rythmes respectés et souvent souplesse dans les horaires.

Autre avantage des modes de garde plus individualisés : l'enfant est accueilli même s'il est malade (sauf maladie très contagieuse quand la nourrice garde plusieurs petits, ou maladie très grave).

Veillez aussi à exiger que la personne ne passe pas son temps à téléphoner : à l'ère des portables, la « téléphonomanie » est un véritable fléau. Il n'est pas rare de voir un enfant promené dans la rue en poussette, la nourrice (mais cela peut être la maman !) poussant d'une main et téléphonant de l'autre. Quels enfants vont-ils devenir si on les promène comme on transporterait un objet ? Soyez très claire sur ce point. C'est un des plus difficiles de nos jours.

Enfin, le dernier mode de garde individuel est… la famille ! Cette solution est à la fois économique et totalement adaptée à votre enfant. Souplesse dans les horaires, bienveillance, amour, disponibilité, bons petits plats… tout est là pour favoriser un beau développement de votre petit. À condition, bien sûr, que vous vous entendiez bien avec vos parents ou beaux-parents et qu'ils acceptent de respecter quelques-unes de vos exigences, car ce n'est pas leur enfant qu'ils gardent mais le vôtre. Cela nécessite parfois un peu de diplomatie. Si vous sentez que l'éducation vous échappe et que vos parents ou beaux-parents vous expliquent un peu trop comment faire ci ou ça, et s'ils ne sont pas trop prêts à écouter vos attentes, alors changez de mode de garde avant que les relations ne se dégradent. Il serait dommage de priver un enfant de ses grands-parents. Ils représentent une certaine forme de stabilité, et le temps aura pu leur donner une sagesse issue de l'expérience que votre enfant saura reconnaître et respecter en grandissant.

Si vos parents ou beaux-parents ne peuvent pas assurer une garde quotidienne, ils peuvent parfois prendre votre enfant une fois par semaine, par exemple. Cela soulage d'autant l'organisation et le portefeuille ! Et en cas de maladie, leur présence évite les soucis de garde.

Faire garder bébé en collectivité

L'autre grand mode de garde est la crèche. Il n'est pas rare que la motivation des parents pour la crèche soit la sociabilisation, mais la crèche n'a pas vocation à sociabiliser les enfants ! Elle veille sur eux, les change, les nourrit et les occupe en jouant avec eux, c'est tout (et c'est déjà très bien !). Le personnel, même très attentionné, doit se rendre disponible pour plusieurs petits, et bien souvent doit bien faire un choix parmi les enfants à consoler en cas de chagrin, car ils ont la fâcheuse tendance de souvent pleurer au même moment. C'est pourquoi il existe une période d'adaptation à la crèche assez longue, afin de permettre à l'enfant de se trouver des repères, de s'habituer au nouveau rythme (pas question, à la crèche, d'aller au rythme de chaque enfant pour les siestes et les repas, cela deviendrait vite ingérable).

La crèche, du fait du nombre d'enfants, est un lieu assez bruyant et certains enfants ne réussissent pas à bien dormir dans cette atmosphère peu paisible. Son gros avantage, qui n'est pas négligeable, est financier. Il se développe depuis peu, dans certaines grandes villes, des « mini-crèches », de 10 enfants, avec un adulte pour trois enfants. Un vrai luxe ! Mais même s'il y a une prise en charge partielle de la CAF, elles restent cependant plus onéreuses que la crèche classique. Leur très gros avantage consiste en une prise en charge presque individuelle de l'enfant.

Attention, également, en cas de garde collective, au lieu prévu pour le jeu en extérieur : certaines crèches, dans les grandes villes, n'ont pas même une petite cour pour permettre aux enfants de sortir. Quand on pense que certains enfants restent dans ce lieu de 8 heures le matin à 18 heures le soir, il est impensable de ne pas leur permettre de voir le jour, ne serait-ce qu'une heure dans la journée !

Sur ce plan, les petites villes de province sont nettement mieux loties que les grandes villes.

À la recherche de l'équilibre familial

Le juste équilibre, la juste place

À l'heure du bébé hyperdésiré, les parents se perdent dans des obligations infinies, déployant toute la panoplie labellisée « parent parfait » et hyperresponsable, pratiquant le portage et l'allaitement jusqu'à plus soif, alimentant la montagne de jouets gadgets, multipliant les ateliers d'éveil en tout genre et les visites chez le pédiatre et autres spécialistes, se précipitant aux urgences à la moindre fièvre. N'est-ce pas à l'opposé de ce qui se pratiquait aux siècles précédents ? Nous voici donc dans un autre extrême de l'éducation !

Trouvez le juste milieu

Ne pourrait-on imaginer une solution intermédiaire, entre le trop-plein dans lequel bébé se perd, et le « trop-vide » dans lequel bébé se sent si seul, entre le centre commercial clignotant et clinquant d'un lit couvert de mobiles multicolores et le désert d'une chambre sans présence ?

Le concept du « continuum » a été décrit par Jane Liedloff après un séjour chez les Yekwanas, peuple d'Amazonie au Venezuela. Ce peuple considère que les enfants sont foncièrement bons, bienveillants, qu'ils ne les dérangent jamais et ne font pas de bêtises volontairement. Un altruisme naturel s'installe et l'enfant se socialise sans contrainte, de son propre chef et à son rythme.

La conclusion est que l'enfant, respecté, respecte à son tour le monde des adultes et s'y adapte sans y être poussé ni surveillé. Il apprend par l'exemple. Les adultes, eux, continuent leurs activités sans prêter une attention trop soutenue aux enfants, leur laissant beaucoup de liberté ! Et c'est là aussi le cœur de cet enseignement qui est parfois mal compris : l'enfant n'est pas au centre des préoccupations et se développe avec d'autant moins d'angoisse qu'il ne se sent pas surveillé en permanence avec des commentaires sur ses moindres faits et gestes… Si l'on doit à juste titre s'émerveiller de son enfant, on ne doit pas en devenir complètement béat.

Il est ainsi primordial, pour vous comme pour bébé, de continuer à vivre votre vie, nourrir vos projets, votre couple, même si vous allez passer beaucoup de temps dans le maternage. Il est primordial que votre enfant sente qu'il n'est pas forcément le centre du monde : aujourd'hui, tout est axé sur le développement de bébé, ses compétences et tous les éléments indispensables à son éveil mais votre bébé est par nature éveillé, c'est son job principal, inutile d'en rajouter… Pensez donc à votre propre éveil ! Si vous pensez vraiment que votre enfant doit suivre un atelier de yoga, alors inversez votre pensée et inscrivez-vous à un atelier de yoga !

Maman (et papa) au bord de la crise de nerfs

Si vous ressentez les choses difficilement, avez des réactions étranges, un rejet physique de votre plus grand (que vous adorez par ailleurs), telle une tigresse prête à défendre bec et ongles votre petit bébé des « agressions extérieures », sachez prendre de la distance. Cela peut arriver, surtout après quelques nuits sans sommeil. Ne vous culpabilisez pas mais évitez de vous en prendre à votre grand qui ne mérite pas votre courroux (appropriez-vous « le coussin de colère », si besoin !), car c'est votre affection qu'il recherche, par tous les moyens, même les moins appropriés.

C'est du vécu !

Je me rappelle cette maman célibataire qui avait adopté un enfant et qui était venue suivre un atelier de massage pour enfants pour « l'apaiser ». Il était impossible de masser l'enfant, il courrait partout, faisait tout pour s'échapper. Je propose alors à la maman de s'allonger et lui dit que je vais montrer les gestes sur elle pour qu'elle les reproduise chez elle plus tard sur son enfant : l'enfant se calma immédiatement et se mit à jouer tranquillement pendant que la maman s'abandonnait entre mes mains !

La vie de parent n'est pas toujours rose malgré tout ce qu'on a pu vous en dire. C'est à cause de cette dépendance à leur entourage que certaines mamans peuvent se sentir désespérément seules et abandonnées durant les premières semaines si elles doivent passer leur journée en tête à tête avec leur bébé.

Notons aussi que beaucoup ont également à gérer la maison, le ménage, les repas, préparer leur retour au travail, chercher une crèche ou une nounou, aller chercher le plus grand à l'école, faire leur rééducation périnéale avec bébé sous le bras, etc. ! Certaines y arrivent, mais à quel prix ? Celui du *burn-out*, qui fait tant de dégâts… Chacune de nous est concernée, même la plus avertie ! D'autant que les familles d'aujourd'hui sont bien souvent éclatées aux quatre coins du pays. On est bien loin de la mère ou de la grand-mère qui habitait dans le même village ou la même rue !

Même les papas ne sont pas épargnés et certains, selon des études récentes, craquent et font de véritables dépressions, souvent masquées (fuite dans le travail…) à l'arrivée de leur premier enfant.

Quels sont les signes du burn-out ?

Plus vous accumulez les signaux suivants, plus le risque de *burn-out* est important :

- irritabilité et réactivité au moindre conflit ;
- pleurs inopinés ou quotidiens ;
- sentiments de tristesse, colère, solitude mélangés ;
- problèmes de sommeil ;
- envie de s'isoler, de ne voir personne ;
- sentiment que les autres nous rejettent, paranoïa ;
- fatigue, asthénie ;
- la colère se retourne contre les enfants plus grands.

Quelle solution face au burn-out ?

Entourez-vous de votre famille proche et des gens que vous aimez et qui ne vous pompent pas d'énergie : fuyez les personnes toxiques. Si vous n'avez pas d'autre solution, le téléphone fera office de lien familial et amical. Sachez également dire non aux sollicitations et invitations trop lointaines qui risquent de vous épuiser !

Le psychologue suédois Jesper Juul nous donne à voir un point de vue sur l'enfant qui, sensible et totalement ouvert à son environnement, est capable, dès sa naissance, de faire surgir ce que les adultes ne sont pas capables d'exprimer eux-mêmes. Par exemple, un bébé peut pleurer lorsque sa mère reçoit la visite d'une personne qu'elle n'aime pas mais à qui elle n'a pas osé dire non. Un bébé peut se réveiller la nuit non pas pour faire enrager ses parents mais parce qu'il sent qu'ils ont des problèmes et vient, en quelque sorte, veiller sur eux !

LE MOT DU PÉDIATRE

Il n'est pas rare que de jeunes parents viennent consulter car leur enfant pleure sans cesse. Pendant l'entretien, les parents se déchargent de leur **stress** et l'enfant se calme. Lui aussi est soulagé. C'est alors au pédiatre d'expliquer à l'enfant ce qui se passe, avec des mots simples, pour repartir sur de bonnes bases.

S'occuper de soi et se ressourcer

La période postnatale est particulièrement propice à l'ouverture d'esprit, au développement personnel. Si vous aviez des doutes sur votre job ou simplement si vous souhaitez faire le point sur votre vie, sur vous-même, sur votre façon de vivre, ou encore si vous aviez envie de vous sentir plus vivante, vous pouvez par exemple effectuer des tests de personnalité, entamer un bilan de compétences ou même suivre une psychothérapie. Les femmes ont cette chance immense de pouvoir se poser suffisamment longtemps pour réfléchir un peu à leur travail, leur propre personnalité, leur couple, mais aussi à leurs enfants. Nombre de femmes changent de voie après leur maternité, pas seulement pour s'adapter à leur nouveau rythme de vie mais aussi pour se recentrer sur elles-mêmes. Et quand bien même vous ne changeriez pas de travail, quel bol d'air de gonfler un peu son ego et de prendre soin de soi alors que tout semble tourner autour de bébé !

Voici les possibilités qui s'offrent à vous :

- Le MBTI est un test de personnalité rapide, souvent utilisé par des coachs ou des cabinets d'orientation ou de bilan de compétences. Vous y consacrerez deux demi-journées et aurez alors une idée assez claire de votre profil ainsi que des pistes d'évolution. L'intérêt est de clarifier rapidement vos capacités, vos points faibles et vos possibilités de développement, ainsi que l'environnement qui vous convient le mieux, qu'il s'agisse de votre vie professionnelle comme de votre vie personnelle. Vous pourrez également tenter de deviner le profil de votre compagnon, afin de mieux le comprendre (pourquoi ne pas le faire à deux, justement ?). La grande qualité de ce test est qu'il ne juge personne et vous permet de gagner en confiance !
- L'ennéagramme est un bilan plus complexe et plus long. Il agit en plusieurs étapes et peut mettre trois jours à émerger, voire plus. En fonction de votre problématique personnelle, vous trouverez des clefs de compréhension aussi bien dans votre vie quotidienne que dans votre vie professionnelle. Comprendre qui vous êtes en profondeur vous aidera à tempérer vos extrêmes et à valoriser vos compétences. Vous prendrez alors conscience de l'origine et de la signification de vos comportements. Ce test vous ouvre de nombreuses pistes d'introspection et de compréhension de votre monde intérieur.
- Pourquoi ne pas vous mettre à la méditation ? Il existe des ateliers autour de la « pleine conscience » qui vous permettront de réduire le stress inhérent à la vie familiale, de rester zen et de voir la vie du bon côté.
- Les bienfaits de la colère maîtrisée : *Le Pouvoir créateur de la colère*, de Helen Goldhor Lerner, est une vraie perle tant il parle merveilleusement de la communication féminine et nous incite à écouter notre colère intérieure et nous sortir nous-mêmes des stéréotypes qui nous collent à la peau !
- Si vous êtes croyante, les rencontres avec un accompagnateur spirituel vous seront bénéfiques et, si cela est possible, un court séjour dans un monastère, par exemple, sera une pause bénie. Il existe de plus en plus de congrégations qui offrent des séjours en famille, permettant aux parents de se ressourcer pendant que les enfants plus grands sont pris en charge en ateliers.

• Consultez éventuellement un psychothérapeute qui saura vous aider à traverser une mauvaise passe, digérer un accouchement difficile, faire le point. Ne vous engagez pas pour autant dans une psychanalyse à vie, ce n'est peut-être pas ce dont vous avez besoin. Certaines thérapies brèves existent. L'important est de tester. Peut-être que votre bébé a tout simplement ravivé des problèmes de couple sous-jacents et qu'une thérapie de couple est nécessaire à ce stade ? Vous seule savez si vous avez besoin d'un psychologue ou non, pour quel problème et pour combien de temps.

• Il n'est pas rare que l'arrivée d'un enfant vienne raviver des souvenirs d'enfance douloureux ; alors une introspection et un retour aux sources peuvent être salvateurs. Pour vous guider dans un premier temps, les livres d'Alice Miller, d'une très grande clarté, vous aideront à faire le tri parmi vos sentiments, vos souvenirs et vos doutes. Son discours, basé sur l'importance du lien parent-enfant et des premières interactions vous fera comprendre la nécessité de ne pas reporter sur vos enfants et votre conjoint vos problématiques personnelles tout en vous libérant et en écoutant le petit enfant que vous étiez face à des parents tout puissants.

Retrouvez-vous !

Apprendre à respecter et écouter nos enfants, c'est aussi apprendre à nous écouter et laisser renaître le tout-petit qui a tant de choses à nous apprendre de nous-même ! Plongez-vous dans le miroir que vous tend votre bébé. Les enfants ont une intelligence affective incroyable car ils parlent avec leur corps et écoutent le corps des adultes en direct, sans l'intermédiaire de la parole. Impossible de leur mentir ni de se mentir. Nos enfants nous offrent cette chance unique de grandir avec eux, de remettre en cause nos fonctionnements négatifs, d'évoluer vers une vie plus épanouie et plus légère, saisissons-la !

·7·

La santé du tout-petit

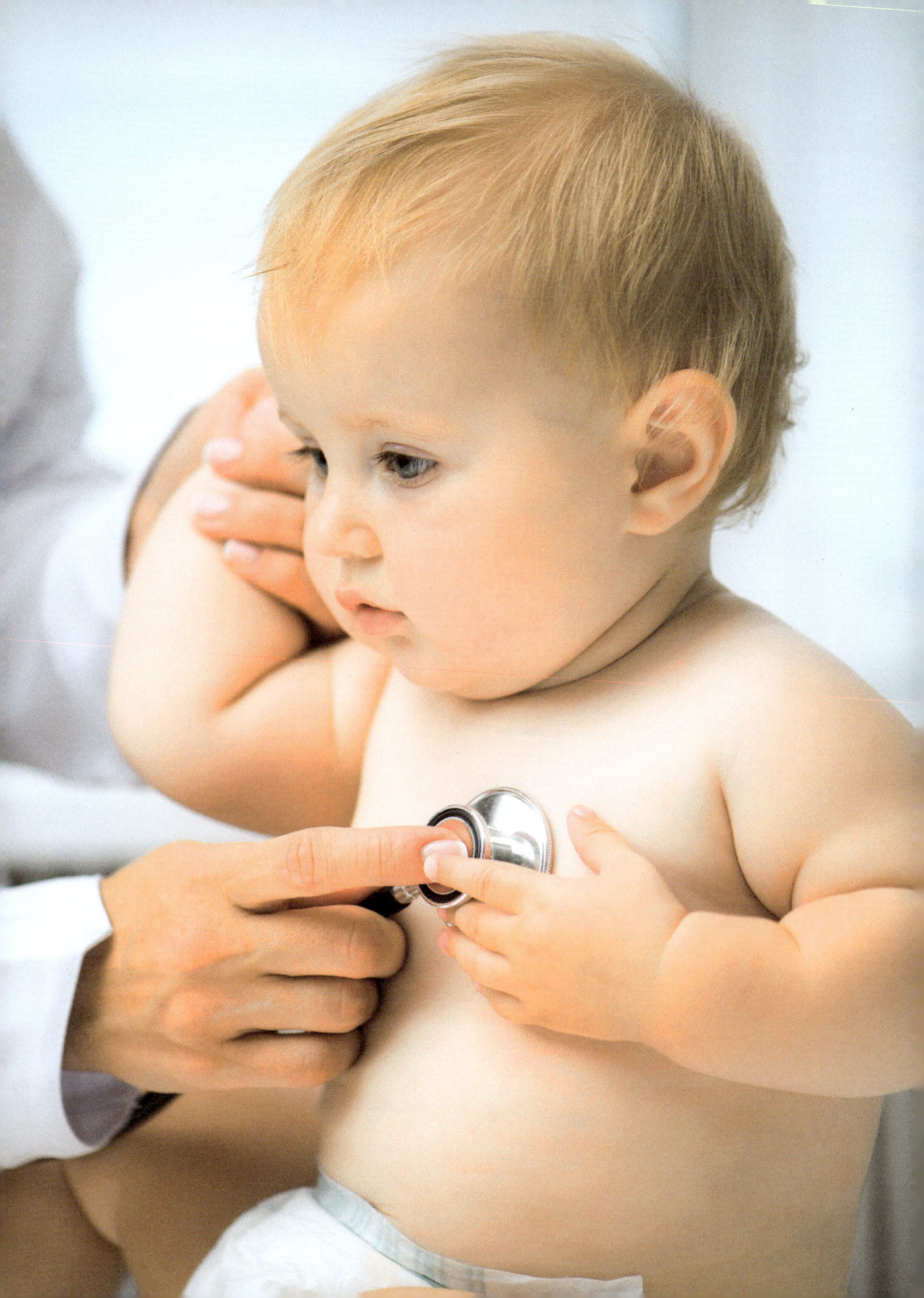

Bébé n'est pas dans son assiette, que faire ?

Il n'est pas dans notre propos de remplacer la visite chez le médecin, indispensable notamment en cas de problème respiratoire ou en cas de diarrhée importante. Cependant, quelques explications et conseils simples vous permettront à la fois de mieux comprendre et mieux gérer ces problèmes, d'autant qu'il faut bien avouer que l'enfant choisit de préférence le week-end ou les jours fériés pour tomber malade…

Avant 3 mois

Sachez tout d'abord qu'un nourrisson de moins de 3 mois n'a pas forcément de fièvre lorsqu'il est malade. S'il n'a pas de fièvre, l'état général de votre enfant peut tout de même vous inquiéter, par exemple parce qu'il tète moins vigoureusement que d'habitude, ou bien parce qu'il dort beaucoup plus et que vous avez du mal à le réveiller. Fiez-vous à votre instinct : les parents ne se trompent presque jamais quand ils sentent que « quelque chose ne tourne pas rond », même si cela leur paraît très subjectif. Appelez votre pédiatre. Il vous prendra très rapidement car il sait, lui aussi, que les parents ne se trompent pas. Et, si tout va bien, il saura vous rassurer et vous expliquer au besoin ce que cela signifiait pour votre enfant.

Après 3 mois

À partir de cet âge, généralement, les choses sont plus « tranquilles ». On a un peu plus de temps. Prenez rendez-vous dans les 24 heures avec votre médecin et, en attendant, OBSERVEZ votre enfant, surtout si votre médecin est homéopathe. Le comportement pendant la fièvre, la soif ou non, le caractère, les désirs, les positions de votre petit seront autant d'informations précieuses pour votre médecin, afin de le soigner plus sûrement.

Maladies infantiles et maux du quotidien

La fièvre

Contexte

Si votre bébé a de la fièvre, même s'il ne semble pas aller si mal que ça, il faut prendre les choses au sérieux. Tout d'abord, vérifiez qu'il n'est pas simplement trop couvert et reprenez sa température 30 minutes après l'avoir dévêtu un peu. Si la température reste élevée, appelez votre médecin tout de suite. S'il est absent, allez aux urgences plutôt que d'appeler SOS médecins, afin de ne pas perdre trop de temps. Dans tous les cas de figure, un enfant de 3 mois qui a de la fièvre doit être impérativement examiné le jour même. Il n'aura peut-être qu'une banale infection virale, mais il est impératif de s'assurer que ce n'est que cela.

Votre action

Attention !

NE DONNEZ PAS D'ANTIPYRÉTIQUE (Efferalgan ou Doliprane, par exemple, sauf douleur ou fièvre supérieure à 39,5 °C) avant d'avoir vu votre médecin, car l'état général de votre bébé pourrait être artificiellement et passagèrement amélioré, laissant croire au médecin que tout va bien, alors que la maladie est bien réelle.

Il apparaît maintennt très clairement que la fièvre fait partie intégrante du système de défense immunitaire, qu'elle est régulée par les mêmes hormones que les autres processus de défense.

Ne « surcouvrez » pas votre enfant : laissez-le en vêtement léger s'il le supporte, mais mettez-lui un petit pull s'il grelotte lorsque vous le déshabillez : chacun a sa zone de confort en cas de fièvre.

Alors, quid du paracétamol chéri qui trône dans toute pharmacie familiale ? Gardez-lui sa place de choix tout de même, car si la fièvre n'est pas une indication pour ce traitement (sauf si elle dépasse 39,5 °C) ; en revanche la douleur (que vous repérerez à des pleurs, des plaintes) peut en être une, même si il y a de la fièvre ! Un enfant fébrile mais non douloureux est en général abattu mais ne se plaint pas.

Bon à savoir

La température normale suit des variations selon les personnes et le moment de la journée. La température moyenne est de 37 °C, mais on considère comme normale une température entre 36,5 °C et 37,5 °C.

L'obstruction du canal lacrymal

Contexte

Les larmes sont fabriquées en permanence par les glandes lacrymales et agissent comme lubrifiant de la cornée. Elles doivent être évacuées en permanence par les canaux lacrymaux qui rejoignent un sac lacrymal à la racine du nez. Parfois, l'ouverture de ce sac n'est pas totale ; une petite membrane peut obturer l'orifice et bloquer l'évacuation des larmes. C'est alors que l'œil larmoie, en général dès après la naissance, mais quelquefois seulement lors d'un épisode de rhinite avec nez bouché.

Votre action

On peut faciliter la disparition de cette petite membrane en massant la base du nez, depuis le nez jusqu'à l'œil. En cas de rhume, le nez étant lui-même plus ou moins bouché, l'évacuation des larmes ne peut plus se faire. L'enfant peut soit larmoyer, soit se retrouver avec les yeux collés le matin par des sécrétions jaunes, prises souvent à tort pour une conjonctivite purulente. Le traitement est avant tout le mouchage !

Si vous allaitez, vous pouvez également nettoyer les yeux avec votre lait, ce sera parfait.

LE MOT DU PÉDIATRE

Dans une **conjonctivite purulente**, la conjonctive (le blanc de l'œil) est plus ou moins rouge. De plus, si on presse l'angle interne de l'œil à la racine du nez, on voit sourdre une petite goutte de pus.

La rhinite et la rhino-pharyngite

Contexte

Toutes les maladies se terminant par le suffixe « -ite » comportent une inflammation. Il s'agit donc ici d'une inflammation des muqueuses du nez et du pharynx (l'arrière-gorge). L'inflammation entraîne un œdème de la muqueuse et une hypersécrétion d'eau et de mucus, qui coule piteusement des narines.

Votre action

Le plus souvent, le mouchage avec de l'eau de mer, car elle contient des oligo-éléments qui ont une action immunitaire directe au niveau de la muqueuse, puis un mouche-bébé par aspiration deux fois par jour sera suffisant.

Si besoin, chez le nourrisson de plus de 3 mois, certains produits contenant de l'echinacea, de l'achillée millefeuille et autres plantes à tropisme ORL aideront grandement l'organisme à se rétablir (par exemple Ergymunyl®, du laboratoire Nutergia : ½ bouchon dans de l'eau ou du jus de fruits pour les plus méfiants).

La bronchite et la bronchiolite

Contexte

C'est une inflammation des bronches, c'est-à-dire des tubes par lesquels passe l'air que nous respirons, pour l'amener aux alvéoles, où se font les échanges respiratoires. Comme dans toute inflammation, il y a œdème et sécrétion de la muqueuse, ce qui réduit le calibre des bronches et provoque un encombrement, parfois audible à distance. C'est la bronchite. Dans certains cas se surajoute un spasme, responsable d'un sifflement à l'expiration : on parle de bronchiolite.

Votre action

Le traitement consiste avant tout à limiter ou réduire l'œdème et l'hypersécrétion. Pour cela, deux possibilités théoriques :

- éliminer les sécrétions par la kinésithérapie respiratoire (très efficace lorsqu'elle est bien faite), permettant de passer le cap difficile de la maladie ;
- prescrire éventuellement des anti-inflammatoires, le plus souvent des corticoïdes.

En cas de spasme, on y associe parfois un bronchodilatateur (Ventoline, en général). Bien sûr, tout dépend du degré de sévérité, et seul votre médecin pourra juger de la meilleure stratégie thérapeutique. S'il est homéopathe, il pourra peut-être prescrire un traitement homéopathique pour accélérer la guérison.

Dans tous les cas de troubles respiratoires, pensez à mettre des humidificateurs sur vos radiateurs ou, à défaut, un bol avec de l'eau dans lequel vous aurez mis 2 ou 3 gouttes d'huile essentielle de lavande (la seule HE sans aucun risque chez le tout-petit) : l'humidification des muqueuses et des sinus limite les inflammations.

L'otite

Contexte

La pathologie de l'oreille la plus fréquente concerne l'oreille moyenne, isolée de l'extérieur par une membrane, le tympan. Le plus souvent, il s'agit d'une inflammation sans infection vraie. La membrane du tympan est rouge, mais il n'y a pas de bactéries. Parfois, une surinfection se produit et conduit à l'otite moyenne aiguë.

Votre action

Lorsqu'il n'y a pas de germe, le traitement antibiotique est inutile, et seul un traitement antalgique peut s'avérer nécessaire (local, le plus souvent).

En cas d'otite bactérienne, un traitement antibiotique (chez l'enfant de moins de 2 ans) est justifié si aucun traitement homéopathique n'a été efficace rapidement.

Nettoyage d'oreille

L'oreille externe est le conduit auditif dans lequel vous voulez toujours aller mettre des cotons-tiges, pour « nettoyer » le cérumen. Mais sachez que le cérumen est le lubrifiant du conduit : il a la vertu de piéger les poussières de l'air qui vont malencontreusement se loger ici, et il permet leur évacuation grâce à des cellules ciliées, qui agissent comme un petit tapis roulant pour évacuer ce qui n'est pas désirable. Alors, cessez de penser que votre petit a les oreilles sales, et n'allez pas anéantir tout ce travail de l'oreille externe en utilisant un coton-tige ! Tout au plus pouvez-vous, une fois par semaine par exemple, récupérer le dépôt au niveau du pavillon, mais en évitant absolument l'orifice du conduit.

La varicelle

Contexte

C'est l'une des maladies infantiles par excellence ! Bénigne dans la très grande majorité des cas, elle procure une immunité solide et définitive (ce qui n'est pas le cas avec le vaccin, à éviter absolument). Les seules personnes qui ont à la craindre sont les femmes enceintes non immunisées. Si l'on peut éviter également à un bébé de moins d'un an de la contracter, c'est bien. On la reconnaît facilement à ses petites vésicules disséminées sur le corps, qui ont l'aspect, les premières heures, d'un bouton de moustique, et qui s'ornent très rapidement d'une petite « perle de rosée ». Il y en a pratiquement toujours dans le cuir chevelu, et parfois dans la bouche (comme des aphtes). On compte trois à quatre poussées de vésicules, du haut du corps vers le bas, durant environ 5 jours. Votre enfant sera contagieux jusqu'à ce que toutes les vésicules soient asséchées, soit un total de 15 jours (en effet, il est déjà contagieux une semaine avant l'apparition des vésicules).

Votre action

Il faut désinfecter les vésicules matin et soir, avec du calendula en teinture mère, par exemple, qui désinfecte et aide à la cicatrisation par la même occasion (10 gouttes dans un verre d'eau tiède, à appliquer sur les vésicules). Évitez de laisser votre bébé « macérer » dans le bain et coupez-lui les ongles courts pour éviter la surinfection en cas de démangeaison.

Cette maladie laissera des cicatrices pendant plusieurs semaines à plusieurs mois, mais elles finiront par disparaître. Seules les vésicules grattées risquent de laisser une marque. Certains produits merveilleux comme la phycocyanine (Soleil bleu, du laboratoire Jade) ou le Duo Réparation (Texinfine) pourront être appliqués ultérieurement si vraiment une cicatrice persiste.

La constipation

Contexte

Chez le tout-petit, surtout allaité, elle est rare et anormale. Attention, cependant : un enfant nourri au sein peut n'avoir plus qu'une selle par semaine après un mois de vie (pas avant), mais cette selle, quand elle sortira, sera de consistance normale. Cela est dû au caractère très digeste du lait maternel (rien ne se perd, donc peu de déchets !).

Les selles dures sont totalement anormales lorsque le bébé est encore exclusivement au sein. Comme chez l'adulte, cela peut être la conséquence d'un stress, éventuellement lors de l'accouchement.

Si votre enfant est nourri au biberon, la constipation est moins rare, car certains laits conviennent plus ou moins bien à certains enfants. Certains ferments lactiques peuvent être d'une grande utilité, aussi bien pour les coliques que pour la constipation. Dans de rares cas, la constipation peut être un symptôme d'allergie (c'est-à-dire plus qu'une simple intolérance) au lait de vache.

Votre action

Dans le cas de selles dures chez un bébé nourri au sein, le traitement dépendra de la cause probable retrouvée. À vous de voir avec votre pédiatre ce qu'il préconise pour améliorer la situation. L'homéopathie, en tenant compte de la cause probable, pourra aider à résoudre le problème.

Dans le cas d'intolérance au lait de vache, un test d'éviction pourra vous orienter (mais attention : l'amélioration obtenue peut éventuellement être due au changement de lait plutôt qu'à une réelle allergie).

La diarrhée

La diarrhée est très rare chez le tout-petit nourri exclusivement au sein. Dans ce cas, d'ailleurs, le traitement est… l'allaitement au sein !

S'il est au biberon, deux cas sont à distinguer : le bébé de moins de 3 mois et le plus grand, diversifié ou non.

- **Chez le tout-petit de moins de 3 mois,** la diarrhée peut conduire à une inflammation de l'intestin. Il est donc impératif de remplacer le lait habituel par un lait sans protéines du lait de vache (et non pas par un simple lait sans lactose). Il n'a pas pour mission d'arrêter la diarrhée, mais l'intestin le tolérera mieux pendant cette période de diarrhée et cela évitera les complications éventuelles.
- **S'il a plus de 3 mois,** il n'est pas forcément nécessaire de changer de lait : les laits dits « anti-diarrhéiques » sont en fait des laits pauvres en lactose, utiles quand la diarrhée dure plus de quelques jours, car alors une intolérance au lactose peut se développer, provisoirement, mais qui fera perdurer la diarrhée. Les traitements anti-diarrhéiques ont peu d'intérêt dans une diarrhée classique, et peuvent donner une diarrhée « en deux temps » (réaggravation après courte période d'amélioration), car ils bloquent le processus d'élimination sans supprimer la cause (en général infection virale). Le traitement le plus adapté repose sur :

– la réhydratation (par un soluté adapté, contenant les électrolytes que perd le nourrisson dans ses selles et dans ses vomissements s'il y en a) ;

- la diète hydrique (6 heures sans rien d'autre que le soluté de réhydratation) ;
- un pansement intestinal (Actapulgite ou Smecta, par exemple), qui aide à la cicatrisation intestinale, et a de plus un rôle « d'adsorption », c'est-à-dire qu'il fixe les molécules de gaz responsables des douleurs abdominales par distension de la paroi intestinale ;
- des probiotiques seront également intéressants, en aidant à raccourcir la durée de l'épisode diarrhéique.

• **Chez l'enfant déjà diversifié,** il faudra ajouter un régime pauvre en graisses et en fibres, le fameux régime « pomme-banane-coing-riz (blanc, pour une fois !)-carottes ». Les laitages seront évités mais pas les yaourts (je n'ai pas dit les petits suisses ou le fromage blanc), qui contiennent des ferments lactiques. Contrairement à ce que l'on croit souvent, le jus de pomme est autorisé, car la pomme sous toutes ses formes rééquilibre la fonction intestinale.

Si, par malchance, votre enfant vomit, le régime sera le même, mais il faut veiller plus particulièrement à son hydratation, en le faisant souvent boire, par petites quantités si nécessaire. Sachez que lorsqu'on vomit, l'organisme se met en cétose de jeûne, par manque de sucre. Or, lorsqu'on est en cétose, on vomit. Donc si les vomissements persistent, donnez du sucre à votre enfant, au besoin avec une compote très sucrée, par exemple. Cela pourra suffire à rompre ce cercle vicieux. Si tel n'est pas le cas, il faudra consulter votre médecin.

La régurgitation

Contexte

La régurgitation est le renvoi d'une petite partie du repas précédent. Chez le petit, il s'agit de lait, non caillé si cette régurgitation survient peu après le repas, ou caillé si c'est à distance de celui-ci. La cause en est une immaturité du sphincter inférieur de l'œsophage, sorte de petit clapet anti-retour situé au bas de

Proportions

Sachez que l'équivalent pour nous de la quantité de lait absorbée par votre bébé serait de 8 à 10 litres par jour !

l'œsophage et à l'entrée de l'estomac. Cette immaturité est physiologique avant 6 mois. Comme l'alimentation est liquide pendant les premiers mois, il n'est pas besoin d'être plombier pour comprendre que « forcément, ça remonte un peu » !

Il n'y a donc rien à faire, si ce n'est prévoir des bavoirs, si, comme c'est le plus souvent le cas, l'enfant ne montre pas de signes d'inconfort.

Si votre bébé pleure à chaque remontée, ne grossit pas ou pleure en mangeant, alors ces régurgitations deviennent pathologiques et nécessitent de comprendre pourquoi et de les traiter. Les causes de reflux gastro-œsophagien (RGO) pathologique sont multiples, mais certaines sont récurrentes, comme une naissance un peu difficile, une intolérance au lait de vache, une anesthésie prolongée au cours de l'accouchement.

Votre action

L'ostéopathe devrait être l'un des premiers interlocuteurs. Si cela ne suffit pas, avant de prescrire un traitement anti-reflux (qui ne traite pas la cause mais a le mérite de soulager l'enfant), il est bon de rechercher un événement ayant pu induire un stress familial. L'homéopathe pourra peut-être alors traiter l'origine du trouble. Et rien ne vous empêche, si vous allaitez, de faire une éviction totale du lait et des laitages que vous prenez habituellement et de voir si les choses rentrent dans l'ordre. On considère qu'il faut faire ce test pendant au moins trois semaines pour pouvoir tirer des conclusions fiables, mais en général, les résultats sont plus rapides lorsque la cause est vraiment une intolérance au lait de vache.

Si votre enfant prend le biberon, alors il faut demander à votre médecin de vous orienter vers un lait sans protéines de lait de vache, afin de faire ce test. Attention à ne pas choisir n'importe quel lait : certains ne sont pas adaptés aux besoins de la croissance de l'enfant, et les pédiatres hospitaliers alertent sur la résurgence de dénutrition sévère chez des enfants nourris avec des laits de substitution non maternisés.

Intolérance vs allergie

Intolérance n'est pas allergie, et la plupart des enfants pourront tolérer, en grandissant, de petites quantités de laitage, ce qui simplifie grandement la vie ultérieure en collectivité, tant il est vrai que le lait se retrouve un peu partout !

Les réponses à vos questions santé

Le frein de langue, quèsaco ?

Contexte

On appelle ainsi le petit filet fibreux qui relie la langue au plancher de la bouche. En quelque sorte, il limite, il « freine » la protrusion, c'est-à-dire la sortie de la langue à l'extérieur de la bouche. Parfois, ce frein de langue est « court » : il gêne la protrusion de la langue à son niveau normal.

Les spécialistes de l'allaitement maternel savent combien un frein de langue court peut compliquer la mise en place de l'allaitement. Il arrive qu'un enfant d'âge préscolaire ait quelques difficultés de langage, attribuées très vite par l'orthophoniste à un frein de langue court.

Votre médecin ou votre ORL saura distinguer un frein un peu court, qui n'entraînera probablement pas de gêne, d'un frein véritablement court, générateur de problèmes et qu'il faudra peut-être sectionner par une toute petite intervention. L'aspect de la langue en « cœur », quand l'enfant la tire ou pleure, est un marqueur de frein court.

Votre action

Il ne faut pas hésiter à poser la question à son pédiatre si on a le moindre doute, car si l'enfant ne pleure pas au cours de l'examen clinique (les pleurs font soulever la langue du nouveau-né !), il ne verra pas forcément ce frein de langue.

Le décalottage, pas d'urgence !

Contexte

L'époque où le décalottage était systématique dès les premières visites chez le médecin est révolue depuis bien longtemps. Il a été démontré que ces décalottages étaient le plus souvent à l'origine de petites cicatrices fibreuses, lesquelles généraient un phimosis (rétrécissement de l'orifice du prépuce) qu'il fallait bien souvent opérer.

Votre action

L'attitude actuelle consiste à surveiller simplement que cet orifice préputial est bien centré, puis à apprendre aux parents et à l'enfant, à partir de 2 ans et demi, à décalotter le pénis doucement, chaque jour, dans le bain par exemple, pour distendre peu à peu la peau prépuciale et obtenir un décalottage complet. Si c'est un peu difficile, le pédiatre peut parfois prescrire une crème, généralement à base de corticoïdes, qui facilitera ce décalottage. La règle d'or est la régularité et la persévérance. Cela évite bien des interventions chirurgicales inutiles.

Et pour la vaccination ?

Contexte

Dans le carnet de santé, on trouve un calendrier des recommandations vaccinales. Ces recommandations ont été écrites en fonction du risque potentiel que certaines maladies peuvent faire courir à l'enfant. La fréquence des rappels est établie en fonction d'une probabilité de réponse immunitaire de la personne (on ne fait pas de contrôle sanguin à chaque vaccination pour vérifier la réponse immunitaire), c'est pourquoi il arrive que ce calendrier vaccinal change.

Parmi ces vaccins, la plupart sont recommandés et seuls la diphtérie, le tétanos et la poliomyélite sont obligatoires en primovaccination, et le vaccin pour la poliomyélite est fortement conseillé jusqu'à l'âge de 13 ans.

Toutes les maladies contre lesquelles ces vaccins sont recommandés n'ont pas la même dangerosité ni la même prévalence. Par exemple, la varicelle est une maladie bénigne de l'enfance dans quasiment tous les cas, et vacciner un enfant contre cette maladie est dommage car l'immunité conférée par un vaccin est toujours inférieure en solidité et en durabilité par rapport à celle conférée par la maladie naturelle. On prend donc le risque, dans ce cas, de voir la personne faire une varicelle ultérieurement, à un âge où elle est moins bien tolérée, voire un zona.

LE MOT DU PÉDIATRE

La **douleur de la vaccination** peut être diminuée par l'application d'un patch anesthésiant posé environ une heure avant l'injection ou bien, plus simplement, par la tétée. Si l'enfant commence à prendre le sein quelques minutes avant l'injection, il est quasi certain qu'il ne sentira rien. À défaut de sein ou biberon, une solution sucrée (1 ml de glucose à 30 %, saccharose à 12 % ou fructose à 9 %) fera très bien l'affaire. Sinon, la succion d'une simple tétine est également efficace, car elle facilite la sécrétion d'endorphines (voir Tétine or not tétine ?, p. 166).

Votre action

Chaque décision vaccinale doit être réfléchie et discutée avec votre pédiatre : vous avez le droit d'obtenir une réponse précise à vos questions sur ce sujet.

Lors de la vaccination, il va sans dire que l'enfant, éventuellement effrayé par un geste douloureux, a absolument besoin de la présence de ses parents pour le rassurer. La technique consistant à faire sortir les parents n'a en général pour seule finalité que de détendre le praticien, lui-même gêné par leur présence, et éventuellement leur œil critique ! C'est ce qui se passe généralement, car il existe quand même des cas où le stress parental est si fort que, loin de rassurer l'enfant, il le panique. Dans ce cas, et seulement dans ce cas, on peut proposer au parent de s'éloigner en lui en expliquant la raison.

Comment protéger bébé du soleil ?

LE MOT DU PÉDIATRE

Dès que l'ensoleillement est important, il faut protéger tous les yeux, quelle que soit leur couleur ! Attention, cependant : la lumière est indispensable au bon développement de la vision : ne laissez pas non plus votre bébé avec des **lunettes** du matin au soir ! Des verres foncés ne protègent absolument pas des UV. Il faut des lunettes avec un filtre UV catégorie 2 ou 3 (au-dessus, les enfants ne voient plus rien !). Il faut vous assurer qu'est écrit sur la monture « CE 100 % UV ».
Sachez que plus l'on est en altitude, plus il y a d'UV. Si votre enfant porte déjà des lunettes de vue, cela suffit : elles sont toutes anti-UV.

Les ultraviolets sont responsables de la dégradation des tissus, notamment ceux de la rétine. Seuls les UV-A et B parviennent jusqu'à nous, et une bonne partie est arrêtée par les structures antérieures de l'œil, afin de limiter leur action sur la rétine. Chez l'enfant, les tissus sont plus fragiles encore que chez l'adulte, et beaucoup moins bien protégés.

Attention aux bébés lorsqu'ils sont tout petits et n'ont pas de moyens d'échapper aux rayons solaires (en général au moins jusqu'à six mois, voire plus lorsqu'ils se reposent).

Le mieux, c'est la tête à l'ombre d'un chapeau, d'un parasol ou d'une ombrelle. Ajoutez systématiquement un voile (il en existe anti-UV) sur le landau ou la poussette, tant il est vrai que l'ombrelle ne suit malheureusement pas vos mouvements, quitte à laisser les gambettes au soleil ! Au repos, placez toujours bébé dos au soleil, même sous un parasol, même dans une poussette protégée. Non seulement cela sera plus agréable pour lui, mais il subira moins les réverbérations, notamment à la plage.

En cas d'exposition inévitable à des moments de fort ensoleillement, utilisez une crème solaire écran total, si possible minérale (elle stoppe les UV avant leur pénétration dans la peau). Cependant, les manches longues, les chapeaux et l'ombre sont plus efficaces et moins toxiques à long terme !

Que faire en cas de poussée dentaire ?

Certains parents (rares) découvriront un matin une jolie petite perle nacrée dans la bouche de leur enfant, apparue sans crier gare, alors que d'autres, beaucoup plus nombreux, seront sur le pont pendant plus de 4 à 5 mois, berçant et tentant de soulager un petit aux gencives gonflées et douloureuses, sans jamais voir quoi que ce soit.

Quoi qu'il en soit, un jour, cette première dent fera enfin son apparition. La moyenne se situe généralement autour de 6 mois. L'apparition de la première dent est symboliquement associée à la seconde grande séparation d'avec la maman (la première étant la naissance) et au sevrage partiel, puisqu'à la même époque débute généralement la diversification alimentaire.

Que faire pour soulager votre enfant ?

Des massages de la gencive avec certaines préparations (comme Dolodent ou le gel Delabarre) peuvent soulager certains enfants.

Donnez à mordiller un objet ou un anneau de dentition, s'il n'est pas trop gros. Il faut qu'il soit maniable pour les petites mains de bébé et facile à mettre à la bouche. On peut proposer une racine (ou bâton) de guimauve, qui soulage non seulement par le fait de mastiquer mais aussi par ses vertus émollientes.

L'homéopathie peut être d'un grand secours, à la condition d'avoir bien observé votre bébé, car selon qu'il préférera mordre du dur (évoque plutôt Phytolacca), du froid (Chamomilla), qu'il sera rouge sur une joue ou les deux, se cabrera en arrière sous l'effet de la douleur (évoque plutôt Belladonna), qu'il faudra le bercer, en marchant sans cesse rapidement ou doucement, etc., le remède sera différent. Sachez en tout cas qu'un médicament homéopathique ne doit pas être pris au long cours : une fois l'enfant soulagé, il ne doit plus être administré. Et si votre enfant pleure encore après trois ou quatre prises, inutile de continuer avec le même remède : ce n'est pas le bon.

Attention au collier d'ambre !

Les colliers d'ambre sont réputés favoriser une dentition sans problème. C'est probablement vrai pour certains bébés, mais une fois de plus, il existe une grande injustice à ce sujet. Quoi qu'il en soit, je conseille de le mettre au poignet, à la façon d'un bracelet, car il existe un risque réel de strangulation lorsqu'il est autour du cou. Il sera peut-être moins efficace ainsi (et encore…), mais certainement moins dangereux.

Bébé met tout à la bouche, quels sont les risques ?

Il est indispensable d'être vigilant à ne pas laisser votre bébé mettre dans sa bouche de petits objets, qu'il risquerait, non pas d'avaler, mais d'inhaler et d'enclaver au niveau du carrefour aéro-digestif, au-dessus de la glotte, obstruant ainsi les voies respiratoires. Si vous étiez témoin d'un pareil accident, sachez comment réagir et pratiquer les gestes d'urgence.

Le geste à faire en cas d'urgence

Prenez bébé dans vos bras et asseyez-vous. Mettez le ventre de bébé sur votre avant-bras, vos doigts de chaque côté de sa bouche, posez cet avant-bras tenant bébé sur votre cuisse, à plat, et avec l'autre bras, tapez vigoureusement cinq fois entre les omoplates.

Quelle position pour bébé quand il dort ?

Nombreux sont les parents qui remarquent que leur enfant dort comme un bienheureux sur le ventre et hurle lorsqu'on l'oblige à être sur le dos. Le corps médical reconnaît en outre qu'un enfant souffrant d'un reflux est très nettement soulagé en position ventrale un peu surélevée et qu'un nourrisson ayant une bronchiolite respire mieux quand il est allongé sur le ventre.

Suite à une augmentation impressionnante, dans les années 1970, des morts subites de nourrissons couchés sur le ventre, on l'a fortement déconseillé dans les années 1990. Le taux de mort subite a chuté de façon spectaculaire (- 82 %), d'où le consensus médical, que l'on comprend sans peine.

Les causes ne sont pas forcément très claires mais on comprend sans nul doute qu'une inflammation des voies aériennes respiratoires, en entraînant une diminution de calibre, fait obstacle très facilement à l'écoulement de l'air, d'autant plus en position ventrale. Les ostéopathes ont une explication qui a beaucoup de sens : en position ventrale, la tête est obligatoirement en rotation forcée sur la gauche ou sur la droite, ce qui entraîne un étirement et éventuellement un blocage des nerfs commandant en particulier la respiration. D'où le risque d'arrêt respiratoire.

Alors, que faire lorsque bébé ne veut pas se laisser convaincre par toutes ces explications scientifiques ? Une solution, peut-être, serait le couchage sur le côté. Il existe maintenant des « cale-bébés », qui soutiennent le dos et ont également un renforcement ventral, empêchant l'enfant de changer trop facilement de position.

Quels sont les indispensables de la trousse de secours de bébé ?

Voici quelques conseils pour vous constituer une petite trousse de premiers secours, bien utile dans de nombreux cas à partir du moment où votre enfant fait ses premières escapades à quatre pattes.

Servez-vous par exemple d'une petite mallette rigide, spéciale pansements, que l'on trouve souvent en supermarché. Gardez-y quelques pansements, une bande Velpeau et une paire de ciseaux. La place libérée permet d'ajouter quelques remèdes homéopathiques, un désinfectant et du tulle gras, bien utile pour des plaies très écorchées, afin qu'elle ne colle pas au pansement.

Le calendula en teinture mère est certainement le meilleur désinfectant des plaies, car il est à la fois antiseptique et cicatrisant. Le pharmacien peut vous en fournir un petit flacon. Diluez 10 gouttes dans un verre d'eau tiède et appliquez sur la plaie avec une compresse ou un coton à démaquiller.

Plantago TM, qui se présente sous la forme d'un petit flacon, est aussi très utile en cas de piqûres (insectes ou orties) : appliquez-le directement sur la lésion. Ce n'est ni plus ni moins que ce cher plantain qui, selon les dires des grands-mères, pousse toujours près des orties : une feuille frictionnée sur la piqûre sera tout aussi efficace que la teinture mère !

Voici **les remèdes homéopathiques** à avoir dans sa trousse. Les remèdes sont préconisés en deux dosages (en dose ou en tube granules, peu importe ; dans chaque cas, on ouvre le tube ou la dose et on prend quelques granules ou quelques globules) : en principe, on commence par le dosage le plus bas, mais en cas de blessure importante, ou si le soulagement n'est pas rapide, on peut prendre le dosage supérieur. Il est inutile de répéter plus de deux ou trois fois un remède homéopathique :

- Ledum Palustre, 7 CH une dose, puis 15 CH une dose : 3 globules en cas de piqûre avec objet souillé ou susceptible de l'être (épine, aiguille…). Cela prévient le tétanos merveilleusement bien.
- Hypericum Perforatum 7 CH une dose, puis 15 CH une dose : 3 globules en cas de douleur violente des extrémités, notamment après écrasement d'un doigt. À renouveler une à deux fois si besoin (et mettre le membre sous l'eau froide).
- Arnica Montana 7 CH une dose, puis 9 CH une dose (3 globules en cas de choc violent sur une zone de « partie molle » du corps) ou 30 CH une dose (3 globules en cas de choc mental ou physique grave – accident, par exemple).Symphytum 7 CH une dose, puis 9 CH une dose : 3 globules en cas de choc violent sur une zone où l'os affleure la peau (arête nasale, front, arcade sourcilière…).
- Apis Mellifica 200K une dose : 3 globules en cas de très grosse réaction à une piqûre d'insecte (gonflement rose de la partie atteinte) ou en cas d'éruption urticarienne importante, même si la cause n'est pas identifiée
- Cantharis 7 CH une dose : 3 globules toutes les 5 minutes en cas de brûlure du second degré, jusqu'à soulagement. Si besoin, 3 globules de 9 CH une heure après et 3 globules de 12 CH 2 heures après. 3 globules de 30 CH le lendemain si nécessaire. Ne pas mettre sous l'eau froide la partie brûlée, mais au contraire la mettre près d'une source de chaleur.

Bibliographie

Livres auteur

Dumoutet Sophie, ***Bébé yogi, le mouvement à l'état de grâce***, Robert Jauze, 2006.

Dumoutet Sophie, ***Le Guide des massages de bébé***, Larousse, 2011.

Dumoutet Sophie, ***100 postures de yoga avec mon bébé***, Nathan, 2012.

Dumoutet Sophie, Véronique de la Cochetière, ***Ma grossesse en toute sérénité***, Prat, 2013.

Alimentation, bien-être, santé maman-bébé

Besson Philippe-Gaston Dr, ***La Crème budwig, le petit déjeuner santé***, Jouvence, 2006.

Gasquet Bernadette (De), ***Baby sans blues***, Robert Jauze, 2005.

Guillain France, ***La Méthode France Guillain***, Éditions du Rocher, 2010.

Herbinet Étienne, Busnel Marie-Claire, ***L'Aube des sens***, Stock, 2000.

Saldmann Fréderic Dr, ***Le Meilleur Médicament, c'est vous***, Albin Michel, 2013.

Psychologie, développement personnel, famille

Akoun Audrey, Pailleau Isabelle, ***Apprendre autrement avec la pédagogie positive***, Eyrolles, 2013.

Cyrulnik Boris, ***Les Nourritures affectives***, Odile Jacob, 1993.

Goldhor Lerner Harriette, ***Le Pouvoir créateur de la colère***, Le Jour, 1994.

Loreau Dominique, ***L'Art de la simplicité***, Laffont, 2005.

Méda Dominique, ***Le Temps des femmes***, Flammarion, 2001.

Miller Alice, ***Le Drame de l'enfant doué***, PUF, 2012.

Miller Alice, ***C'est pour ton bien, racines de la violence dans l'éducation de l'enfant***, Éditions Aubier.

Rosenberg Marshall B., ***Les Mots sont des fenêtres (ou bien ce sont des murs), Introduction à la Communication Non Violente***, La Découverte, 2002.

Parentalité, éducation

Blaffer Hrdy Sarah, ***Les Instincts maternels***, Payot, 2004.

David Myriam, Appell Geneviève, ***Loczy ou le maternage insolite***, CEMEA, Éditions du Scarabée.

Dumonteil-Kremer Catherine, ***Élever son enfant autrement***, La Plage, 2009.

Etty Buzyn, ***Papa, maman, laissez-moi le temps de rêver***, Albin Michel, 1999.

Faber Adèle, Mazlish Elaine, ***Parents épanouis, enfants épanouis***, Relations plus, 2001.

Faber Adèle, Mazlish Elaine, ***Parler pour que les enfants écoutent, écouter pour que les enfants parlent***, Relations plus, 2002.

Gibran Khalil, ***Le Prophète***, Sindbad-Actes Sud, 2001.

Grandsenne Philippe, ***Bébé, dis-moi qui tu es***, Marabout, 1996.

Hunt Jane, ***La Véritable Nature de l'enfant***, Éditions L'Instant présent, 2007.

Juul Jesper, ***Regardes, ton enfant est compétent, Renouveler la parentalité et l'éducation***, Chronique sociale, 2012.

Lagercrantz Hugo, ***Le Cerveau de l'enfant***, Odile Jacob, 2005.

Liedloff Jean, ***Le Concept du continuum***, Ambre, 2006.

Marquet Denis, ***Nos enfants sont des merveilles***, Marabout, 2013.

Maurel Olivier, ***La Fessée***, La Plage, 2005.

Nelsen Jane, ***La Discipline positive : en famille et à l'école, comment éduquer avec fermeté et bienveillance***, éditions du Toucan, 2012.

Odent Michel, ***L'Amour scientifié***, Jouvence, 2008.

Odent Michel, ***Votre bébé est le plus beau des mammifères***, Albin Michel, 1990.

Motricité, éveil de bébé

Bercut Pierre, ***Le Jeu et le Jouet***, Éditions Novalis, 2004.

Coeman Albert, Raulier H. de Frahan Marie, ***De la naissance à la marche***, ASBL, 2004.

Clouder Christopher, Nicol Janni, ***Jeux d'éveil pour votre bébé***, Éditions Le Courrier du Livre, 2009.

Deloison Yvette, ***Préhistoire du piéton***, Plon, 2004.

Gattegno Caleb, ***Ces enfants nos maîtres, ou la subordination de l'enseignement à l'apprentissage***, Delachaux et Niestlé, 1982.

Gattegno Caleb, ***L'Univers des bébés***, Une École pour demain, 1986.

Hartenberger Jean-Louis, ***Nous, les mammifères***, Le Pommier, 2013.

Hatwell Yvette, Streri Arlette, Gentaz Édouard, ***Toucher pour connaître***, PUF, 2000.

Holt John, ***Les Apprentissages autonomes***, Éditions L'Instant présent, 2011.

Lécuyer Roger, ***L'Intelligence des bébés en quarante questions***, Dunod, 1997.

Tisseron Serge, ***L'Enfant et les écrans, Avis de l'Académie des sciences***, Le Pommier, 2013.

Toulemonde Jeannette, ***Place à l'enfant***, Encre, 1995.

Truchis-Leneveu Chantal (De), ***L'Éveil de votre enfant***, J'ai lu, 2006.

Allaitement, massage, portage

Charpak Nathalie, ***Bébés kangourous, materner autrement***, Odile Jacob, 2005.

Field Tiffany, ***Les Bienfaits du toucher***, Payot, 2003.

Gauthier Dany, ***L'Allaitement maternel***, Éditions Hôpital Sainte-Justine, 2002.

Leboyer Frederick, ***Shantala***, Seuil, 1976.

Levy Candice, ***Quels laits pour mon bébé ?***, Souffle d'or, 2013.

Santé, sommeil

Atmadjian Anaïs, ***Traité d'homoeopathie appliquée à la maternité***, Éditions Maisoneuve et Laroze, 1998.

Challamel Marie-Josephe, Louis Jacqueline, ***Le Sommeil de l'enfant, du nourrisson à l'adolescent***, université Lyon I, INSERM U480.

Delormas Françoise, ***Le Sommeil et les rythmes de l'enfant***, université Lyon I.

Nemet-Pier Lyliane, ***Cet enfant qui ne dort pas***, Albin-Michel, 2013.

Valatx Jean-Louis, ***La Physiologie du sommeil***, université Lyon I, INSERM U480.

Sites Internet

Sources internet

www2.cnrs.fr : « L'impact de la vanille sur la respiration du nouveau-né prématuré », Luc Marlier.

www2.cnrs.fr : « La marche des nouveau-nés n'est pas qu'un simple réflexe tactile », Marianne Barbu-Roth.

http://webcom.upmf-grenoble.fr : « Que savent les nouveaux nés en 20 questions », É. Gentaz, K. Mazens, Édition médecine et enfance, 2006.

www.futura-sciences.com : « Pourquoi les femmes aiment-elles l'odeur des bébés ? », 2013.

www.mamaneprouvette.com : « Les bébés qui ont trop chaud sont-ils plus à risque pour la mort subite du nourrisson ? ».

Naitreetgrandir.com : « Bien emmailloter bébé pour ne pas le blesser ».

http://mon.univ-montp2.fr : « L'évolution du cerveau humain, de la matière grasse à la matière grise ».

Se ressourcer

www.yogalame.com/
www.co-naitre.net/
www.kokocabane.com/
www.familylab.fr/
www.latelierdesparents.fr/
www.cdumonteilkremer.com/
www.alice-miller.com/
www.iedh.fr/
www.pascalemolho.fr/
http://korczak.fr/

Index

Crédits photographiques

Couverture : © Melissa Schalke - Fotolia.com
p. 4 : © Sophie Dumoutet ;
p. 5 : © Corinne Dodelin-Bricout ;
p. 21 : © alain wacquier - Fotolia.com ;
p. 23 : © Oleksii Sagitov - Fotolia.com ;
p. 34 : © paleka - Fotolia.com ;
p. 46 : © Elnur - Fotolia.com ;
p. 55 : © WANG HSIU-HUA - Fotolia.com ;
p. 62 : © aszfoto - Fotolia.com ;
p. 71 : © monticellllo - Fotolia.com ;
p. 73 : © Robert Emprechtinger - Fotolia.com ;
p. 79 : © sisna - Fotolia.com ;
p. 82 : © Africa Studio - Fotolia.com ;
p. 95 (et rabats) : © Elena Schweitzer - Fotolia.com ;
p. 98 : © Andreja Donko - Fotolia.com ;
p. 104 : © Anton Prado PHOTO - Fotolia.com ;
p. 108 : © camophotographie - Fotolia.com ;
p. 129 : © srki66 - Fotolia.com ;
p. 131 : © Alexandr Vasilyev - Fotolia.com ;
p. 137 : © Claudia Paulussen - Fotolia.com ;
p. 145 : © arthurdent - Fotolia.com ;
p. 149 : © garamonn - Fotolia.com ;
p. 157 : © PeJo - Fotolia.com ;
p. 159 : © Svetlana Fedoseeva - Fotolia.com ;
p. 167 : © Emmanuelle Guillou - Fotolia.com ;
p. 184 : © Yong Hian Lim - Fotolia.com ;
p. 194 : © Giuseppe Porzani - Fotolia.com ;
p. 203 : © Knartz - Fotolia.com ;
p. 205 : © Ilike - Fotolia.com ;
p. 211 : © majeczka - Fotolia.com ;
p. 226 : © WimL - Fotolia.com ;
p. 230 : © Aygul Bulté - Fotolia.com ;
p. 244 : © Lorenzo Buttitta - Fotolia.com ;
p. 253 : © koya979 - Fotolia.com ;
p. 255 : © asife - Fotolia.com ;
p. 259 : © nito - Fotolia.com ;
p. 262 : © Marina Lohrbach - Fotolia.com ;
p. 273 : © mates - Fotolia.com ;
p. 278 : © Lusoimages - Fotolia.com ;
p. 289 : © LiliGraphie - Fotolia.com ;
p. 291 : © gekaskr - Fotolia.com.

Achevé d'imprimer
en juillet 2014
par Dimograf
Bielsko-Biala, Pologne